国家古籍整理出版专项经营资助项目

夏其峰 编著

宋版古籍佚存书录

（三）

刻工卷

三晋出版社
山西出版传媒集团

目　录

宋代刻工人名索隱

丁	慶				14		九	明				17		于	寧				20
丁	鼎				14		力	二				18		大	七				20
丁	瑋				14				三	畫				大	全				20
丁	銓				15		之	宗				18		大	明				21
丁	諒				15		之	滋				18		大	受				21
十	朋				15		之	澄				18		大	慶				21
十	五				16		三	椿				18		大	壽				21
又	開				16		三	溢				18		大	潘				21
卜	二				16		于	文				18		亐	友				21
卜	元				16		于	卞				19		亐	成				22
卜	升				16		于	正				19		亐	定				22
卜	正				16		于	有				19		亐	恩	四			23
卜	生				17		于	全				19		亐	旅				23
卜	仲				17		于	昌				19		亐	振				23
卜	進				17		于	宗				19		亐	彬				23
八	發				17		于	昉				19		亐	華				23
人	亮				17		于	原				20		亐	萬				23
人	中				17		于	洋				20		亐	澤				24
入	中				17		于	珍				20		亐	顯				24

亢宝	33	文忠	37	文廣	41
亢祥	33	文明	37	文榮	41
卞三	33	文昌	37	文賢	41
卞元	34	文来	38	文質	41
卞正	34	文定	38	文憲	41
文友	34	文受	38	文畢	41
文中	34	文美	38	文顯	41
文正	34	文玲	38	方二	42
文玉	34	文茂	38	方乂	42
文只	35	文俊	39	方元	42
文生	35	文恭	39	方太	42
文用	35	文恕	39	方尤	42
文玄	35	文清	39	方中	43
文仲	36	文郭師	39	方中久	43
文年	36	文望之	39	方中吳	43
文民	36	文彬	40	方中呈	44
文甫	37	文富	40	方升	44
文伯	37	文恕	40	方文	44
文炎	37	文贵	40	方文虎	44

王三	60	王元壽	64	王公	71
王三立	61	王元慶	65	王公纯	71
王大	61	王夫	65	王公濟	72
王大介	61	王五	65	王牛	72
王大方	61	王友	65	王升	72
王大用	61	王太	66	王斤	72
王大成	61	王厅	66	王月	72
王大亨	62	王與	66	王壬	72
王大明	62	王中	66	王卞	72
王大育	62	王六	67	王允	72
王才	62	王文	68	王允成	73
王千	63	王日	69	王允壽	73
王川	63	王日知	69	王丙	73
王小一	63	王日新	69	王甲	74
王元	64	王仁	70	王申	74
王元一	64	王仁甫	70	王仔	74
王元亨	64	王文沼	70	王禾	74
王元度	64	王亢	70	王生	74
王元庭	64	王介	70	王用	75

王	玩				90		王	宜	中			98		王	性				105
王	玕				91		王	亮				98		王	定				105
王	坤				91		王	政				98		王	玲				106
王	林				91		王	忠				101		王	郁				107
王	昕				92		王	迪				101		王	春				108
王	秀				92		王	季				101		王	無				108
王	芬				92		王	侃				101		王	相				108
王	茂				92		王	全				101		王	昭				108
王	英				92		王	采				102		王	身				109
王	盼				93		王	受				102		王	昱				109
王	奇				93		王	周				103		王	重	一			109
王	明				93		王	朋				103		王	重	二			109
王	昌				95		王	高	十	三		103		王	倩				109
王	昇				95		王	高				103		王	保				109
王	定				96		王	滈				104		王	信				110
王	庚				96		王	京				104		王	後				111
王	祐				97		王	敌				104		王	亮				111
王	祐	新			98		王	宗				104		王	彥				112
王	宜				98		王	周				105		王	彥	明			112

王	庸				126	王	章	四			131	王	獮				135
王	康				126	王	惠				131	王	森				135
王	清				126	王	普	慈			131	王	瑞				135
王	寔				127	王	智				131	王	璁				135
王	堯	戎	王	垚	127	王	欽				132	王	椿				136
王	詔				127	王	僅				132	王	鼎				137
王	璡				128	王	詩	安			132	王	遇				137
王	達				128	王	誠				133	王	遇				137
王	琳				128	王	詢				133	王	禹				137
王	琮				128	王	祥				133	王	渙				138
王	堪				128	王	道				133	王	鷹				138
王	植				128	王	道	七			134	王	瑞				138
王	惠				129	王	詳				134	王	瑞	禮			138
王	雄				129	王	憲				134	王	愛	之			138
王	萬	三			129	王	賓				134	王	榮				138
王	萬				129	王	寅				134	王	慶				140
王	宗				129	王	福				134	王	壽				140
王	景				130	王	閏				135	王	壽	三			141
王	進				130	王	聖				135	王	壽	山			142
王	當	四			131	王	瑍				135	王	壽	五			142

尤先	157	中萬	159	公誠	162
尤伯全	157	内一	160	壬中	163
尤明	157	少安	160	壬吕清	163
尤涇	157	以仁	160	壬成	163
尤普	157	以清	160	壬成一	163
尤遠	157	以廣	160	壬青	163
尤遷	157	以實	160	允武	163
孔向	158	以德	160	壬顯	164
孔溥	158	今友	160	午友	164
天易	158	今許一	161	牛才	164
天明	158	仁文	161	牛友	164
天祐	158	仁仲	161	牛可通	164
天錫	158	仁甫	161	牛志	164
友又	158	仁壽	162	牛奇	164
友氏	159	介原	162	牛明	164
友直	159	公文	162	牛智	165
友益	159	公亮	162	牛通	165
中成	159	公茂	162	牛進	165
中華	159	公弼	162	牛實	165

召才	181	李明	184	石寶	187
司英	181	加程換	184	石德潤	188
正二	181	北陳	184	王簡	188
正小	182	石山	184	世光	188
正文	182	石中	185	世安	188
正夫	182	石正	185	世門	188
正甫	182	石生	185	世明	188
正伯	182	石右	185	世昌	188
正真	182	石成	185	世寧	188
正春	182	石安	185	世榮	188
正卿	182	石老	185	占朋	189
正國瑞	183	石佑一	185	占年	189
可山	183	石昌	186	占奐	189
可官	183	石春	186	占慶	189
甘正	183	石茂	186	占讓	189
甘祖	183	石美棟	186	毋必	190
左正	183	石貴	187	毋成	190
左彥	183	石椿	187	毋過	190
平山	184	石增甫	187	中工	190
古月	184	石鼎	187	田千	190

付及	202	史祖	205	江玉	208
付成	202	史彥	205	江用	209
付安貝	202	史郁	206	江成	209
付仲名	202	史俊	206	江同	209
付言	202	史祥	206	江忡	209
付芳	203	史得	206	江全	209
付宥	203	史智	206	江仲	209
付彥成	203	史儀	206	江佐	209
付賓	203	卜畫		江宗	210
禾真	203	江八三	206	江定夫	210
禾九	203	江三	206	江坦	210
仝一	203	江才	207	江忠（或江中）	210
用得	203	江五	207	江茂	210
幼敏	204	江子明	207	江受	211
史天保	204	江文	207	江亮	211
史永	204	江文清	208	江彥	211
史丙	204	江太	208	江度	211
史正	204	江友	208	江浩	211
史亨	204	江仁	208	江政	211
史赤	205	江正	208	江皇	212
史忠	205	江民	208		

任昌	253	伍三	256	仲鑑良	259
任宗	254	伍于	256	休乃丁	260
任奎	254	伍秀	256	向文定	260
任益	254	伍祥	257	向叔	260
任純	254	伍威	257	兆子宗	260
任章	254	伍達	257	危文	260
任通	254	伍興	257	危利	260
任清	254	伍顏	257	危杰	260
任欽	255	仲文	257	危洽	261
任達	255	仲仁	257	如文	261
任遒	255	仲正	258	如松	261
任瑄	255	仲生	258	名七	261
任慶	255	仲成	258	七畫	
任興	255	仲良	258	宋巳	261
任錫	255	仲甫	258	宋文	261
任顯	256	仲明	258	宋元	261
伊序	256	仲高	259	宋正	262
印志	256	仲雲	259	宋圭	262
印贵	256	仲實	259	宋成小	262
伍七	256	仲齊	259	宋全	262

沈	礼		280	沈	祐		286	沈	翔		292
沈	良		280	沈	浩		286	沈	喜		292
沈	良	玉	280	沈	珍		286	沈	琮		292
沈	季		280	沈	思	忠	287	沈	森		292
沈	定		280	沈	思	恭	288	沈	貴		292
沈	宗		281	沈	思	衛	288	沈	説		293
沈	玠		282	沈	茂		289	沈	誠		293
沈	林		282	沈	信		289	沈	源		293
沈	松		282	沈	祥		289	沈	道		293
沈	明		282	沈	從		290	沈	義		293
沈	昌		282	沈	恭		290	沈	椿		294
沈	昌	祖	283	沈	原		290	沈	瑞		294
沈	昇		283	沈	能		290	沈	端		294
沈	旻		284	沈	章		290	沈	華		294
沈	忠		284	沈	彬		291	沈	學		294
沈	承	祖	285	沈	教		291	沈	壽		295
沈	柝		285	沈	常		291	沈	基		295
沈	祖		285	沈	萃		291	沈	澄		295
沈	亮		286	沈	紹		291	沈	諒		295
沈	彦		286	沈	敏		292	沈	瑋		296

李	中				307	李	可				316	李	合				321
李	父				308	李	四				316	李	仲				321
李	公	正			308	李	全				316	李	安				322
李	仍				308	李	付				316	李	秀				322
李	仁				308	李	生				317	李	何				323
李	卞				309	李	用				317	李	攸				323
李	文				310	李	立				318	李	伸				323
李	方				311	李	玄				318	李	亨				323
李	斗	文			311	李	永				318	李	杏	川			323
李	允				311	李	加				318	李	辛				323
李	平				313	李	嘉	謀			319	李	定				324
李	正				313	李	圭				319	李	完				324
李	正	昌			314	李	有				319	李	宋				324
李	玉				314	李	伋				319	李	良				324
李	玉	三			315	李	存	讓			319	李	妙				325
李	古				315	李	成				320	李	孜				325
李	世	文			315	李	光	祖			320	李	林				325
李	世	父			315	李	廷				321	李	林	明			325
李	石				315	李	早				321	李	枚				326
李	右				315	李	先				321	李	庚				326

李	恭				347	李	通				354	李	琦				358
李	原				347	李	頂				354	李	瑤				358
李	晁				347	李	接	遇			354	李	惠	童			358
李	倚				348	李	培				354	李	森				359
李	倧				348	李	彬				354	李	嵓				359
李	倍				348	李	碩				355	李	雲				359
李	師	正			349	李	威				355	李	棣				359
李	師	信			350	李	彪				356	李	直				359
李	師	順			350	李	華				356	李	琮				359
李	舉				350	李	畢				356	李	棠				359
李	徐				351	李	崧				356	李	貴				360
李	高				351	李	崇				356	李	景				360
李	淙				351	李	敏				356	李	景	山			361
李	涓				351	李	偁				357	李	景	從			361
李	浩				352	李	偉				357	李	景	溪			361
李	渙				352	李	紹				357	李	進				361
李	粉				352	李	章				357	李	幾				361
李	益				352	李	清				358	李	順				361
李	祥				353	李	宿				358	李	勝				361
李	祥	夫			354	李	瑞				358	李	傑				361

李香	362	李德	367	李趲	372
李善	362	李德正	367	李權	372
李斌	362	李暹	367	李贊	373
李寔	362	李樊	368	李辭	373
李彝	363	李澄	368	李瓘	373
李澳	363	李寶	368	李顯	373
李詢	363	李潮	368	李巖	373
李詳	364	李諒	368	杜才	374
李發	364	李還	369	杜太	374
李椿	364	李澤	369	杜仁	374
李嵩	365	李憲	369	杜良	374
李福	365	李證	370	杜良臣	374
李新	365	李謀	371	杜良買	374
李慶	366	李機	371	杜良賢	375
李慶翁	366	李顯	371	杜奇	375
李端	366	李儔	371	杜明	375
李廣	366	李興	371	杜彥	375
李榮	366	李應祥	371	杜彥明	376
李養	367	李懋	371	杜俊	376
李瑋	367	李壽	372	杜富	376
李憶	367	李檮	372	杜雲	376

杜	琳				376		志	順				381		阮	甫				385
杜	輝				377		克	中				381		阮	林				385
杜	顯				377		克	明				381		阮	明	立			385
求	裕				377		克	敬				381		阮	忠				385
求	并				378		阮	于				381		阮	和				386
邢	宣				378		阮	才				382		阮	朋				386
邢	琮				378		阮	仁				383		阮	宗				386
吾	六				378		阮	升				383		阮	祐				387
吾	文				378		阮	卞				383		阮	裕				387
君	玉				379		阮	中				383		阮	瓊				387
君	安				379		阮	正				383		阮	慶				388
君	和				379		阮	生				383		阮	舉				388
君	美				379		阮	右				384		阮	興				388
君	祐				379		阮	圭				384		吳	一				388
君	善				379		阮	成	之			384		吳	卞				388
君	粹				380		阮	光				384		吳	三				388
君	德				380		阮	先				384		吳	才				388
君	錫				380		阮	向				384		吳	士	明			389
劭	夫				350		阮	玘				385		吳	山				389
志	才				380		阮	走				385		吳	千	七			390

吴忠	412	吴洪	419	吴從	425
吴廸	412	吴津	419	吴绍	425
吴昪	412	吴宣	419	吴莫	426
吴怡	412	吴宣甫	419	吴常	426
吴炎	412	吴宥	420	吴暉	426
吴宗	413	吴祐	420	吴崇	426
吴宗林	413	吴浦	421	吴富	426
吴定	414	吴珪	421	吴裕	426
吴春	414	吴珙	422	吴斌	427
吴政	415	吴陞	422	吴湜	427
吴南	415	吴桂	422	吴渭	427
吴拱	415	吴振	422	吴堅	427
吴茂	416	吴恭	423	吴軫	427
吴俊	416	吴高	423	吴超	428
吴俊明	417	吴浩	423	吴棟	428
吴信	417	吴益	423	吴崇	428
吴音	417	吴焉	424	吴貴	428
吴敍	417	吴祥	424	吴智	428
吴亮	417	吴清	425	吴欽	428
吴彦	418	吴彬	425	吴鈐	428

吴	進				429		吴	禪				432		呈	二				436
吴	福				429		吴	衡				433		呈	卞				436
吴	詢				429		吴	諧				433		呈	友				436
吴	詡				429		吴	興				433		呈	万				436
吴	椿				429		吴	禮				433		呈	圭				436
吴	瑞				430		吴	濱				433		呈	成				436
吴	聖	右			430		吴	懋				433		呈	武				437
吴	嵩				430		吴	龔				433		呈	參				437
吴	鉛				431		吴	寶				433		呈	慶	二			437
吴	鉉				431		吴	顯				434		吕	十	五			437
吴	焕				431		肖	杰				435		吕	三				437
吴	睡				431		肖	寄				435		吕	大				437
吴	榮				431		肖	森				435		吕	才				437
吴	榮	二			431		肖	聲				435		吕	文				437
吴	嘉	祥			432		岑	友				435		吕	丙				438
吴	輔				432		岑	恭				435		吕	正				438
吴	實				432		岑	逵				435		吕	生				438
吴	潛				432		步	遷				436		吕	吉				438
吴	震				432		見	可				436		吕	有				438
吴	賜				432		早	成				436		吕	扶				438

吕	奇		438	何	又		442	何	每		446
吕	昕		439	何	川		442	何	秀		446
吕	洪		439	何	下		443	何	具		446
吕	奐		439	何	文		443	何	明		446
吕	祐		439	何	文	立	443	何	昇		447
吕	祖		439	何	文	政	443	何	思		447
吕	春		439	何	中		443	何	信		447
吕	拱		439	何	立		443	何	念	工	447
吕	信		440	何	允		444	何	彥		448
吕	桂		440	何	永	津	444	何	洪		448
吕	珪		441	何	正		444	何	祖		448
吕	起		441	何	生		444	何	建		448
吕	能		441	何	安		444	何	浩		449
吕	善		441	何	光		444	何	津		449
吕	堅		441	何	全		445	何	益		449
吕	道	亨	441	何	先		445	何	原		449
吕	榮		442	何	宗	一	445	何	荆		450
吕	嘉	祥	442	何	宗	十四	445	何	章		450
何	九	方	442	何	宗	十七	446	何	通		450
何	九	萬	442	何	宗	器	446				

何	閏				450	何	櫟				455	余	元				460
何	彬				450	余	貴				455	余	元	中			461
何	開				451	余	恭				455	余	太				461
何	楚				451	余	一				455	余	丑				461
何	滋				451	余	二				455	余	中				462
何	暉				451	余	十	八			456	余	仁				464
何	進				451	余	丁				456	余	牛				465
何	道				451	余	士				456	余	立				465
何	源				451	余	才				456	余	永				465
何	萬				452	余	才	仲			458	余	永	成			466
何	慶				452	余	子	文			458	余	必	中			466
何	潤				452	余	子	芸			458	余	正				466
何	慮				452	余	子	雲			458	余	平	父			467
何	櫟				452	余	山				459	余	右				467
何	鼎				453	余	川				459	余	用				467
何	澄				453	余	千				459	余	生				467
何	澤				454	余	心				459	余	卯				467
何	豫				454	余	卞				459	余	亨				467
何	興				455	余	文				460	余	安				467
何	鎮				455	余	文	父			460	余	安	上			468

余	兆				468	余	秀	明			473	余	和	甫			478
余	圭				469	余	如	川			474	余	京				478
余	老				469	余	佐				474	余	亮				478
余	有				469	余	伯	安			474	余	彥				478-479
余	光				469	余	長	壽			474	余	祐				479
余	光	祖			470	余	武				474	余	竑				479
余	同	甫			470	余	青				474	余	祖				480
余	全				470	余	松				475	余	記				480
余	份				471	余	坤				475	余	政				480-481
余	仲				471	余	坦				475	余	表				481
余	仲	成			471	余	玫				476	余	珍				481
余	任				471	余	昌				476	余	茂				482
余	先				472	余	忠	祥			476	余	阿	平			482
余	良				472	余	忠				476	余	英				482
余	定				472	余	岩				476	余	思	恭			482
余	志	遠			473	余	旼				477	余	俊				482-483
余	攻				473	余	尚				477	余	高				483
余	酉				473	余	旺				477	余	益				483
余	甫				473	余	明				477	余	志	遠			483
余	秀				473	余	和				478	余	致	遠			484

余政	484	余集	488	余蘭	491
余珪	484	余復	488	余鄰	492
余清	484	余進	489	余顯	492
余章	484	余彝	489	谷仲	492
余戚	485	余賽	489	谷保	492
余珵	485	余燠	489	秀父	492
余翌	485	余頊	489	秀夫	493
余葦	485	余嵩	489	秀發	493
余敏	485	余榮	490	秀實	493
余得	486	余壽	490	系重	493
余從	486	余銓	490	狄永	493
余珷	487	余賓	490	狄杞	493
余雲	487	余闌	490	狄真	493
余惠	487	余燁	491	妙注	494
余堅	487	余學	491	八畫	
余萬	487	余舉	491	官七	494
余華	488	余應	491	官元	494
余貴	488	余應中	491	官太	494
余欽	488	余簡	491	官永茂	494
余然	488	余闡	491	官正	494

官安	495	林文茂	498	林杞	501
官先	495	林方	498	林足	501
官昌	495	林元	498	林位	501
官信	495	林日	498	林伯福	501
官進	495	林仁	498	林伯高	501
官達	495	林升	499	林定	501
官寧	496	林允	499	林宗	502
定夫	496	林立	499	林官保	502
定發	496	林丙	499	林泗	502
定翁	496	林申	499	林明	502
宗文	496	林匆	499	林芳	502-503
宗仁	496	林安	500	林叔	503
宗林	497	林充之	500	林侃	503
宗賓	497	林吉	500	林忿	503
宜之	497	林有	500	林受	503
法朗	497	林成	500	林庠	503
林一	497	林光祖	500	林彥	504
林乂	497	林良	500	林祐	504
林子	497	林志	500	林春	504
林文	497	林志遠	501	林挑	504

邵德時	517	昌之	521	金友	525
青保	517	昌中	521	金中	525
青嘉	517	昌庚	521	金升	525
卓允	517	昌昳	521	金永	525
卓完	517	昌祖	522	金交	526
卓佑	518	昌彦	522	金有	526
卓定方	518	昌茂	522	金成	526
卓免	518	花再	522	金来	526
卓受	518	芳茂	522	金先	526
卓宥	519	國寶	522	金仲	526
卓顯	520	金一	523	金合	527
尚和	520	金二	523	金言	527
尚信	520	金大	523	金青	527
尚森	520	金大有	523	金宣	527
明文	520	金大受	523	金坦	528
明章	520	金山	524	金忠	528
明桂	520	金文	524	金明	528
明道	520	金文俊	524	金昇	528
明義	521	金文榮	524	金祖	528
明瑞	521	金元	524	金彦	530

周	志				545	周	受				551	周	得				556
周	甫				546	周	亮				551	周	清				557
周	辰				546	周	宣				551	周	郭				557
周	秀				546	周	彦				551	周	張				557
周	宗				546	周	祐				553	周	通				557
周	宗	文			546	周	珍				553	周	恭				557
周	宗	貴			547	周	茂				553	周	常				557
周	泗				547	周	若				553	周	逢				558
周	坦				547	周	俊				553	周	富				558
周	松				547	周	信				554	周	琳				558
周	忠				547	周	泉				554	周	達				558
周	尚				548	周	浩				554	周	達				558
周	旻				548	周	祥				555	周	發				559
周	昂				548	周	珣				555	周	雲				559
周	昇				549	周	珪				555	周	貴				559
周	明				549	周	貢				555	周	皓				559
周	昌				550	周	泰				556	周	源				559
周	佾				550	周	時				556	周	新				559
周	侁				550	周	畢				556	周	詳				559
周	和				550	周	荛				556	周	惠				560

洪	新			574	祖	四			578	施	二	旦		582
洪	福			575	祖	祥			579	施	方	輝		582
洪	發			576	祝	士	正		579	施	元			582
洪	説			576	祝	文			579	施	仁			582
洪	澤			576	祝	友			579	施	立			582
席	忠			576	祝	允			579	施	光			582
宫	昌			576	祝	明			579	施	宏			583
宣	忠			577	祝	奎			580	施	明			583
奕	之			577	郎	点	十	二	580	施	昌			583
姜	玉			577	郎	和			580	施	政			583
兹	仲			577	郎	松			580	施	珍			584
兹	昌			577	郎	政			580	施	俊			584
彦	文			577	郎	遂			581	施	珣			584
彦	中			578	姜	一			581	施	章			585
彦	珍			578	姜	文			581	施	華			585
彦	章			578	姜	公	惜		581	施	寔			585
彦	通			578	姜	仲			581	施	童			586
祖	二			578	姜	明			581	施	琳			586
祖	乃			578	姜	保			581	施	詢			586
祖	五			578	爲	卬			581	施	詳			586

施瑞	586	胡仕明	592	胡季明	596
施萬祥	587	胡印	592	胡亮	596
施端	587	胡良臣	592	胡度	597
施澤	587	胡言	592	胡昶	597
施澤文	588	胡辛	592	胡祐	598
施蘊	588	胡辛甫	592	胡珏	598
施贊	589	胡序	593	胡俊	598
胡山	589	胡定	593	胡高	598
胡文	589	胡定夫	593	胡祥	599
胡文夫	589	胡杏	593	胡祥中	599
胡卞	589	胡充俊	594	胡桂	599
胡元	589	胡甫	594	胡泰	599
胡仁	590	胡佑	594	胡時	599
胡允	590	胡宗	594	胡剛	600
胡永	590	胡彥	594	胡瑞	600
胡必誠	591	胡明	595	胡景	600
胡正	591	胡昌	595	胡慶	600
胡正文	591	胡杲	596	胡慶十四	601
胡右	591	胡果	596	胡滂	601
胡生	591	胡禹	596	胡遜	601

胡	睦				601	柯	文				604	范	圭				608
胡	寧				601	柯	星				605	范	先				608
胡	端				601	柯	思				605	范	仲				609
胡	實				602	南	仁				605	范	仲	夫			609
胡	震				602	范	子	榮			605	范	廷				609
胡	東				602	范	于				605	范	良				609
胡	遵				602	范	才				605	范	志				609
胡	頭				603	范	山	甫			606	范	宜				609
胡	興				603	范	文				606	范	宗	海			609
胡	顯				603	范	文	一			606	范	庚				609
胡	觀	仁			603	范	方				606	范	明				610
括	林				603	范	王	聖			606	范	明	遠			610
陋	文				603	范	元				606-607	范	佺				610
韋	五				603	范	中				607	范	亮				610
韋	珍				604	范	中	實			607	范	宣				610
韋	珍	中			604	范	仁				607	范	洽				610
韋	祥	甫			604	范	午				607	范	彥	從			610
韋	裕				604	范	允				608	范	彥	榮			611
韋	駒				604	范	生				608	范	重				611
郁	仁				604	范	仙	村			608	范	峬				611

俞	尚				622	皇	甫	景			626	高	大	全			629
俞	忠				622	重	一				626	高	才				629
俞	昌				623	重	二				627	高	山	甫			630
俞	珍				623	重	姚				627	高	文				630
俞	英				623	姚	才				627	高	文	定			631
俞	寅				623	姚	宏				627	高	文	顯			631
俞	富				623	姚	明				627	高	元				631
俞	雲				624	姚	彦				627	高	友	成			631
俞	義	俊			624	姚	重	寶			627	高	中				632
俞	榮				624	姚	茶				628	高	永	平			632
侯	玉				625	姚	臻				628	高	正				632
侯	東				625	段	尺				628	高	安				632
侯	伯				625	段	國	瑞			628	高	安	平			632
侯	城				625	段	富				628	高	安	國			632
侯	珠				625	郝	希	鑑			629	高	安	道			633
侯	奇				626		十		畫			高	安	禮			634
信	中				626	高	二				629	高	安	寧			634
信	發				626	高	二	禮			629	高	仲				635
俊	英				626	高	三				629	高	用				635
俊	義				626	高	子	阜			629	高	宏				635

唐興	648	孫右	653	孫奇	656
席甫	648	孫正	653	孫佑	656
席忠	649	孫付	653	孫春	656-657
凌二	649	孫用	653	孫茂	657
凌安	649	孫史	653	孫康	658
凌宗	649	孫生	654	孫容	658
凌桂	650	孫安	654	孫祥	658
凌章	650	孫守節	654	孫格	658
凌顯	650	孫成	654	孫晃	658
家宗	650	孫有成	654	孫勉	658
涂徐	650	孫再	654	孫清	659
祥郁	650	孫老	655	孫淮	659
記業	651	孫仲	655	孫通	659
孫文	651	孫先	655	孫通邦	659
孫元	651	孫沅	655	孫開	659
孫中	651	孫詁	655	孫開一	660
孫日新	651	孫昇	655	孫湜	660
孫仁	653	孫受	655-656	孫善	660
孫升	653	孫牧	656	孫斌	660
孫永	653	孫彥	656	孫琦	661

袁準	674	秦臻	678	時清	682
袁震	674	秦顯	678	時舉	682
夏文	674	栗才	678	柴仲文	682
夏天培	674	哥祖舉	678	荊偉	682
夏用	674	貢卿	678	恩懋	682
夏芝	674	郝成	679	茹鎮	682
夏旺	674	郝良臣	679	徐大中	683
夏開	675	耿立	679	徐大有	683
夏崇	675	耿後	679	徐大忠	683
夏宗	675	原三	679	徐山	683
夏乂	675	原良	680	徐士	683
夏應	676	振發	680	徐士秀	683
秦元一	676	真卿	680	徐子成	683
秦孟	676	桂二	680	徐子明	683
秦昌	677	桂堂	680	徐才	684
秦忠	677	頓文慶	680	徐文	684
秦岳	677	時亨	680	徐文中	685
秦淳	677	時明	681	徐文閣	685
秦暉	677	時忠	681	徐太	685
秦逸	677	時茂	681	徐友益	685

徐和	702	徐浚	711	徐進	716
徐宥	703	徐肯	711	徐滋	716
徐浩	703	徐益	711	徐喆	716
徐亮	703	徐真	711	徐雅	717
徐彥	705	徐珙	712	徐逵	717
徐彥文	706	徐珣	713	徐達	717
徐祐	706	徐晃	713	徐軫	717
徐竑	706	徐勉	714	徐嵩	718
徐茂	706	徐章	714	徐經	718
徐相	707	徐從	714	徐寬	718
徐拱	707	徐紹先	714	徐義	718—719
徐珂	707	徐發	714	徐義沾	719
徐政	707	徐琪	714	徐義露	719
徐信	708	徐彬	715	徐道	719
徐信之	709	徐堅	715	徐誠	719
徐俠	709	徐通	715	徐瑛	720
徐俊	709	徐開	716	徐楠	720
徐高	709	徐萬	716	徐闌	720
徐浩	710	徐萬三郎	716	徐廣	720

十一畫		湛恩	737	章宗	742
康年	733	惟志	737	章泳	742
梁三	733	章九	737	章林	742
梁文	733	章才	737	章昌	742
梁文友	733	章子才	737	章東	742
梁□元	733	章子吉	737	章旼	743
梁友	734	章子明	737	章明	744
梁仁甫	734	章大慶	737	章忠	744
梁生	734	章文	738	章受	745
梁用	734	章文琮	739	章宥	745
梁吉	734	章五	739	章彥	745
梁松	735	章中	739	章珍	745
梁建	735	章立	739	章春	746
梁浩	735	章正明	740	章奐	746
梁貞甫	735	章玉	740	章若	746
梁貢	735	章宇	740	章茂	746
梁鉞	735	章梓	741	章信	747
梁璧	736	章仲	741	章凌	747
梁濟	736	章求	741	章容	747
清甫	737	章洋	742	章亞明	747

章	淳		747	郭	升		751	郭	章		754
章	湘		748	郭	永		751	郭	湛		754
章	智		748	郭	正		751	郭	惇		754
章	椿		748	郭	世	昌	751	郭	敦		754-755
章	楷		748	郭	世	寧	751	郭	富		755
章	演		749	郭	生	同	752	郭	喜		755
章	演	孫	749	郭	光		752	郭	過		755
章	濱		749	郭	良		752	郭	趙		755
章	榮		749	郭	志		752	郭	實		756
章	德		749	郭	致		752	郭	興		756
章	震		749	郭	仲		752	許	才		756
章	駒		750	郭	奇		753	許	文		756
章	臨		750	郭	明		753	許	元		756
郭	一		750	郭	受		753	許	中		757
郭	丁		750	郭	祐		753	許	公		757
郭	士	良	750	郭	政		753	許	成		757
郭	小	五	750	郭	俊	民	753	許	成	之	758
郭	小	六	750	郭	浦		753	許	安		758
郭	文		751	郭	書		753	許	志		758
郭	仁		751	郭	康		754	許	宗		758

許	怡				759		許	簡				764		張	丑				768
許	其				759		張	一	秀			764		張	丑	師			768
許	明				759		張	十	二			764		張	友				768
許	咏				759		張	七				764		張	友	文			768
許	和				760		張	七	七			765		張	友	仁			768
許	亮				760		張	二				765		張	木				769
許	彥				761		張	三				765		張	元				769
許	春				761		張	八				765		張	元	彧			769
許	忠				761		張	子	良			765		張	太				769
許	昌				761—762		張	才				766		張	中				770
許	茂				762		張	大	雅			766		張	仁				770
許	清				762		張	大	慶			766		張	仁	甫			771
許	涂				762		張	小	四			766		張	升				771
許	恭				762		張	小	五			766		張	允				771
許	富				762		張	小	七			767		張	允	宇			771
許	詠				763		張	小	八			767		張	永				771
許	貴				763		張	小	十			767		張	主				772
許	源				763		張	六				767		張	世	聰			772
許	誠	之			763		張	方				767		張	世	賢			773
許	德	清			764		張	文				767		張	世	榮			773

張	炳				790		張	振				794		張	斐				800
張	彦				790		張	真				795		張	雅				800
張	彦	忠			790		張	桂				795		張	彭				800
張	彦	昭			791		張	真	生			795		張	彭	一			800
張	祖				791		張	清			795-	796		張	彭	二			800
張	宣				791		張	逢				796		張	威				801
張	洪				791		張	通	祿			796		張	政				801
張	昇				792		張	通				796		張	拱				801
張	范				792		張	許				797		張	挺				801
張	英				792		張	陳				797		張	珍				801
張	詩	用			792		張	彬				797		張	達				802
張	詩	周			793		張	堅				797		張	逵				802
張	俊				793		張	華				797		張	暉				802
張	俊	義			793		張	國				798		張	貴				802
張	祥				793		張	敏				798		張	舜				803
張	高				793		張	然				798		張	智				803
張	海				794		張	得				798		張	絢				803
張	開				794		張	富				799		張	勝				803
張	教				794		張	善				799		張	欽				803
張	珪				794		張	單				800		張	順				803

曹元	814	曹侃	817	曹德俊	821
曹元德	814	曹佾	817	曹德新	821
曹中	814	曹亮	817	曹德耕	821
曹仁	814	曹彥	817—818	曹德新	821
曹允	815	曹音	818	曹鼎	822
曹必貴	815	曹廷英	818	曹澄	822
曹丙文	815	曹挺	818	曹洋	823
曹旦	815	曹琏	818	曹儀	823
曹生	815	曹新	819	曹興	823
曹白	815	曹翁宗	819	曹興祖	823
曹申	815	曹清	819	曹寶	824
曹圭	815	曹張	819	楚卿	824
曹成	816	曹硪	819	速于	824
曹先	816	曹雲	819	速中	824
曹庚	816	曹新	819	速主	824
曹甫	816	曹溢	820	戚允忠	824
曹但	816	曹義	820	戚彥	824
曹仲	816	曹戩	820	戚聰旺	825
曹昇	816	曹榮	820	陳一	825
曹杲	817	曹德	821	陳乙	825

陳	二		825	陳	方		832	陳	允	升	839
陳	又		825	陳	卞		832	陳	月		839
陳	乂		826	陳	斗	南	833	陳	立		839
陳	之		826	陳	亢		833	陳	永		839
陳	三		826	陳	五		833	陳	必	達	839
陳	己		826	陳	友		833	陳	白		839
陳	才		827-828	陳	友	清	833	陳	平		840
陳	士		828	陳	太	初	833	陳	可		840
陳	士	可	828	陳	元		834	陳	玉		840
陳	士	達	828	陳	元	茂	835	陳	石		840
陳	子		828	陳	元	清	835	陳	皮		840
陳	子	秀	828	陳	中		835-836	陳	世	昌	841
陳	于	小	829	陳	日		836	陳	正		841
陳	小	八	829	陳	日	升	836	陳	甲		841
陳	山		829	陳	仁		836-837	陳	申		841
陳	久		829	陳	仁	五	837	陳	四		842
陳	千		829	陳	仁	舉	837	陳	弁		842
陳	文		830-832	陳	公	友	837	陳	仕		842
陳	文	玉	832	陳	公	弼	837	陳	仲		842
陳	文	祥	832	陳	升		837-838	陳	生		843

陳用	843	陳忻	850	陳松	855
陳用得	844	陳辰	851	陳居敬	855
陳禾	844	陳孝友	851	陳迎	855
陳安	844	陳志	851	陳武	856
陳充	845	陳君	851	陳長	856
陳沖先	845	陳玘	851	陳明	856-858
陳吉	845	陳迂	851	陳明仲	858
陳圭	845	陳兵	851	陳昌	858
陳至	846	陳秀	851	陳昇	859
陳艮	846	陳采	852	陳忠	860-861
陳成	846	陳邦直	852	陳果	861
陳光	846	陳邦卿	852	陳岳	861
陳先	846-847	陳谷	853	陳迎	861
陳行	847	陳伴	853	陳佺	862
陳全	847-848	陳伸	853	陳念二	862
陳言	848	陳伯	854	陳受	862
陳辛	848	陳伯至	854	陳庠	862
陳亨	849	陳庚	854	陳度	862
陳良	849-850	陳宗	854	陳宥	862
陳祀	850	陳林	855	陳宣	862

陳洪	863	陳高	870	陳晢	877
陳亮	863	陳浩	871	陳彬	877
陳祐	863	陳祥	872	陳通	879
陳祖	864	陳訓	872	陳閏	879
陳彥	864	陳真	873	陳華	880
陳彥和	865	陳恭	873	陳常	880
陳全	865	陳孫	874	陳國	880
陳珍	865	陳振	874	陳野	880
陳眉	865	陳哲	874	陳偉	880
陳政	866	陳盛	874	陳偕	880
陳革	866	陳晉	875	陳偌	881
陳英	866－867	陳厚	875	陳得	881
陳茂	867	陳晃	875	陳從	881
陳是	868	陳范	876	陳紹先	882
陳思義	868	陳修	876	陳敏	882
陳信	868	陳新	876	陳富	882
陳保	869	陳清	876	陳善壽	882
陳俊	869	陳淳	876	陳曾	882
陳叙	869	陳章	877	陳補	882
陳叟	870	陳琏	877	陳博	883

陳	惠		883	陳	皓		887	陳	肇		891
陳	琳		883	陳	順		887	陳	喜		892
陳	琮		883	陳	逡		887	陳	瑱		892
陳	琚		883	陳	源		887	陳	瑾		892
陳	森		883	陳	靖		887	陳	摑		892
陳	朝	修	883	陳	道		887	陳	壽		892
陳	朝	俊	883	陳	新		888	陳	燕		894
陳	雯		884	陳	詢		888	陳	葛		894
陳	遠		884	陳	瑜		889	陳	僖		894
陳	達		884	陳	楫		889	陳	僧		894
陳	景	昌	884	陳	敬	甫	889	陳	鳳		894
陳	景	通	884	陳	麐		889	陳	賓		894
陳	萬	二	885	陳	逸		889	陳	潾		895
陳	遇		885	陳	廣		889	陳	湑		895
陳	謹		885	陳	廣	之	890	陳	震		895
陳	復		885	陳	慶		890	陳	熹		895
陳	勝		886	陳	滙		890	陳	德		895
陳	勝	伯	886	陳	潤		890	陳	德	達	896
陳	智		886	陳	學		890	陳	德	新	896
陳	然		886	陳	說		891	陳	範		896

陳	璞				896	陳	覺				901	陶	中				905
陳	擇				896	陳	顯				901	陶	彥				905
陳	選				896	陳	綉				901	陶	春				906
陳	遷				897	陳	顯				902	執	中				906
陳	棨				897	陳	顯	一			902	崔	仁				906
陳	遅				897	陳	觀	仁			902	崔	廸				906
陳	興				898	陸	文				902	崔	茂				906
陳	舉				898	陸	文	彬			902	崔	彥				907
陳	錫				898	陸	公	才			903	崇	得				907
陳	應				899	陸	公	正			903	國	夫				907
陳	濟				900	陸	永				903	國	用				907
陳	禮				900	陸	祐				903	國	賓				907
陳	聰				900	陸	春			903	-904	婁	正				907
陳	覲	仁			900	陸	祥				904	婁	成				908
陳	鍈				900	陸	訓				904	婁	先				908
陳	藏				900	陸	通				904	婁	忠				908
陳	歸				900	陸	廂				904	婁	常				908
陳	鎮				900	陸	遠				904	婁	瑾				909
陳	贇				901	陸	榮				904	婁	珖				909
陳	權				901	陸	選				905	婁	鉼				909

婁	謹		909	黄	仁		913	黄	企		917
莫	中		909	黄	公	省	913	黄	佑		917
莫	允		909	黄	永		913	黄	延	年	917
莫	忠		910	黄	石		913	黄	廸		917
莫	珍		910	黄	正		913	黄	劭		917
莫	衍		910	黄	戊		914	黄	志	海	917
莊	文		910	黄	丂		914	黄	佛		918
莊	奉		910	黄	申		914	黄	定		918
黄	一	桧	910	黄	由		914	黄	昌		918
黄	七		911	黄	田		914	黄	明		918
黄	大		911	黄	四	棠	914	黄	明	道	918
黄	大	奇	911	黄	生		915	黄	昇		918
黄	子	旻	911	黄	亨		915	黄	金		918
黄	公		911	黄	安		915	黄	季	官	919
黄	文		911	黄	安	上	915	黄	季	常	919
黄	元		912	黄	沖		916	黄	宜		919
黄	天	然	912	黄	成		916	黄	肯		919
黄	太		912	黄	光		916	黄	彥		919
黄	中		912	黄	仲		916	黄	祐		920
黄	升		913	黄	宇		917	黄	政		920

黄珍	920	黄喜	924	黄璿	928
黄保	921	黄運	924	黄興	929
黄是	921	黄暉	925	黄鍾	929
黄昱	921	黄森	925	黄寶	929
黄俊英	921	黄雲	925	黄歸	929
黄俊卿	921	黄遇	926	黄鎮	929
黄康	921	黄寬	926	黄覺	929
黄祥	922	黄道	926	黄顯	930
黄通	922	黄戩	926	畢貴	930
黄執	922	黄暄	926	異仁	930
黄琮	922-923	黄敬叔	926	常在	930
黄梓	923	黄與	927	偉成	930
黄埜	923	黄廣	927	從大	931
黄彬	923	黄鼎	927	從元龍	931
黄堅	923	黄著	927	從林	931
黄莒	923	黄憲	927	從善	931
黄華	923	黄潘	928	符君	931
黄常	924	黄淵	928	符茂	931
黄富	924	黄諤	928	符秀	931
黄富成	924	黄應	928	符儔	932

十二畫		曾克明	935	善定	938
馮九	932	曾何	935	善慶	938
馮六	932	曾甫	935	善輪	938
馮五	932	曾宣	935	雁仲	938
馮杞	932	曾柏	935	游元	938
馮祖	932	曾栢	936	游仁	938
馮施	932	曾春	936	游安	939
馮奕之	933	曾茂	936	游有明	939
馮相	933	曾柏	936	游光	939
馮祥	933	曾振	936	游名	939
馮詔	933	曾挺	936	游亨	939
馮會	933	曾鹿鳴	937	游旻	939
馮壽	933	曾游	937	游明仲	940
曾又	933	曾添	937	游和	940
曾大中	934	曾霎	937	游寬	940
曾大有	934	曾預	937	游僧	940
曾千	934	曾慶	937	游熙	940
曾文	934	曾棠	937	游謙	940
曾立	934-935	曾震	938	湯二日	940
曾沂	935	曾鷹	938	湯文中	941

湯立	941	童泳	944	彭立	948
湯安仲	941	童祈	945	彭世寧	948
湯仲	941	童志	945	彭卞	948
湯念八	942	童昕	945	彭幸	948
湯祐	942	童春	945	彭祥	948
湯執中	942	童通	945	彭師文	949
湯執	942	童雲	945	彭達	949
湯盛	942	童遇	946	彭雲	949
湯榮	942	童愿	946	彭慶	950
湯儀	943	童新	946	彭新	950
湯贊	943	童道	947	彭寧	950
湼參	943	童澄	947	彭德彰	950
甯壬	943	詠泳	947	彭震甫	950
甯羽	943	惠九	947	彭蘇	950
甯言	944	惠先	947	揚中	950
甯義	944	惠重	947	揚記	950
甯德進	944	彭六	947	梅榮	950
甯聲	944	彭卞	947	斯從	951
童一	944	彭元慶	948	婺徐	951
童升	944	彭元德	948	惠文	951
童合	944	彭仁山	948		

惠中	951	閔孝中	955	單壽四	958
惠立	951	閔昱	955	單遠	958
惠先	951	單正	955	單輪	958
惠珉	952	單亥	955	單輪保	958
惠重	952	單亨	955	喻乙	958
惠迺	952	單回	955	喻中	958
朝四	952	單升	956	喻杞	958
堯朱	953	單侶	956	喻岩	959
賀思	953	單和九	956	喻春	959
賀息	953	單桂	956	喻振	959
賀榮	953	單桂一	956	喻樟	959
費擇	953	單桂二	956	喻激	959
項文	953	單逵	957	景中	959
項中	953	單隆	957	景仁	960
項仁	954	單道	957	景平	960
項思	954	單道一	957	景年	960
項思中	954	單壽	957	景舟	960
戴世榮	954	單壽一	957	景從	960
戴良臣	954	單壽二	957	景賓	960
陽壽	954	單壽三	957	華文	960

華元	961	傅先	964	程公慶	967
華甫	961	傅汶	964	程仁壽	967
華志	961	傅言	964	程正	967
華再興	961	傅忠	964	程生	967
華宗	961	傅芳	965	程用	967
華定	961	傅宥	965	程成	967
華連	962	傅郁	965	程亨	968
華琇	962	傅雲方	965	程作	968
遇春	962	傅溢	965	程武	968
傅十	962	傅璋	965	程忠	968
傅才	962	傀平山	965	程昇	968
傅上	962	傀端	965	程和	968
傅文	962	焦儀	966	程柳	968
傅方	963	智平	966	程高	969
傅及	963	智政	966	程保	969
傅中	963	智廣	966	程童	969
傅必上	963	喬世忠	966	程祺	969
傅必方	963	喬恕	966	程萬	969
傅正	964	程小六	966	程景思	969
傅成	964	程元	966	程慶	970

程龍	970	愧汝善	973	楊安	976
程龍一	970	愧伯夫	973	楊守	976
程龍二	970	愧謙	973	楊守道	977
程龍慶	970	楊一	973	楊再十三	977
程禮	971	楊十二	973	楊羽	977
嵇起	971	楊十三	973	楊光	977
順仲	971	楊十四	974	楊回	977
順卿	971	楊乂	974	楊先	978
舜椿	971	楊三	974	楊亨	978
翕信之	971	楊大	974	楊良臣	978
十三畫		楊才	974	楊辰	978
雍下	972	楊文	974	楊宗	979
慈昌	972	楊文中	975	楊宜	979
新秀	972	楊五	975	楊定	979
福祖	972	楊中	975	楊泳	979
福孫	972	楊仁	976	楊武	979
褆甫	972	楊永	976	楊玠	980
褚蘇	972	楊永年	976	楊阿回	980
道七	972	楊玉	976	楊阿成	980
道清	973	楊生	976	楊阿宜	980

楊明	980	楊恭	986	楊潤	989
楊昌	981	楊康	986	楊詹	990
楊咏	982	楊惇	986	楊慶	990
楊忠	982	楊琪	986	楊端	991
楊全	983	楊通	986	楊說	991
楊岳	983	楊郴	987	楊榮	991
楊岳同	983	楊陳	987	楊壽	992
楊和	983	楊乾	987	楊穗	992
楊采	983	楊閏	987	楊憲	992
楊神	983	楊詠	987	楊賓	992
楊祖	983	楊森	988	楊諱	992
楊記	984	楊景仁	988	楊震	992
楊垓	984	楊復	988	楊儀	992
楊春	984	楊程	988	楊澤	993
楊珍	984	楊順	988	楊聰	993
楊英	984	楊雍	988	楊營	993
楊茂	985	楊肇	989	楊遲	993
楊思	985	楊詵	989	楊應辰	993
楊思成	986	楊瑜	989	楊謹	993
楊珪	986	楊潤	989	楊璿	994

楊顯	994	裴益	998	董洪	1002
賈二	994	裴裕	998	董彥	1002
賈祚	995	裴興	998	董昜	1002
賈林	995	裴舉	998	董姚	1003
賈直	995	楚慶一	998	董源	1003
賈祐	995	頓又慶	999	董雲	1003
賈政	995	悳章	999	董登	1003
賈茂	995	董大用	999	董煥	1003
賈祥	995	董中	999	董暘	1003
賈唐	996	董永	999	董暉	1003
賈真	996	董用	999	董澄	1004
賈陳	996	董定	1000	董榮	1005
賈裕	996	董宇	1000	董輝	1005
賈琚	996	董先	1000	董濟	1005
賈順	997	董沂	1000	萬十四	1005
賈義	997	董辰	1000	萬八	1005
賈端	997	董英	1000	萬千	1006
賈端仁	997	董明	1001	萬六	1006
雷升	997	董昕	1002	萬文	1006
雷梁	998	董昇	1002	萬中	1006
雷寧	998	董忠	1002	萬王	1006

葛可	1006	葛卓	1010	葉夭	1015
葛成	1006	葛幸	1011	葉仁	1015-1016
葛全	1006-1007	葛昌	1011	葉允	1016
葛先	1007	葛政	1011	葉允中	1016
葛呈	1007	葛珍	1011-1012	葉永	1016
葛忠	1007	葛桂	1012	葉必先	1016
葛宥	1007	葛彬	1012	葉正	1016-1017
葛信	1007	葛異	1012	葉玉	1017
葛勉	1007	葛從	1013	葉石	1017
葛通	1008	葛道民	1013	葉平	1018
葛一	1008	葛雲	1013	葉田	1018
葛小七	1008	葛澄	1013	葉甲	1018
葛文	1008	葛靈	1013	葉旦	1018
葛方	1009	葉十	1013	葉生	1018
葛正之	1009	葉十七	1013	葉禾	1018
葛佛	1009	葉乙	1014	葉用	1019
葛佛一	1009	葉才	1014	葉卯	1019
葛同	1009	葉友	1015	葉安	1019
葛臼	1009	葉中	1015	葉宇	1019

葉	戉		1019	葉	室		1025	葉	雲		1028
葉	全		1020	葉	孝		1025	葉	發		1028
葉	合		1020	葉	栢		1025	葉	森		1029
葉	先		1020	葉	茂		1025	葉	達		1029
葉	克	己	1020	葉	畏		1025	葉	瑞		1029
葉	克	明	1020	葉	祐		1026	葉	源		1029
葉	迂		1020	葉	春		1026	葉	新		1029
葉	志		1021	葉	盈		1026	葉	楮		1030
葉	材		1021	葉	浚		1026	葉	椿	年	1030
葉	仲		1021	葉	桂		1026	葉	敬		1030
葉	廷		1021	葉	真		1026	葉	壽		1030
葉	庵		1021	葉	從		1026	葉	敏		1030
葉	林		1022	葉	清		1027	葉	賓		1030
葉	松		1022	葉	雪		1027	葉	樞		1030
葉	枝		1022	葉	開		1027	葉	遷		1031
葉	青		1023	葉	崇		1028	葉	翰		1031
葉	明		1023	葉	華		1028	葉	禮		1031
葉	旺		1024	葉	智		1028	葉	聲		1031
葉	秀		1024	葉	渙		1028	葉	聳		1031
葉	邦		1024	葉	祺		1028	敬	中		1031

姚名	1043	趙十五	1046	趙允	1049
姚甫	1043	趙八	1046	趙宗	1049
姚茂	1043	趙子孫	1046	趙宗義	1050
姚寶	1043	趙士	1046	趙宗茂	1050
愛之	1043	趙文	1046	趙宗霸	1050
十四畫		趙方叔	1046	趙阿回	1050
齊永裕	1043	趙中	1047	趙阿威	1050
齊明	1044	趙正	1047	趙明	1050
齊昌	1044	趙玉	1047	趙昌	1051
盧定	1044	趙丙	1047	趙秀	1051
廣起	1044	趙世昌	1047	趙海	1051
廖安	1044	趙旦	1047	趙祐	1051
慶二	1045	趙亨	1048	趙祖	1051
慶本	1045	趙守俊	1048	趙政	1052
漢三	1045	趙圭	1048	趙珍	1052
漢杰	1045	趙存善	1048	趙珏	1052
漢興	1045	趙存業	1048	趙建	1052
榮昇之	1045	趙先	1048	趙威	1052
趙一	1046	趙良	1049	趙保	1052
趙七	1046	趙言	1049	趙俊	1053

趙萬	1053	瞿榮	1057	熊良正	1059
趙祥	1053	臧珍	1057	熊忠	1060
趙清茂	1053	臧勝	1057	熊昌	1060
趙通	1053	臧榮	1037	熊明	1060
趙從善	1054	壽一	1057	熊果	1060
趙從業	1054	壽二	1057	熊亮	1060
趙詞	1054	壽三	1057	熊俊	1060
趙琦	1054	壽四	1057	熊海	1061
趙遇春	1054	壽甫	1058	熊熓	1061
趙順	1055	裴中	1058	熊賡	1061
趙福	1055	裴慎	1058	管十	1062
趙福祖	1055	裴道	1058	管至	1062
趙威	1055	裴榮	1058	管如正	1062
趙圓榮	1056	裴舉	1058	管秀	1062
趙賓	1056	僖華	1058	管啟遠	1062
趙榮	1056	鳳文	1059	十五畫	
趙褒	1056	熊才	1059	潘三	1063
趙震	1056	熊仁	1059	潘才	1063
趙禮	1056	熊汝敬	1059	潘元	1063
瞿庠	1056	熊全	1059	潘太	1063

潘丑	1063	潘梓	1068	鄭全	1072
潘仁	1063	潘從	1068	鄭言	1072
潘必昌	1063	潘進之	1068	鄭求	1072
潘永年	1064	潘雲	1068	鄭志	1072
潘亨	1064	潘暉	1068	鄭材	1072
潘正	1065	潘興權	1069	鄭希	1072
潘甘	1065	潘椿年	1069	鄭復	1073
潘氏	1065	潘德璋	1069	鄭統	1073
潘成	1065	潘璋	1069	鄭宗	1073
潘升	1065	鄭大壽	1069	鄭林	1073
潘良	1065	鄭才	1070	鄭昌	1073
潘忠	1066	鄭六	1070	鄭明	1074
潘明	1066	鄭文	1070	鄭孝	1074
潘亲	1066	鄭友	1070	鄭春	1074
潘亮	1066	鄭立	1070	鄭昱	1075
潘祐	1066	鄭生	1071	鄭英	1075
潘珏	1066	鄭安	1071	鄭保	1076
潘俊	1066	鄭安禮	1071	鄭俊	1076
潘康年	1067	鄭式	1071	鄭信	1076
潘惠	1067	鄭行	1072	鄭高	1076

鄭性	1076	鄭榮	1080	鄧受	1085
鄭益	1076	鄭壽可	1080	鄧亮	1085
鄭恭	1076	鄭瑋	1080	鄧洽	1085
鄭詢	1077	鄭興	1081	鄧彥	1085
鄭受	1077	鄭錫	1081	鄧彥才	1086
鄭埜	1077	鄭禮	1081	鄧炳	1086
鄭梆	1078	鄭寶	1081	鄧祖	1086
鄭堯	1078	鄭顯	1081	鄧信	1086
鄭堅	1078	鄧一	1081	鄧俊	1086
鄭憲	1078	鄧七	1082	鄧拯	1087
鄭習	1078	鄧仁	1082	鄧拱	1087
鄭勤	1078	鄧正	1082	鄧挺	1087
鄭敏	1079	鄧玉	1082	鄧茂	1087
鄭喜	1079	鄧生	1082	鄧英	1088
鄭發	1079	鄧安	1083	鄧振	1088
鄭福臣	1079	鄧成	1084	鄧新	1088
鄭愷	1079	鄧辛	1084	鄧章	1088
鄭遂	1079	鄧志	1084	鄧堅	1088
鄭寧	1080	鄧明	1084	鄧梓	1089
鄭韶	1080	鄧昇	1085	鄧撥	1089

鄧撥	1089	樊忠信	1094	蔡元	1098
鄧發	1089	樊紹筠	1094	蔡元老	1098
鄧雲	1090	歐明	1094	蔡元道	1098
鄧新	1090	賴正	1094	蔡太	1098
鄧燁	1090	賈茂	1095	蔡太卿	1098
鄧感	1090	震卿	1095	蔡允	1098
鄧敬	1091	輸保	1095	蔡友	1098
鄧廣玉	1091	華周	1095	蔡中	1099
鄧熀	1091	蔡七	1095	蔡仁	1099
鄧壽	1091	蔡刁	1095	蔡永	1100
鄧鼎	1091	蔡已	1095	蔡永昌	1100
鄧懋	1092	蔡大	1095	蔡正	1100
鄧聰	1092	蔡才	1096	蔡平	1101
鄧舉	1092	蔡子	1096	蔡石	1101
鄧應	1093	蔡九	1096	蔡可久	1101
鄧覺	1093	蔡文	1096	蔡民	1101
厲俊	1093	蔡文生	1097	蔡甲	1102
樓謹	1093	蔡文茂	1097	蔡申	1102
樓譁	1094	蔡文達	1097	蔡生	1102
樊明政	1094	蔡方	1097	蔡成	1102

蔡至道	1103	蔡武	1107	蔡思	1113
蔡光大	1103	蔡居盛	1107	蔡信	1113
蔡光	1103	蔡者	1108	蔡俊	1113
蔡全	1103	蔡明	1108	蔡浩	1113
蔡仲	1103	蔡昌	1108	蔡祥	1113
蔡伯達	1104	蔡昇	1108	蔡恭	1113
蔡伯道	1104	蔡忠	1109	蔡泰	1114
蔡伯適	1104	蔡琥	1109	蔡泰卿	1114
蔡伯遠	1104	蔡岳	1110	蔡時	1114
蔡如聲	1104	蔡和	1110	蔡清	1114
蔡辛	1105	蔡邵	1110	蔡寓	1115
蔡甫	1105	蔡洪	1110	蔡章	1115
蔡克明	1105	蔡彥舉	1111	蔡授	1116
蔡迪	1105	蔡建	1111	蔡琪	1116
蔡青	1105	蔡珏	1111	蔡都	1116
蔡伯升	1106	蔡政	1111	蔡通	1116
蔡延	1106	蔡盈	1112	蔡華	1117
蔡秀	1106	蔡若	1112	蔡敏	1117
蔡邦	1106	蔡革	1112	蔡評	1117
蔡郊	1107	蔡昭	1112	蔡揖	1117

蔡珩	1117	蔡諒	1121	蔣正	1124
蔡雲	1117	蔡興	1121	蔣士久	1125
蔡達	1117	蔡舉	1121	蔣生	1125
蔡從	1118	蔡錫	1121	蔣成	1125
蔡華	1118	蔡應	1122	蔣仲	1125
蔡勝	1118	蔡禮	1122	蔣光	1125
蔡順	1118	蔡懋	1122	蔣宋	1125
蔡靖	1119	蔡聲	1123	蔣志	1126
蔡義	1119	蔡權	1123	蔣仲	1126
蔡道	1119	蔣一亮	1123	蔣宗	1126
蔡說	1119	蔣乙	1123	蔣松	1126
蔡詢	1119	蔣七	1123	蔣昊	1127
蔡誠	1120	蔣元	1123	蔣忠和	1127
蔡慶	1120	蔣元志	1124	蔣侍志	1127
蔡寧	1120	蔣元珐	1124	蔣佳禮	1127
蔡榮	1120	蔣元堯	1124	蔣祖	1127
蔡壽	1120	蔣元棟	1124	蔣春	1127
蔡萬	1120	蔣立和	1124	蔣春生	1127
蔡敬	1121	蔣中	1124	蔣茂	1128
蔡輝	1121	蔣永	1124	蔣信	1128

蔣容	1128	蔣肆	1133	劉子宗	1137
蔣湮	1128	蔣諲	1134	劉子春	1137
蔣蚕	1129	蔣興祖	1134	劉子章	1138
蔣清	1129	蔣濟	1134	劉士永	1138
蔣深	1130	蔣寶梅	1134	劉士震	1138
蔣就	1130	蔣纓	1134	劉山	1138
蔣達	1130	蓮友	1134	劉千	1138
蔣雲甫	1130	劉一新	1134	劉川	1138
蔣馭	1130	劉乙	1135	劉上	1139
蔣景春	1130	劉十八	1135	劉文	1139-1141
蔣暉	1130	劉丁	1135	劉主	1141
蔣詢	1131	劉之先	1135	劉方	1141
蔣詮	1131	劉三	1135	劉太	1142
蔣擕	1131	劉才	1136	劉元	1142
蔣嗣宗	1131	劉才叔	1136	劉屯秀	1143
蔣榮	1131	劉大有	1136	劉元中	1143
蔣榮林	1132	劉大明	1137	劉元吉	1143
蔣榮祖	1132	劉大資	1137	劉屯秀	1143
蔣遠	1133	劉子先	1137	劉友端	1143
蔣璜	1133	劉子和	1137	劉中	1143-1144

劉介	1145	劉用	1150	劉丰	1157
劉介叔	1145	劉生	1151	劉良	1157
劉仁	1145–1146	劉全	1151	劉克明	1157
劉公海	1146	劉生明	1152	劉君叟	1157
劉公亮	1146	劉安全	1152	劉志	1157
劉公達	1146	劉安	1152	劉志才	1158
劉升	1147	劉羊	1152	劉志忠	1158
劉升之	1147	劉戌	1152	劉酉	1158
劉立	1147	劉羽	1152	劉南	1158
劉永	1148	劉成	1152	劉廷	1159
劉永之	1148	劉共	1153	劉廷章	1159
劉右	1148	劉同	1153	劉字	1159
劉正	1148	劉光	1153	劉仲	1159
劉玉	1149	劉仲	1154	劉佑	1159
劉本	1149	劉仲仁	1155	劉伯安	1159
劉世昌	1149	劉仲義	1155	劉宜	1160
劉世寧	1149	劉合	1155	劉定	1160
劉石	1149	劉如	1156	劉宗	1160
劉丙	1149	劉向	1156	劉宗顯	1161
劉四	1150	劉伏	1156	劉束	1161

劉性湛	1161	劉季明	1166	劉春	1170
劉阿介	1161	劉季發	1166	劉柯	1170
劉阿未	1161	劉季	1166	劉茂	1170
劉青	1162	劉念	1166	劉昭	1171
劉松	1162	劉洪	1166	劉英烈	1172
劉具	1162	劉度	1167	劉昨升	1172
劉尚	1163	劉彥	1167	劉信	1172
劉明	1163	劉彥中	1167	劉俊	1173
劉旺	1163	劉彥明	1168	劉浩	1173
劉昊	1164	劉彥龍	1168	劉海	1173
劉昇	1164	劉宣	1168	劉海慶	1173
劉沇	1164	劉亮	1169	劉悅	1173
劉昌	1164	劉祖	1169	劉益	1173
劉忠	1165	劉炳	1169	劉祐	1174
劉忠義	1165	劉盈	1169	劉訓	1174
劉果	1165	劉拱	1169	劉真	1174
劉廷	1165	劉珏	1169	劉振	1174
劉侍者	1165	劉政	1170	劉晉	1174
劉朋	1165	劉南熙	1170	劉恭	1175
劉和	1166	劉泰	1170	劉峰	1175

劉	純	文			1175	劉	琳				1179	劉	瑛				1182
劉	師				1175	劉	惠	老			1179	劉	照				1182
劉	清				1175	劉	遠				1179	劉	廣	仁			1182
劉	康				1176	劉	達				1179	劉	廬				1182
劉	康	良			1176	劉	貴				1179	劉	潤				1182
劉	寅				1176	劉	景	舟			1180	劉	瑞				1183
劉	章				1176	劉	景	雲			1180	劉	榮				1183
劉	張				1176	劉	傑				1180	劉	暉				1183
劉	埜				1176	劉	僅				1180	劉	銑				1183
劉	通				1176	劉	順				1180	劉	澄				1183
劉	閏				1177	劉	復				1180	劉	淵				1183
劉	慶	仁			1177	劉	智				1180	劉	潭				1183
劉	宗				1177	劉	鈞				1180	劉	寶				1184
劉	從				1177	劉	源				1181	劉	璋				1184
劉	紹				1178	劉	通				1181	劉	臻				1184
劉	溫				1178	劉	遜				1181	劉	萬				1184
劉	滋				1178	劉	寬				1181	劉	舉				1185
劉	斌				1178	劉	寬	裕			1181	劉	興				1185
劉	寔				1178	劉	新				1182	劉	興	才			1185
劉	喜				1179	劉	瑞				1182	劉	遷				1185

劉	應			1185	衛	祥			1189	駱	仲			1191
劉	頤			1186	魯	咏			1189	駱	昇			1191
劉	聰			1186	魯	時			1189	駱	晟			1192
劉	寶			1186	滕	之			1189	駱	善			1192
劉	鏡			1186	滕	式			1189	駱	興			1193
劉	霧			1186	滕	呈			1189	駱	興	宗		1193
德	六			1187	滕	太	初		1189	駱	寶			1193
德	成			1187	滕	杲			1189	龔	乂			1193
德	甫			1187	滕	喆			1189	盧	天			1193
德	章			1187	黎	元			1190	盧	老			1193
德	裕			1187	黎	友	直		1190	盧	適			1194
德	華			1187	黎	正	才		1190	盧	鑑			1194
德	潤			1187	黎	可	官		1190	穆	成	寧		1194
德	遠			1188	黎	美			1190	錢	子	華		1194
德	瑋			1188		十	六	畫		錢	安	仁		1194
德	興			1188	澹	周			1191	錢	成			1194
德	謙			1188	徽	珍			1191	錢	宗			1195
德	顯			1188	操	誠			1191	錢	宗	玉		1195
衛	玉			1188	霍	元			1191	錢	玗			1195
衛	良			1188	駱	元			1191	錢	忠			1195

錢玲	1196	應成	1198	謝成	1202
錢英	1196	應定發	1199	謝忠	1202
錢真	1196	應秀	1199	謝珠	1202
錢桓	1196	應拱	1199	謝海	1202
錢珪	1196	應俊	1199	謝堯	1203
錢瑤	1196	應華	1200	謝壽	1203
錢珙	1196	應權	1200	謝賢	1203
錢皋	1197	濮仲質	1200	謝興	1203
錢裕	1197	濮宣	1200	戴元	1203
錢瑛	1197	濮華	1201	戴立	1203
錢賓	1197	濮棒	1201	戴世榮	1204
錢潤	1197	濮進	1201	戴安	1204
興才	1197	謙遠	1201	戴全	1204
興吉	1197	龍大有	1201	戴良臣	1204
興宗	1198	龍四	1201	戴宗	1204
十七畫		龍得雲	1201	戴居仁	1204
應三秀	1198	謝子芳	1202	戴和文	1205
應支	1198	謝友	1202	戴季	1205
應允	1198	謝四	1202	戴祐	1205
應世昌	1198	謝汝楫	1202	戴審	1205

戴簡	1205	繆士元	1208	十八畫	
韓一	1205	繆六	1208	顏天	1212
韓立	1205	繆春	1208	顏友亨	1212
韓仔	1205	繆珍	1208	顏正	1212
韓公德	1206	繆恭	1209	顏宗	1212
韓公輔	1206	繆謙	1209	顏孝	1213
韓正	1206	簡師	1209	顏堯	1213
韓玉	1206	簡卿	1210	蕭居	1213
韓政	1206	鍾才	1210	蕭三	1213
韓堅	1206	鍾成	1210	蕭大榮	1213
韓通	1206	鍾同壽	1210	蕭子	1213
韓椿	1206	鍾昇	1210	蕭文超	1213
薛小三	1207	鍾李	1211	蕭文顯	1214
薛永簡	1207	鍾季升	1211	蕭中	1214
薛右	1207	鍾季徐	1211	蕭仁	1214
薛四	1207	鍾惟一	1211	蕭年人	1214
薛林	1207	鍾華	1211	蕭邦	1214
薛清	1207	鍾敬	1211	蕭延昌	1214
薛惇	1208	鍾遠	1212	蕭杰	1215
薛慶春	1208	鍾興	1212	蕭昌	1215

蕭	昌	齡			1215	藍	佳				1218	魏	孝				1222
蕭	岡				1215	藍	俊				1218	魏	春				1222
蕭	受				1215	藍	通				1219	魏	信				1222
蕭	茂				1215	藍	廣				1219	魏	俊				1223
蕭	昱				1215	藍	萬				1219	魏	真				1223
蕭	祥				1216	瞿	宏				1219	魏	莊				1223
蕭	振	邦			1216	瞿	裕				1219	魏	達				1223
蕭	詔				1216	豐	益				1219	魏	暈				1223
蕭	森				1217	魏	二				1219	魏	萬				1223
蕭	漢	臣			1217	魏	乂				1220	魏	謙				1223
蕭	寧				1217	魏	之	先			1220		十	九	畫		
蕭	諒				1217	魏	才				1220	龐	方	正			1224
蕭	儀				1217	魏	文				1220	龐	次	升			1224
蕭	經				1217	魏	仁				1220	龐	汝	升			1224
蕭	聲				1217	魏	正				1220	龐	知	乘			1225
藍	七				1218	魏	可				1221	龐	知	柔			1225
藍	元				1218	魏	全				1221	龐	知	泰			1225
藍	允				1218	魏	昇				1221	龐	知	德			1226
藍	宗				1218	魏	奇				1221	龐	柔	和			1226
藍	昂				1218	魏	道				1222	龐	葛	立			1226

龐	萬	正			1226		羅	裕				1229		嚴	卓				1233
龐	壽				1226		羅	榮				1229		嚴	發				1233
譚	祀				1227		羅	誼				1230		嚴	忠				1233
譚	咏				1227		羅	應				1230		嚴	思	敬			1234
譚	孝	才			1227		闕	西				1230		嚴	思	明			1234
譚	柄				1227		闕	春				1230		嚴	先				1234
譚	堅				1227		邊	皓				1230		嚴	信				1235
譚	謙				1227			二	十	畫				嚴	賀				1235
羅	文				1227		嚴	方				1230		嚴	智				1235
羅	文	質			1228		嚴	定				1231		嚴	鑄				1235
羅	永				1228		嚴	洪				1231		嚴	昌				1235
羅	生				1228		嚴	誠				1231		蘇	定				1236
羅	成				1228		嚴	詵				1231		蘇	成				1236
羅	定				1228		嚴	端				1232		蘇	興				1236
羅	明				1228		嚴	潤				1232		蘇	秀				1236
羅	昇				1228		嚴	富				1232		蘇	四				1236
羅	忠				1228		嚴	說				1232		蘇	正				1236
羅	祖				1229		嚴	太				1232		蘇	勝				1236
羅	振				1229		嚴	式				1232		蘆	洪				1236
羅	恕				1229		嚴	志				1233		蘆	通				1237

盧閈三	1237	顧逵	1242	龔全	1246
盧垚	1237	顧暈	1242	龔行成	1246
盧顯	1237	顧達	1242	龔昇	1246
二十一	畫	顧滂	1243	龔旻	1247
顧永	1237	顧楷	1243	龔亮	1247
顧全	1238	顧淵	1243	龔浩	1247
顧仲	1238	顧澄	1244	龔授	1247
顧其	1239	顧震	1244	龔進	1247
顧明	1239	顧諲	1244	龔遂	1247
顧昌	1239	顧謹	1244	龔裘	1247
顧忠	1239	藺七	1245	龔整	1248
顧忠信	1240	藺七三	1245	龔擇	1248
顧祐	1240	藺可	1245	龔襲	1248
顧脊	1241	藺廣	1245	鶴瞿彥	1248
顧建	1241	二十二畫		權司辰	1248
顧玿	1241	龔文	1245		
顧真	1241	龔友	1245		
顧恭	1241	龔以達	1246		
顧清	1241	龔正	1246		
顧祺	1242	龔成	1246		

宋代刻工人名録

一画

一奴　南宋中期浙江地區刻工。刻有
　《東觀餘論》不分卷，十行行二十字。
乙可立　北宋後期刻工。刻有
　《三國志注》十行，行十八、十九字。
乙成　南宋初期浙江地區刻工。刻有
　《沖虛至德真經注》十四行，行二十五、二十六字。
　《管子注》十二行，行二十三字。
　《三國志注》十行，行十八、十九字。
　《白氏文集》十三行，二十二至二十六字。
　《臨川先生文集》宋紹興二十一年兩浙西路轉運司王珏刻本。十二行，行二十字。
　《備急總効方》宋紹興二十四年刻本。十行，行十六字。
乙信　南宋紹興間浙江地區刻工。刻有
　《三國志注》十行，行十八、十九字。
乙琦　南宋紹興間刻工。刻有
　《韋蘇州集》十行，行十八字。宋乾道七年

平江府學刻本。

二畫

丁一　南宋嘉泰間山西臨汾地區刻工。刻有《重修政和經史證類備用本草》（晦明軒本）

丁二　南宋紹熙間四川眉山地區刻工。刻有《東都事略》宋紹熙間刻本。十二行，行二十四字。

丁三　南宋紹熙間四川眉山地區刻工。刻有《東都事略》宋紹熙間刻本。十二行，行二十四字。

丁才　南宋淳祐浙江地區刻工。刻有《晦庵先生文集》宋淳祐五年刻本。十行，行十九字。

丁山　南宋紹熙間四川眉山地區刻工。刻有《東都事略》宋紹熙間刻本。十二行，行二十四字。

丁之才　南宋浙江地區刻工。刻有《尚書正義》宋兩浙東路茶鹽司刻。八行，十九字。

《春秋左傳正義》宋慶元六年紹興府刻。八

行，行十六字。

《論語注疏解經》宋紹熙兩浙東路茶鹽司刻。八行，行十六字。

《孟子注疏解經》宋嘉泰兩浙東路茶鹽司刻。八行，行十六字。

《古史》十行，行二十二字。

《律》附音義 九行，行十八字。

《晦庵先生文集》宋淳祐五年刻。十行，行十九字。

《攻媿先生文集》宋四明樓氏家刻本。十行，行十八字

《渭南文集》宋嘉定十三年陸子遹溧陽學宫刻。十行，行十七字。

補版有：

《後漢書注》宋紹興江南東路轉運司刻。九行，行十六字。

《南齊書》九行，行十八字。

《魏書》九行，行十八字。

《周禮疏》宋兩浙東路茶鹽司本。八行，行十五至十七字。

《說文解字》十行，行二十字。

丁子正　南宋淳祐間福州地區刻工。刻有

《國朝諸名臣奏議》宋淳祐十年史季溫福州刻本。十一行二十三字。

丁文　南宋中期浙江地區刻工。補版

《文選注》宋紹興二十八明州刻。十行，二十至二十二字。

丁方　南宋中期浙江地區刻工。刻有

《文苑英華》宋嘉泰元年至四年周必大刻本。十三行，行二十二字。

《資治通鑑綱目》宋浙江刻本。八行，十七字。

《資治通鑑綱目》宋嘉定十二年溫陵郡齋本。八行，行十七字。

丁方全　南宋中期江西吉安地區刻工。刻有

《周益文忠公集》宋開禧二年刻本。十行，十六字。

丁日新　南宋嘉定間浙江地區刻工。刻有

《重校添注音辯唐柳先生文集》宋鄭定刻本。九行，行十七字。

《磧沙藏．普門品經》。

丁正　南宋初期浙江嚴州地區刻工。刻有《藝文類聚》宋紹興刻本。十四行，行二十七、二十八字。

丁正　南宋中期四川眉山地區刻工。刻有《東都事略》宋紹熙間刻本。十二行，行二十四字。

丁玉　南宋中期四川眉山地區刻工。刻有《東都事略》宋紹熙間刻本。十二行，行二十四字。

丁圭　南宋初期浙江地區刻工。刻有《禮記注》宋刻本。十行，行十六、十七字《春秋經傳集解》宋刻小字本。十三行，行二十四字。《外臺秘要》宋紹興兩浙東路茶鹽司刻。十三行，行二十四至二十五字。《文選注》宋贛州州學刻本。九行，行十五字。

丁用　南宋嘉定閩汀州地區刻工。刻有《孫子算經》宋嘉定六年鮑澣之刻。九行，行十八字。

丁仲文　南宋慶元间吉州地區刻工。刻有《歐陽文忠公集》宋慶元二年周必大刻本。十行，行十六字。

丁合　南宋咸淳间福建地區刻工。刻有《張子語録》宋福建漕治刻本。十行，行十八字。

丁佐　南宋嘉定间浙江地區刻工。刻有《愧郯録》（鄭定本）九行，行十七字。

丁良　南宋嘉定间浙江地區刻工。刻有《愧郯録》（鄭定本）九行，行十七字。《宛陵先生文集》宋紹興十年宣州軍州學刻嘉定十七年修本。十行，行十八字。

丁甫一　南宋嘉泰间江西吉安地區刻工。刻有《文苑英華》宋嘉泰元年至四年周必大刻本。十三行，行二十二字。《重校添注音辯唐柳先生文集》宋鄭定刻本。九行，行十七字。《愧郯録》（鄭定本）九行，行十七字。《攻媿先生文集》宋四明樓氏家刻本。十行行十八字。

丁松年　南宋中期杭州地區刻工。刻有《資治通鑑綱目》宋浙本。八行，行十八字。
《荀子》十行，行十六字。
《揚子法言》十行，行十八字。
《太玄經集注》十行，行十七字。
《渭南文集》宋嘉定十三年陸子遹溧陽學宮本。十行十七字。
補版：
《周易注疏》宋紹熙兩浙東路茶鹽司刻本。八行，行十九字。
《儀禮疏》十五行，行二十七字。
《經典釋文》十一行，行十七字。
《說文解字》十行，行二十字。
《史記集解》宋紹興淮南東路轉運司刻本。九行十六字。
《古史》十一行，行二十二字。
《後漢書注》宋紹興江南東路轉運司刻本。九行，行十六字。
《宋書》、《南齊書》、《陳書》、《魏書》

如九行，行十八字

《新唐書》宋绍興刻遞修本。十四行，行二十三至二十六字。

《國語解》十行二十字。

丁明　南宋嘉泰間浙江地區刻工。刻有

《東觀餘論》宋嘉定間樓氏刻本。九行，行十八字

《東萊呂太史别集》宋嘉泰四年呂喬年刻本。十行，行二十字。

《麗澤論説集録》宋嘉泰四年呂喬年刻本。十行，行二十字。

《後漢書注》十行，行十九字

《三國志·吴書》十四行，行二十五字。

《晦庵先生文集》宋淳祐五年刻。十行，行十九字。

丁昌　南宋後期江西地區刻工。刻有

《蘇漢英氏日抄分類》十行，行二十字。

丁忠　南宋初期杭州地區刻工。刻有

《妙法蓮華經》十二行，行二十七字。

丁和　南宋寶慶間福建地區刻工。刻有

《東漢會要》宋寶祐二年建寧郡齋刻本。十一行，行二十字。

丁拱　南宋慶元間杭州地區刻工。刻有

《禮記正義》宋紹熙三年兩浙東路茶鹽司刻本。八行，行十六字。

《春秋左傳正義》宋慶元六年紹興府刻本。八行，行十六字。

《孟子注疏解經》宋嘉泰浙東庾司本。八行，行十六字。

《景德傳燈錄》宋紹興四年釋思鑒刻。十五行，行二十六至三十字。

丁茂　南宋淳熙間江西地區刻工。刻有

《呂氏家塾讀詩記》宋淳熙九年江西漕臺刻本。九行，行十九字。

丁茂　南宋後期江西地區刻工。刻有

《慈溪黄氏日抄分類》十行，行二十字。

丁南一　南宋嘉泰間江西吉安地區刻工。刻有

《文苑英華》宋嘉泰元年至四年周必大刻本。十三行，行二十二字。

~~丁君　北宋元豐間刻工。刻有~~

一《東漢會要》宋寶慶二年建寧郡斋刻本。十
一行，行二十字。

丁受　南宋慶元間江西吉安地區刻工。刻有
《歐陽文忠公集》宋慶元二年周必大刻本。
十行，行十六字。

丁思　北宋元豐間刻工。刻有
《大般若波羅蜜多經》每開六行，行十七字。
《妙法蓮華經》每開六行，行十七字。

丁保　南宋乾道間福建地區刻工。刻有
《孔氏六帖》宋乾道二年韓仲通泉州刻本。
十二行，行十四字。

丁保　南宋紹熙間浙江地區刻工。刻有
《重廣補注黃帝內經素問》十行，行二十字。
補版有：
《漢書注》十行，行十九字。
《三國志·吳書》十四行，行二十五字。

丁俊　南宋嘉泰間江西吉安地區刻工。刻有
《文苑英華》宋嘉泰元年至四年周必大刻。
十三行，行二十二字。

丁亮　南宋嘉泰間浙江地區刻工。刻有

《東萊呂太史文集》宋嘉泰四年刻。十行，行二十字。

《麗澤論説集録》宋嘉泰四年呂喬年刻。十行，行二十字。

丁宣　南宋淳祐間浙江地區刻工。刻有

《晦庵先生文集》宋淳祐五年刻。十行，行十九字。

丁宥（或署丁有）北宋政和間浙江地區刻工。刻有

《大方廣佛華嚴經合論》政和三年刻。每開六行，行十七字。

《大般若波羅蜜多經》宋紹興三十二年刻奉化王公祠堂本。六行，行十七字

《漢書注》十行，行十九字。

丁宥　南宋後期福建地區刻工。刻有

《後漢書注》宋福唐郡庠刻。十行，行十九字。

丁祐　南宋嘉定間浙江嘉興地區刻工。刻有

《愧郯録》九行，行十七字。

丁珪（或署丁圭）南宋初期杭州地區刻工。刻有

《禮記注》十行，行十六字或十七字。

《春秋五禮例宗》十行，行十九至二十四字。

《毛詩正義》宋紹興九年紹興府刻。十五行，行二十四至二十六字。

《集韻》十一行，行二十三字。

《廣韻》宋紹興刻。十行，行二十六至二十七字。

《舊唐書》宋紹興兩浙東路茶鹽司刻。十四行，行二十五字。

《外臺秘要》宋紹興兩浙東路茶鹽司刻。十三行，行二十四至二十五字。

《白氏六帖事類集》十三行，行二十四、二十五字。

《事類賦注》宋紹興十六年兩浙東路茶鹽司刻。八行，行十四至十六字。

《文選注》宋紹興二十八年明州遞修本。十行，行二十至二十二字。

丁後　南宋嘉泰間江西吉安地區刻工。刻有

《文苑英華》宋嘉泰元年至四年周必大刻。十三行，行二十二字。

丁馮元　南宋咸淳间杭州地區刻工。刻有《昌黎先生集》宋咸淳廖氏世綵堂刻。九行，十七字。

丁厚　南宋中期浙江地區刻工。刻有《資治通鑑綱目》八行，行十七字。

丁悦　南宋初期浙江地區刻工。刻有《儀禮鄭注》宋紹興嚴州本。十四行，行二十四至二十五字。《藝文類聚》宋紹興间刻本。十四行，行二十七、二十八字。《陶淵明集》宋紹興十年刻（行數不詳）。

丁益之　南宋中期刻工。刻有《揮麈前録》宋慶元元年龍山書院刻。十一行，行二十字。

丁琦　南宋紹定间刻工。刻有《附釋文互注禮部韻略》宋紹定三年藏書閣刻。十行，小字雙行不等。

丁萬　南宋嘉泰間江西吉安地區刻工。刻有《文苑英華》宋嘉泰元年至四年周必大刻。十三行，行二十二字。

《周益文忠公集》十行，行十六字。

丁萬全（丁万全）南宋開禧间江西吉安刻工。

《周益文忠公集》十行，行十六字。

丁禧年　南宋嘉熙间刻工。刻有

《磧沙藏·銀色女经》六行，行十七字。

丁福　南宋绍興间福州地區刻工。刻有

《天聖廣燈録》毗盧藏本。六行，十七字。

丁福　南宋後期浙江地區刻工。刻有

《晦庵先生文集》宋淳祐五年刻。十行，行十九字。

丁慶　南宋後期印刷工人。承印有

《崇寧萬壽大藏》本《大般若波羅蜜多經》。又承印南宋紹興王公祠堂本《大般若波羅蜜多經》。

丁鼎　南宋嘉熙间江蘇蘇州地區刻工。刻有

《磧沙藏》六行，行十七字。

丁璋　南宋初期杭州地區刻工。刻有

《周易注疏》宋两浙東路茶鹽司刻。八行，行十九字。

《尚書正義》宋两浙東路茶鹽司刻。八行，

行十六至十八字。

《周礼疏》宋两浙東路茶塩司刻。八行，行十五至十七字。

丁銓　南宋中期杭州地區刻工。刻有

《禮記正義》宋紹熙三年兩浙東路茶鹽司刻。八行，行十六字。

《春秋左傳正義》宋慶元六年紹興府刻。八行，行十六字。

《論語纂疏》九行，行二十字。

《孟子注疏解經》宋嘉泰間浙東庾司刻。八行，行十六字。

《國語解》十行，行二十字。

補刻有：

《儀禮疏》十五行，行二十七字。

《宋書》、《南齊書》、《梁書》、《陳書》、《魏書》，均九行，行十八字。

丁諒　南宋江蘇揚州地區刻工。刻有

《注東坡先生詩》宋嘉泰淮東倉司刻景定三年鄭羽補刻本。九行，行十六字。

十朋　南宋後期杭州地區刻工。刻有

《碧雲集》宋臨安陳氏書棚本。十行，行十八字。

十五（趙姓） 南宋慶元間四川地區刻工。刻有《太平御覽》宋慶元五年成都府刻本。十三行，行二十二至二十四字不等。

又閣 南宋中期四川地區刻工。刻有《南華真經注》宋蜀中安仁趙諫議宅刻本。九行，行十五字。

卜二 南宋中期四川眉山地區刻工。刻有《東都事略》宋紹熙間刻。十二行，行二十四字。

卜元 南宋中期四川眉山地區刻工。刻有《東都事略》宋紹熙間刻。十二行，行二十四字。

卜升 南宋中期四川眉山地區刻工。刻有《東都事略》宋紹熙間刻。十二行，行二十四字。

卜正 南宋中期四川眉山地區刻工。刻有《東都事略》宋紹熙間刻。十二行，行二十四字。

卜全　南宋中期四川眉山地區刻工。刻有《東都事略》宋紹熙間刻本。十二行，行二十四字。

卜仲　南宋後期浙江吴興地區刻工。刻有《通鑑紀事本末》宋寶祐五年刻。十一行，行十九字。

卜進　南宋紹熙間刻工。刻有《觀史類編》九行，行十八字。

八茂　南宋中期四川眉山地區刻工。刻有《蘇文忠公文集》宋眉山刻。九行，行十五字。

人亮　南宋淳祐間福州地區刻工。刻有《國朝諸臣奏議》宋淳祐十年史季温福州刻本。十一行，行二十三字。

人中　南宋中期江西九江地區刻工。刻有《自警編》十行，行二十字。

入中　南宋中期安徽歙縣地區刻工。刻有《皇朝文鑑》宋嘉泰四年新安郡齋刻。十行，行十九字。

九明　南宋中期福建地區刻工。刻有

《資治通鑑》十一行，行二十一字。

力二　北宋治平間刻工。刻有《類编》八行，行十六字。

三畫

之先　南宋嘉定间安徽地區刻工。刻有《曾子建文集》宋嘉定六年刻，八行，行十五字。《友林乙稿》八行，行十八字

之案　南宋中期江西吉安地區刻工。刻有《放翁先生劍南詩藁》十行，行二十字。

之獵　南宋中期江西吉安地區刻工。刻有《放翁先生劍南詩藁》十行，行二十字。

之澄　南宋嘉定间浙江地區刻工。刻有《醫說》宋嘉定刻本。九行，行十八字。

三椿　南宋刻工。補刻有《史記集解》

三遜　南宋初期刻工。刻有《三國志·吳志》十四行，行二十五字。

于文　南宋淳祐间安徽地區刻工。刻有《儀禮要義》宋淳祐十二年魏克愚刻。九行，

行十八字。

于卞　南宋淳熙間撫州地區刻工。刻有《春秋公羊經傳解詁》宋淳熙撫州公使庫刻紹熙四年重修本。十行，行十六字。

于正　南宋中期四川眉山地區刻工。刻有《東都事略》宋紹熙間刻。十二行，行二十四字。

于有　南宋中期四川眉山地區刻工。刻有《東都事略》宋紹熙間刻。十二行，行二十四字。

于全　南宋中期四川眉山地區刻工。刻有《東都事略》宋紹熙間刻。十二行，行二十四字。

于昌　南宋紹興間杭州地區刻工。刻有《龍龕手鑑》十行，行字不定。

于宗　南宋淳熙間安徽地區刻工。刻有《曹子建文集》宋嘉定六年刻。八行，行十五字。

于昉　南宋乾道間刻工。刻有《尚書傳》十行，行二十字

于原　南宋初期浙江建德地區刻工。刻有《史記集解》十四行，行二十四至二十七字。

于洋　南宋紹興間南宋地區刻工。刻有《後漢書注》宋紹興江南東路轉運司刻。九行，行十六字。

于珍　南宋乾道間杭州地區刻工。刻有《東坡集》宋乾道刻本。十行，行二十字。

于寧　南宋中期浙江地區刻工。刻有《景德傳燈錄》十三行，行二十一至二十三字。

大七　北宋間四川地區刻工。刻有《李太白文集》宋蜀刻小字本。十一行，行二十字。

大全（虞姓）南宋嘉泰間安徽歙縣地區刻工。《皇朝文鑑》宋嘉泰四年新安郡齋刻。十行，行十九字。

大有　南宋淳祐間浙江吳興地區刻工。刻有《磧沙藏》

大有（劉姓）南宋嘉定間江蘇地區刻工。刻有《于湖居士文集》宋嘉定刻。十行，行十六字。

大有（全姓）南宋淳熙間安徽貴池地區刻工。
《文選注》宋淳熙八年池陽郡齋刻本。十行，行十八至二十一字。

大明 南宋初期贛州地區刻工。刻有
《文選注》宋贛州州學刻本。九行，行十五字。

大受（全姓）南宋淳熙間安徽貴池地區刻工。
《文選注》宋淳熙八年池陽郡齋刻本。十行，十八至二十一字。

大慶（張姓）南宋淳祐間江西宜春地區刻工。
《昭德先生郡齋讀書志》宋淳祐袁州郡齋刻本。十行，行二十字。

大壽（黄姓）南宋淳祐間江西宜春地區刻工。
《昭德先生郡齋讀書志》宋淳祐袁州郡齋刻。十行，行二十字。

大潘 南宋初期刻工。刻有
《史記集解》南宋初年刻小字本。十四行，二十五至二十八字。

弓友 南宋初期江西地區刻工。刻有
《古靈先生文集》宋紹興三十年章貢郡齋刻

本。十行，行十八字。

《儀禮經傳通釋》宋嘉定十年南康道院刻。七行，行十五字。

《儀禮集傳集注》七行，行十五字。

弓成　南宋紹興間杭州地區刻工。刻有

《唐文粹》宋紹興九年臨安府刻本。十五行，行二十四至三十字。

《周易正義》宋紹興十五至二十一年刻本。十五行，行二十六至二十七字。

《舊唐書》宋紹興兩浙東路茶鹽司刻本。十四行，行二十五字。

《外臺秘要》宋紹興兩浙東路茶鹽司刻本。十三行，二十五字。

弓定　南宋慶元間江西地區刻工。刻有

《資治通鑑綱目》宋廬陵刻本。八行，行十七字。

《放翁先生劍南詩藁》宋陸子遹刻本。十行行二十字。

《東萊先生詩集》宋慶元五年黃汝嘉刻本。十行，行二十字。

弓思四　北宋景祐间刻工。刻有《儀禮疏》十五行，行二十七字。

弓旅　南宋绍興间杭州地區刻工。刻有《周易正義》宋绍興十五至二十一刻本。十五行，行二十五至二十七字。

弓振　南宋绍興间杭州地區刻工。刻有《周易正義》宋绍興十五至二十一年刻本。十五行，行二十五至二十七字。

弓彬　南宋绍興间杭州地區刻工。刻有《周易正義》宋绍興十五至二十一年刻本。

弓華　南宋中期浙江地區刻工。刻有《三國志注》宋衢州本。十行，行十九字。

補版

《儀禮疏》十五行，行二十七字。

《禮記正義》宋绍熙三年兩浙東路茶鹽司本。八行，行十六字。

《後漢書注》宋绍興江南東路轉運司刻本。九行，行十六字。

弓萬　南宋绍興间安徽宣城地區刻工。刻有《宛陵先生文集》宋绍興宣州軍州學刻嘉定十七年修本。十行，行十九字。

于澤　南宋初期浙江寧波地區刻工。刻有
《集韻》十一行，行二十三字。

于擇（同龔擇）南宋紹興間浙江地區刻工。刻有
《資治通鑑目錄》宋紹興二年兩浙東路茶鹽
司刻本。行字不定。

于顯　南宋淳熙間江西撫州地區刻工。刻有
《周易注》宋淳熙撫州公使庫刻本。十行，
行十六字。
《呂氏家塾讀詩記》宋淳熙九年江西漕臺刻
本。九行，行十九字。
《禮記注》宋淳熙四年撫州公使庫刻本。十
行，行十六字。
《春秋公羊經傳解詁》宋淳熙撫州公使庫刻
，紹熙四年重修本。十行，行十六字。

小汪　北宋杭州地區刻工。刻有
《通典》北宋刻本。十五行，行二十六至三
十一字。

士正　南宋嘉泰間安徽貴池地區刻工。刻有
《晉書》宋嘉四年至開禧元年秋浦郡齋刻。

九行，行十六字。

士正（祝姓）南宋開禧間江西吉安地區刻工。

《周益文忠公集》宋開禧二年吉州刻本。十行，行十六字。

士通　南宋後期江西地區刻工。刻有

《慈溪黄氏日抄分類》十行，行二十字。

士震（劉姓）南宋寶慶間廣州地區刻工。刻有

《新刊校定集注杜詩》宋寶慶元年廣東漕司刻本。九行，行十六字。

子文　南宋中期江西地區刻工。刻有

《新唐書》十行，行十九字。

《資治通鑑綱目》宋廬陵本。八行，行十七字。

《朱文公編昌黎先生傳》七行，行十五字。

子中　南宋後期江西地區刻工。刻有

《慈溪黄氏日抄分類》十行，行二十字。

子允（李姓）南宋端平間江西吉安地區刻工。

《誠齋集》宋端平二年刻本。十行，行十六字。

子言　南宋中期四川地區刻工。刻有

《周禮注》八行，行十六字。

子奇　南宋慶元間江西吉安地區刻工。刻有

《歐陽文忠公集》宋慶元二年周必大刻本。

十行，行十六字。

子林　南宋中期四川地區刻工。刻有

《周禮注》八行，行十六字。

子明　南宋初期杭州地區刻工。刻有

《妙法蓮華經》六行，行十七字。

子明　南宋中期江西地區刻工。刻有

《新唐書》十行，行十九字。

《五代史記》宋慶元五年刻本。十行十八字。

《資治通鑑綱目》宋廬陵本。八行，行十七字。

《唐陸宣公集》十行，行十七字。

《誠齋集》宋端平二年刻。十行，行十六字。

《朱文公編昌黎先生傳》七行，行十五字。

子和　南宋後期福建福清地區刻工。刻有

《列子鬳齋口義》九行，行十八字。

子秀　南宋中期江西九江地區刻工。刻有

《自警編》十行，行二十字。

子春　南宋端平間江西吉安地區刻工。刻有

《誠斋集》宋端平二年刻本。十行十六字。

子期　南宋绍興间浙江建德地區刻工。刻有《藝文類聚》宋绍興间嚴州刻本。十四行，行二十七、二十八字。

子万　南宋中期刻工。刻有《九經正文八種》宋巾箱本。二十一行，行二十七字。

子敬　南宋中期刻工。刻有《九經正文八種》宋巾箱本。二十一行，行二十七字。

子震　南宋後期杭州地區刻工。刻有《昌黎先生集》宋咸淳廖氏世綵堂刻本。九行，行十七字。

才正　南宋绍興间江西地區刻工。刻有《温國文正司馬公文集》宋绍興刻本。十二行，行二十字。

才仲（余姓）南宋慶元间江西吉安地區刻工。《歐陽文忠公集》宋慶元二年周必大刻本。十行，行十六字。《周益文忠公集》宋開禧二年吉州刻。十行行十六字。

才忠　南宋慶元间江西吉安地區刻工。刻有《歐陽文忠公集》宋慶元二年周必大刻本。十行，行十六字。

才堅　南宋中期浙江紹興地區刻工。刻有《尚書正義》宋两浙東路茶鹽司刻。八行，行十六至十九字。

己叔　南宋初期浙江建德地區刻工。刻有《藝文類聚》宋紹興间嚴州刻本。十四行，行二十七、二十八字。

小十　南宋中期四川地區刻工。刻有《後山詩注》宋蜀中刻本。十三行，行二十四字。

小五　南宋中期浙江地區刻工。刻有《參寥子詩集》十二行，行二十四字。

小王　南宋後期江蘇地區刻工。刻有《說苑》宋咸淳元年鎮江府学刻本。九行，行十八字。

小甘　南宋中期四川地區刻工。刻有《後山詩注》宋蜀中刻本。十三行，行二十四字。

小朱　南宋淳熙間浙江地區刻工。刻有《宗門統要集》南宋淳熙刻本。十行，行二十字。

小李　南宋初期刻工。刻有《史記集解》南宋初年刻小字本。十四行，行二十五至二十八字。

小胡　南宋初期刻工。刻有《史記集解》南宋初年刻小字本。十四行，行二十五至二十八字。

小茲　南宋中期四川地區刻工。刻有《南華真經注》宋蜀中安仁趙諫議宅刻本。九行，行十五字。

小范　南宋中期江西刻工。刻有《廬山記》九行，行十八字。

小藍　南宋紹興間浙江地區刻工。刻有《陶淵明集》宋紹興十年刻本。行款字數不詳。

上官　南宋乾道間贛州地區刻工。刻有《文選注》宋贛州州學刻本。九行，行十五字。

上官　南宋後期福建福清地區刻工。刻有《國朝諸臣奏議》宋淳祐十年史季溫福州刻本。十一行，行二十三字。

《列子鬳齋口義》九行，行十八字。

上官元　南宋乾道間福建長汀地區刻工。刻有《錢塘韋先生文集》宋乾道刻本。十行，行二十字。

上官正　南宋中期江西九江地區刻工。刻有《輿地廣記》宋九江郡齋刻嘉泰四年、淳祐十年遞修本。十三行，行二十四字。

上官生　南宋寶慶間廣州地區刻工。刻有《附釋文互注禮部韻略》九行，小字雙行約二十四字。

《新刊校定集注杜詩》宋寶慶元年廣東漕司刻本。九行，行十六字。

上官安　南宋淳祐間福州地區刻工。刻有《國朝諸臣奏議》宋淳祐十年史季溫福州刻本。十一行，行二十三字。

上官佑　南宋中期浙江地區刻工。刻有《夷堅志》十二行，行二十三字。

上官詮　南宋初期浙江地区刻工。刻有

《文選注》宋明州刻紹興二十八年補修本。

十行，行二十一至二十四字。

《文選注》宋贛州州學刻本。九行，行十五

字。

上官壽　南宋初期江西贛州地區刻工。刻有

《文選注》宋贛州州學刻本。九行，行十五

字。

上官信　南宋淳熙間江西地區刻工。刻有

《春秋傳》宋乾道四年刻慶元五年黄汝嘉修

補本。十行，行二十字。

《三朝名臣言行録》十行，行十七字。

《五朝名臣言行録》十行，行十七字。

上官通　南宋慶元間江西吉安地區刻工。

《歐陽文忠公集》宋慶元二年周必大刻本。

九行，行十六字。

上官堅　南宋景定間福建地區刻工。刻有

《列子鬳齋口義》九行，行十八字。

上官慶　南宋乾道間江西刻工。刻有

《豫章黄先生集》宋乾道刻本。九行，行十

八字。

山玉　南宋後期江西地區刻工。刻有《隋書》九行，行二十至二十二字。

山昌　南宋中期福建地區刻工。刻有《資治通鑑》十一行，行二十一字。

么宣　北宋刻工。刻有《漢書注》十行，行十九字。

么大　北宋治平間刻工。刻有《類編》八行，行十六字。

么達　北宋杭州地區刻工。刻有《史記集解》十行，十九字。

久昌　南宋後期浙江地區刻工。補版《春秋左傳正義》宋慶元六年紹興府刻、宋元遞修本。八行，行十六字。

久子華　南宋後期杭州地區刻工。補刻《宋書》、《魏書》均九行，行十八字。

女丁　南宋後期福建建陽地區刻工。刻有《晦庵先生朱文公文集》十行，行十八字。

勺一　南宋後期杭州地區刻工。刻有《草窗韻語》宋周氏家刻本。九行，行十七字。

四畫

六生　南宋紹興間福州地區刻工。刻有《天聖廣燈録》宋紹興十八年刻毗盧藏本。六行，行十七字。

六宴　南宋後期江西地區刻工。刻有《慈溪黃氏日抄分類》十行，行二十字。

六嘉　南宋中期刻工。補刻《三國志注》十四行，行二十五字。

六榮（或署陸榮）南宋乾道間刻工。刻有《宣和奉使高麗圖經》宋乾道三年澂江郡齋刻本。九行，行十七字。

亢宏　南宋紹定間江西地區刻工。刻有《朱文公校昌黎先生文集》宋紹定六年臨江軍學刻本。七行，行十五字。

~~亢祥　南宋中期福建刻工。刻有《監本附音春秋公羊注疏》宋福建刻本。十行，行十七字。~~

卞三　南宋中期四川眉山地區刻工。刻有《東都事略》宋紹熙間刻本。十二行，行二十四字。

卞元　南宋中期四川眉山地區刻工。刻有《東都事略》宋紹熙間刻本。十二行，行二十四字。

卞正　南宋中期四川眉山地區刻工。刻有《東都事略》宋紹熙間刻本。十二行，行二十四字。

文友　南宋淳祐間江西宜春地區刻工。刻有《昭德先生郡齋讀書志》宋淳祐袁州刻本。十行，行二十字。

文中（陳姓）南宋嘉泰間安徽地區刻工。刻有《皇朝文鑑》宋嘉泰四年新安郡齋刻本。十行，行十九字。

文中　南宋慶元間四川眉山地區刻工。刻有《淮海先生閒居集》九行，行十五字。

文正　南宋中期四川眉山地區刻工。刻有《東都事略》宋紹熙間刻本。十二行，行二十四字。

文玉　南宋紹興間浙江地區刻工。刻有《尚書正義》宋兩浙東路茶鹽司刻本。八行，行十九字。

《周禮疏》宋两浙東路茶鹽司刻本。八行，行十五至十七字。

《禮記正義》宋紹熙三年两浙東路茶鹽司刻本。八行，行十六字。

《經典釋文》十一行，行十七字。

補刻有

《漢書注》九行，行十六字。

文玉　南宋嘉定間江西吉安地區刻工。刻有

《漢書集注》宋嘉定十七年白鷺洲書院刻本。八行，行十六字。

文昊　南宋淳熙江西九江地區刻工。刻有

《皇朝仕學規範》十二行，行二十五字。

《自警編》宋端平元年九江刻本。十行，行二十字。

文生　南宋後期安徽宣城地區刻工。刻有

《致堂讀史管見》宋寶祐二年宛陵刻本。十二行，行二十三字。

文用　南宋紹興間江西贛州地區刻工。刻有

《文選注》宋贛州州學刻本。九行，行十五字。

文立　南宋初期浙江地區刻工。刻有

《增廣司馬温公全集》南宋初刻補修本。十二行，行二十字。

文立　南宋紹興間安徽舒城地區刻工。刻有

《王文公文集》宋紹興龍舒本。十行，行十七字。

文仲　南宋後期福建地區刻工。刻有

《漢書注》宋福唐郡庠刻本。十行，行十九字。

《後漢書注》宋福唐郡庠刻本。十行，行十九字。

《景文宋公文集》宋麻沙刻本。十行，行二十字。

文年　南宋嘉定間江西吉安地區刻工。刻有

《漢書集注》宋嘉定十七年白鷺洲書院刻本。八行，行十六字。

文民　南宋淳熙江西地區刻工。刻有

《皇朝仕學規範》十二行，行二十五字。

《自警編》宋端平元年九江刻本。十行，行二十字。

《伊川擊壤集》十行，行二十一字。

文甫　南宋嘉定间福建地區刻工。刻有《育德堂集》宋蔡氏家刻本。九行，行十八字。

文伯　南宋慶元间江西吉安地區刻工。刻有《周益文忠公集》宋開禧二年刻本。十行，十六字。

文炎　北宋四川地區刻工。刻有《資治通鑑》宋廣都費氏進修堂刻本。十一行，行十九字。

文忠　南宋中期福建地區刻工。刻有《資治通鑑》十一行，行二十一字。

文明　南宋咸淳间刻工。刻有《分門纂類歌詩》（趙孟奎本）十行，行十八字。《草窗韻語》宋周氏家刻本。九行，行十七字。補刻有：《新唐書》十四行，行二十四至二十七字。

文昌　南宋紹興间浙江地區刻工。刻有《尚書正義》宋兩浙東路茶鹽司刻。八行，行十九字。

《禮記正義》宋紹熙三年兩浙東路茶鹽司刻本。八行，行十六字。

《三國志注》十行，行十八字。

文來　南宋慶元間四川地區刻工。刻有

《新刊經進詳注昌黎先生文集》宋蜀刻本。十行，行十八字。

文定　南宋慶元間江西吉安地區刻工。刻有

《歐陽文忠公集》宋慶元二年周必大刻本。

文受　南宋刻工。刻有《

《普濟本事方》宋刻本。八行，行十六字。

文英　北宋四川地區刻工。刻有

《資治通鑑》宋廣都費氏進修堂刻大字本。十一行，行十九字。

文珍　南宋中期湖南地區刻工。刻有

《集韻》十行，大小字不等。

文茂　南宋淳祐間安徽歙縣地區刻工。刻有

《周易要義》宋淳祐十二年魏克愚刻本。九行，行十八字。

《儀禮要義》宋淳祐十二年魏克愚刻本。九

行，行十八字。

《禮記要義》宋淳祐十二年魏克愚刻本。九行，行十八字。

文俊（金姓）南宋嘉泰間南京地區刻工。刻有《于湖居士文集》宋嘉泰元年刻本。十行，行十六字。

文恭　南宋紹定間刻工。刻有《附釋文互注禮部韻略》宋紹定三年藏書閣刻本。十行，小字雙行字不等。

文恕　南宋端平間江西九江地區刻工。刻有

文清（江姓）南宋後期浙江金華地區刻工，刻有　补在文恕之下。

《新刊山堂先生章宮講考索》南宋金華曹氏刻本。十三行，行二十四字

《太平御覽》宋慶元五年成都府刻本。十三行，二十二至二十四字。

文郭師　南宋慶元間成都地區刻工。刻有《太平御覽》宋慶元五年成都府刻本。十三行，行二十二至二十四字。

文劉之　南宋慶元間四川地區刻工。刻工《新刊增廣百家詳補注唐柳先生文集》十行，

行十八字

《新刊經進詳注昌黎先生文集》十行，行十八字。

《太平御覽》宋慶元五年成都府刻本，十三行，行二十二至二十四字。

文彬　南宋後期江西地區刻工。刻有

《隋書》宋刻本，九行，行二十至二十二字。

文彬（吳姓）南宋寶慶間廣州地區刻工。刻有

《新刊校定集注杜詩》宋寶慶元年廣東漕司刻本。九行，行十六字。

文富　南宋淳熙間江西地區刻工。刻有

《皇朝仕學規范》十二行，行二十五字。

文懋（蕭姓）宋嘉定間江西刻工。刻有

《容齋隨筆》十行，行二十一字。

文貴　北宋治平間成都地區刻工。刻有

《伊川擊壤集》十行，行二十一字。

文貴　南宋中期福建地區刻工。刻有

《伊川擊壤集》宋建刻本。十行，行二十字

删去 ~~文粲　南宋福建地區刻工。刻有~~

~~《監本附音春秋公羊注疏》宋福建刻本。十~~

行，行十七字。

文慶　南宋中期浙江地區刻工。補刻有《增廣司馬溫公全集》南宋初年刻修補本。十二行，行二十字。

文榮　南宋紹興間杭州地區刻工。刻有《史記集解》十行，行十九字。《宋書》監本九行，行十八字。

文賢　南宋淳祐間江西宜春地區刻工。刻有《昭德先生郡齋讀書志》宋淳祐袁州刻本。十行，二十字。

文贊　南宋淳祐間江西宜春地區刻工。刻有《昭德先生郡齋讀書志》宋淳祐袁州刻本。十行，行二十字。

文憲　南宋乾道間杭州地區刻工。刻有《武經龜鑑》十二行，行二十二字。

文擧　南宋紹定間刻工。刻有《附釋文互注禮部韻略》宋紹定三年藏書閣刻本。十行，小字雙行字不等。

文顯　北宋治平間刻工。刻有《類編》八行，行十六字。

文顯（蕭姓）南宋淳熙江西地區刻工。刻有

《呂氏家塾讀詩記》宋淳熙九年江西漕臺刻本，九行，行十九字。

《春秋左氏音義》行款不詳。

《容齋隨筆》十行，行二十一字。

文顯 南宋福建建陽地區刻工。刻有

《纂圖互注荀子》宋建刻本。十一行，行二十一至二十二字。

方二 南宋中期四川眉山地區刻工。刻有

《東都事略》宋紹熙間刻本。十二行，行二十四字。

方乂 北宋治平間刻工。刻有

《類篇》八行，行十六字。

方元 南宋中期浙江地區刻工。刻有

《禮記集說》宋嘉定四年新定郡齋刻本。十三行，行二十四至二十六字。

方太 南宋中期四川眉山地區刻工。刻有

《東都事略》宋紹熙間刻本。十二行，行二十四字。

方尤 南宋中期福建地區刻工。刻有

《資治通鑑》宋建刻本。十一行，行二十一字。

方中　南宋紹興間浙江地區刻工。刻有

《漢書注》宋紹興江南東路轉運司刻本。九行，行十六字。

《大唐六典注》宋紹興四年溫州州學刻本。十行，行二十字。

《古史》十一行，行二十二字。

《宋書》、《梁書》、《魏書》均監本，九行，行十八字。

《資治通鑑綱目》八行，行十八字。

《春秋左傳正義》宋慶元六年紹興府刻本。八行，行十六字。

《説文解字》十行，行二十字。

《經典釋文》十一行，行十七字。

《南軒文集》宋嚴州刻本。十行，行十七字。

方中文　南宋初期浙江衢縣地區刻工。刻有

《三國志注》宋衢州刻本。十行，行十九字。補刻有

《宋書》九行，行十八字。

方中美　南宋紹興間浙江地區刻工。刻有

《尚書正義》宋兩浙東路茶鹽司刻本。八行，行十六至十九字。

《周禮疏》宋兩浙東路茶鹽司刻本。八行，行十五至十七字。

《爾雅疏》十五行，行二十一字。

方中呈　南宋紹興間浙江地區刻工。刻有

《爾雅疏》十五行，行二十一字。

方升　南宋初期福建地區刻工。刻有

《資治通鑑》十一行，行二十一字。

方文　南宋淳熙浙江地區刻工。刻有

《南華真經注疏》八行，行十五字。

《通鑑紀事本末》宋淳熙二年嚴陵郡庠刻本。十三行，行二十四或二十五字。

方文虎　南宋淳熙間建德地區刻工。刻有

《通鑑紀事本末》宋淳熙二年嚴陵郡庠刻本。十三行，行二十四或二十五字。

方正　南宋乾道間江西地區刻工。刻有

《文選注》宋贛州州學刻本。九行，行十五字。

方正　南宋紹興間四川眉山地區刻工。刻有

《東都事略》宋紹熙間刻本。十二行，行二十四字。

方正　南宋乾道間江西地區刻工。刻有《文選注》宋贛州州學刻本。九行，行十五字。

方正　南宋慶元間江西吉安地區刻工。刻有《歐陽文忠公集》宋慶元二年周必大刻本。十行，行十六字。

方正　南宋中期四川眉山地區刻工。刻有《東都事略》宋紹熙間刻本。十二行，行二十四字。

方正上　南宋淳熙間建德地區刻工。刻有《通鑑紀事本末》宋淳熙二年嚴陵郡庠刻本。十三行，行二十四或二十五字。

方中　南宋淳熙間浙江建德地區刻工。刻有《通鑑紀事本末》宋淳熙二年嚴陵郡庠刻本。十三行，行二十四或二十五字。

方生　南宋中期四川眉山地區刻工。刻有《東都事略》宋紹熙間刻本。十二行，行二十四字。

方四　南宋刻工。刻有
《春秋左氏音義》宋刻本

方虫　南宋淳熙间浙江建德地區刻工。刻有
《通鑑纪事本末》宋淳熙二年嚴陵郡庠刻本。
十行，行二十四或二十五字。

方成　南宋初期杭州地區刻工。刻有
《尚書正義》十五行，行二十四字。
《春秋经傳集解》宋嘉定九年興國軍學刻本。
八行，行十七字。
《爾雅注》宋绍興间刻本。十行，行二十字。
《集韻》宋明州本。十一行，行二十三字。
《舊唐書》宋绍興兩浙東路茶鹽司刻本。十
四行，行二十五字。
《水经注》十一行，行二十字。
《白氏六帖事類集》宋绍興间刻本。十三行
，二十四至二十五字。
《陶淵明集》十行，行十六字。
《杜工部集》十行，行十八至二十一字。
《文選注》宋明州刻绍興二十八年補修本。
十行，行二十至二十二字。

方至　南宋中期杭州地區刻工。刻有
《尚書正義》宋兩浙東路茶鹽司刻本。八行，行十九字。
《春秋左傳正義》宋慶元六年紹興府刻本。八行，行十六字。
《廣韻》宋紹興刻本。十行，行二十字。
《大廣益會玉篇》十一行，行十九字。
《古史》十一行，行二十二字。
《歷代故事》宋嘉定刻本。八行，行十六字。
《畫繼》宋臨安府陳道人書籍鋪刻本。十一行，行二十字。
《五代名畫補遺》宋臨安府陳道人書籍鋪刻本。十一行，行二十字。
《嘉泰普燈録》宋嘉定四年淨慈寺刻本。十行，行二十字。
《皇朝文鑑》宋嘉泰四年新安郡齋刻本。十行，行十九字。
《聖宋文選》宋乾道刻本。十六行，行二十八字。
《音注韓文公集》宋婺州刻本。十二行，行

二十一或二十二字。

《攻媿先生文集》宋樓氏家刻本。十行，行十八字。

補版有：

《周禮疏》宋兩浙東路茶鹽司刻。八行，行十五至十七字。

《經典釋文》十一行，行十七字。

《說文解字》十行，行二十字。

《宋書》、《南齊書》、《梁書》、《陳書》《魏書》、《北齊書》。均九行，十八字。

方先　南宋淳熙間浙江建德地區刻工。刻有

《通鑑紀事本末》宋淳熙二年嚴陵郡庠刻本。十三行，行二十四或二十五字。

《愧郯録》宋嘉定刻本。九行，行十七字。

方仲　南宋紹興間江西地區刻工。刻有

《古靈先生文集》宋紹興三十年章貢郡齋刻本。十行，行十八字。

《周益文忠公集》宋開禧二年刻本。十行，行十六字。

方全　南宋中期四川眉山地區刻工。刻有

《東都事略》宋紹熙刻本。十二行，行二十四字。

方全　南宋開禧間江西吉安地區刻工。刻有《周益文忠公集》宋開禧二年刻。十行，行十六字。

方年　宋嘉定間江西吉安地區刻工。刻有《漢書集注》宋嘉定十七年白鷺洲書院刻本。八行，行十六字。

方迂　南宋初期浙江地區刻工。刻有《儀禮鄭注》宋紹興刻本。十四行，行二十五字。

《國語解》十行，行二十字。

方志　南宋紹興間江西贛州地區刻工。刻有《古靈先生文集》宋紹興三十年章貢郡齋刻本。十行，行十八字。

《文選注》宋贛州州學刻本。九行，行十五字。

《集韻》宋明州刻本。十一行，行二十三字。

方伯祐　南宋紹熙間紹興地區刻工。刻有《禮記正義》宋紹熙三年兩浙東路茶鹽司刻本。八行，行十六字。

方茂　南宋紹興間浙江地區刻工。刻有

《春秋左傳正義》宋慶元六年紹興府刻本。

八行，行十六字。

《通鑑紀事本末》宋淳熙二年嚴陵郡庠刻本。

十三行，行二十四或二十五字。

《歐公本末》宋嘉定五年刻本。九行，行十

八字。

《陶淵明集》十行，行十六字。

《南軒先生集》宋嚴州本。十行，行十七字。

方叔　南宋慶元間刻工。刻有

《重刻許氏說文解字五音韻譜》七行，行十

三字。

方明四　南宋紹興間刻工。刻有

《後漢書注》宋紹興江南東路轉運司刻本。

九行，行十六字。

方明仲　南宋初期杭州地區刻工。刻有

《春秋公羊疏》宋紹興間刻本。十五行，行

二十三至二十八字。

方昇　南宋淳熙間浙江建德地區刻工。刻有

《通鑑紀事本末》宋淳熙二年嚴陵郡庠刻本。十三行，行二十四或二十五字。

方昇 南宋後期杭州地區刻工。刻有

《咸淳臨安志》宋咸淳臨安府刻本。十行，行二十字。

方忠 南宋淳熙間浙江地區刻工。刻有

《春秋左傳正義》宋慶元六年紹興府刻本。八行，行十六字。

《通鑑紀事本末》宋淳熙二年嚴陵郡庠刻本。十三行，行二十四字。

《歐公本末》宋嘉定五年刻本。九行，十八字。

《南軒先生集》宋嚴州刻本。十行，行十七字。

方迪 南宋淳熙間浙江地區刻工。刻有

《漢雋》宋淳熙五年滁州刻本。九行，行大字一約小字二。

《集韻》宋明州刻本。十一行，行二十三字。

方彥成 南宋紹興間浙江地區刻工。

《徐公文集》宋紹興十九年明州刻本。十行，行十九字。

《舊唐書》宋紹興兩浙東路茶鹽司刻本。十四行，行二十五字。

方祐　南宋初期浙江地區刻工。刻有

《禮記正義》宋紹熙三年兩浙東路茶鹽司刻本。八行，行十五字。

《集韻》宋明州本。十一行，行二十三字。

《景德傳燈録》宋紹興四年釋思鑑刻本。十五行，行二十六至三十字。

《宗門統要集》宋淳熙刻本。十行，行二十字。

《文選注》宋明州刻紹興二十八年補修本。十行，行二十至二十二字。

《論衡》宋乾道三年紹興府刻本。十行，行二十至二十二字。

方政　南宋初期浙江地區刻工。刻有

《文選注》宋明州刻紹興二十八年補修本。十行，行二十至二十二字。

《文選注》宋贛州州學刻本。九行，行十五字。

方政　南宋中期江西吉安地區刻工。刻有

《歐陽文忠公集》宋慶元二年周必大刻本。

方信　南宋中期浙江地區刻工。刻有

《尚書正義》宋兩浙東路茶鹽司刻本。八行行十九字。

《資治通鑑綱目》宋浙江刻本。八行，行十七字。

補版有：

《古史》十一行，行二十二字。

《律》附音義九行十八字

《魏書》九行，行十八字。

方祥　南宋初期浙江地區刻工。刻有

《景德傳燈録》宋紹興四年釋思鑑刻本。十五行，行二十六至三十字。

《景德傳燈録》十三行，行二十三字。

《文選注》宋明州刻紹興二十八年補修本。十行，行二十至二十二字。

方得時　南宋寶祐間浙江吳興地區刻工。刻有

《通鑑紀事本末》宋寶祐五年趙與𥲅刻本。十一行，行十九字。

方師　南宋初期浙江寧波地區刻工。刻有

《文選注》宋明州刻紹興二十八補修本。十行，行二十至二十二字。

方師顔　南宋紹興間杭州地區刻工。刻有

《白氏六帖事類集》宋紹興間刻本。十三行，行二十四、二十五字。

《文選注》宋明州刻紹興二十八年補修本。十行，行二十至二十二字。

《集韻》宋明州本。十一行，行二十三字。

方淳　南宋淳熙間浙江建德地區刻工。刻有

《通鑑紀事本末》宋淳熙二年嚴陵郡庠刻本。十三行，行二十四字。

《禮記集説》宋嘉定四年新定郡齋刻本。十三行，行二十五字。

《南軒先生文集》宋嚴州本。十行，十七字。

方通　南宋初期浙江地區刻工。刻有

《儀禮鄭注》宋紹興間嚴州本。十四行，行二十四至二十五字。

《集韻》宋明州本。十一行，行二十三字。

《國語解》十行，二十字。

《世説新語》宋紹興八年嚴州刻本。十行，

行二十字。

《劉賓客文集》宋紹興八年嚴州刻本。十三行，行二十二字。

方琦　南宋初期浙江寧波地區刻工。刻有

《文選注》宋明州刻紹興二十八年補修本。十行，行二十至二十字。

《文選注》宋贛州州學刻本。九行，行十五字。

方瑑　南宋初期浙江寧波地區刻工。刻有

《文選注》宋明州刻紹興二十八年補修本。十行，行二十至二十二字。

《文選注》宋贛州州學刻本。九行，行十五字。

方堅　南宋紹興間浙江地區刻工。刻有

《尚書正義》宋兩浙東路茶鹽司刻本。八行，行十九字。

《周禮疏》宋兩浙東路茶鹽司刻本。八行，行十五至十七字。

《禮記正義》宋紹熙三年兩浙東路茶鹽司刻本。八行，行十六字。

《春秋左傳正義》宋慶元六年紹興府刻本。八行，行十六字。

《廣韻》十行，行二十字。

《大廣益會玉篇》十行無定字。

《宋書》、《魏書》、《南齊書》、《北齊書》皆監本，九行，行十八字。

《鮑氏國策》宋紹熙二年會稽郡齋刻本。十一行，行二十字。

《通鑑紀事本末》宋淳熙二年嚴陵郡庠刻。十三行，行二十四至二十五字。

《音注韓文公集》十二行，行二十至二十二字。

《聖宋文選》宋乾道刻本。十六行，行二十八字。

方堅　南宋後期江蘇蘇州地區刻工。刻有

《磧沙藏》十五行，行十八字。

方琮　南宋乾道間江西贛州地區刻工。刻有

《文選注》宋贛州州學刻本。九行，行十五字。

方惠　南宋初期刻工。刻有

《文選注》宋明州刻紹興二十八年補修本。十行，行二十至二十二字。

《文選注》宋贛州州學刻本。九行，行十五字。

《古靈先生集》宋紹興三十年章貢郡齋刻本。十行，行十八字。

方達　南宋紹興間浙江建德地區刻工。刻有《儀禮鄭注》宋紹興間刻本。十四行，行二十四至二十五字。

方遠　南宋紹興間建德地區刻工。刻有《儀禮鄭注》宋紹興間刻本。十四行，行二十四至二十五字。《世說新語》宋紹興八年嚴州刻本。十行，行二十字。《藝文類聚》宋紹興間刻本。十四行，行二十七、二十八字。

方換　南宋紹興間浙江地區刻工。刻有《陶淵明集》宋紹興十年刻本。行款字數不詳。

方誠　南宋初期浙江紹興地區刻工。刻有《資治通鑑目錄》宋紹興二年兩浙東路茶鹽司刻本。行字不定。

方義　南宋後期杭州地區刻工。《畫繼》宋臨安府陳道人書籍鋪刻本。十一行行二十字。

《五代名畫補遺》宋臨安府陳宅書籍鋪刻。十一行，行二十字。

方源　南宋嘉定間江西贛州地區刻工。刻有

《容齋隨筆》宋嘉定五年章貢郡齋刻本。十行，行二十一字。

方端　南宋紹興間浙江地區刻工。刻有

《景德傳燈録》宋紹興四年釋思鑑刻本。十五行，行二十六至三十字。

方榮　南宋紹興間浙江地區刻工。刻有

《臨川先生文集》宋紹興二十一年兩浙西路轉運司王珏刻本。十二行，行二十字。

《新刊劍南詩稾》宋淳熙十四年嚴州郡齋刻本。十行，行二十字。

方輝　南宋後期福建地區刻工。刻有

《列子鬳齋口義》宋景定刻本。九行，行十八字。

方擇　南宋初期杭州地區刻工。刻有

《水經注》十一行，行二十字。

方遷　南宋紹興間浙江建德地區刻工。刻有

《世説新語》宋紹興八年嚴州刻本。十行，行二十字。

《劉賓客文集》宋紹興八年嚴州刻本。十三行，行二十二字。

方禮　南宋寶慶間刻工。刻有

《四明志》宋寶慶刻本。十行，行十八字。

王一　南宋中期四川眉山地區刻工。刻有

《東都事略》宋紹熙間刻本。十行，行二十四字。

王一　南宋嘉泰間安徽歙縣地區刻工。刻有

《皇朝文鑑》宋嘉泰四年新安郡齋刻本。十行，行十九字。

王乙　南宋紹興間浙江地區刻工。刻有

《三國志注》十行，行十八、十九字。

《文選注》宋明州刻紹興二十八年補修本。十行，行二十至二十二字。

王乙　南宋慶元間四川地區刻工。刻有

《盤洲文集》宋慶元蜀刻本。十行，行二十一字。

王二　南宋紹興間刻工。刻有

《廣韻》宋紹興刻本。十行，二十字。

王二　金大定间河北滄州地區刻工。刻有《新修絫音引證羣籍玉篇》

王八　南宋後期四川地區刻工。刻有《六家文選》宋廣都裴氏刻本。十一行，行十八字。

王又　北宋治平間刻工。刻有《類篇》八行，行十六字。

王了　南宋中期四川地區刻工。刻有《劉夢得文集》宋蜀刻本。十行，行十八字。

王九　南宋中期湖北黄岡地區刻工。刻有《東坡先生後集》十行，行十六字。

王力　南宋紹興间福州地區刻工。刻有《天聖廣燈録》宋紹興十八年刻毗盧藏本。六行，行十七字。

王三　南宋景定间刻工。刻有《傷寒明理論》宋景定二年慶有堂刻本。十行，行二十字。

王三　南宋中期四川眉山地區刻工。刻有《東都事略》宋紹熙间刻本。十二行，行二十四字。

王三　北宋治平間刻工。刻有《類篇》八行，行十六字。

王三立　南宋淳熙間江西撫州地區刻工。刻有《五代史記》宋撫州本。十二行，行二十二字。

王大　南宋後期浙江地區刻工。補刻有《春秋左傳正義》宋慶元六年紹興府刻本。八行，行十六字。《儀禮疏》宋嚴州本。十五行，行二十七字。

王大介　北宋嘉祐間刻工。刻有《新唐書》十四行，行二十三至二十六字。

~~王大介　南宋紹興間刻工。刻有《新唐書》宋紹興~~

王大方　南宋紹興間浙江地區刻本。刻有《魏書》九行，行十八字。

王大用　南宋寶祐間浙江湖州地區刻工。刻有《通鑑紀事本末》宋寶祐五年趙與𥲅刻本。十一行，行十九字。

王大成　南宋嘉泰間安徽貴池地區刻工。刻有《晉書》宋嘉泰四年至開禧元年秋浦郡齋刻本。九行，行十六字。

王大亨　南宋淳熙間安徽貴池地區刻工。刻有《文選注》宋淳熙八年池陽郡齋刻本。十行，行十八至二十一字。

王大明　南宋嘉定間浙江建德地區刻工。刻有《禮記集説》宋嘉定四年新定郡齋刻本。十三行，行二十五字。

王大有　南宋嘉泰間安徽貴池地區刻工。刻有《晋書》宋嘉泰四年至開禧元年秋浦郡齋刻本。九行，行十六字。

王才　南宋淳熙間江西地區刻工。刻有《禮記注》宋淳熙四年撫州公使庫刻本。十行，行十六字。

《春秋經傳集解》宋撫州公使庫刻本。十行，行十六字。

《春秋公羊經傳解詁》宋淳熙撫州公使庫刻紹熙四年重修本。十行，行十六字。

王才　南宋淳熙間安徽貴池地區刻工。刻有《晋書》宋嘉泰四年至開禧元年秋浦郡齋刻本。九行，行十六字。

《金石録》宋淳熙龍舒郡斋刻本。十行，行二十一字。
《文選注》宋淳熙八年池陽郡斋刻本。十行，行二十一字。

王才　南宋淳祐间福州地區刻工。刻有
《國朝諸臣奏議》宋淳祐十年史季温刻本。十一行，行二十三字。

王才　南宋四川地區刻工。刻有
《太平寰宇記》宋蜀刻本。十一行，行二十字。

王才　南宋中期浙江地區刻工。補版有
《宋書》、《南齊書》、《梁書》、《陳書》、《魏書》、《北齊書》。均九行，行十八字。

王才　南宋紹興间福州地區刻工。刻有
《天聖廣燈録》宋紹興十八年刻毗盧藏本。

王千　南宋紹興间杭州地區刻工。刻有
《梁書》九行，行十八字。

王川　南宋紹興间杭州地區刻工。刻有
《魏書》九行，行十八字。

王小一　北宋治平間刻工。刻有
《類篇》八行，行十六字。

王元　南宋湖北黄岡地區刻工。刻有《河南程氏遺書》宋黄州刻本。十一行，行二十一字。

王元一　南宋紹興間湖北常德地區刻工。刻有《漢書注》宋紹興湖北提舉茶鹽司刻淳熙、紹熙、慶元修本。十四行，行二十六至二十九字。

王元亨　南宋初期浙江地區刻工。刻有《新唐書》宋紹興刻本。十四行，行二十三至二十五字。

王元度　南宋開慶間四川地區刻工。刻有《六家文選》宋廣都裴宅刻本。十一行，行十八字。

王元庭　南宋開慶間四川地區刻工。刻有《六家文選》宋廣都裴宅刻本。十一行，行十八字。

王元壽　南宋淳熙間安徽貴池地區刻工。刻有《晉書》宋嘉泰四年至開禧元年秋浦郡齋刻本。九行，行十六字。《晦庵先生朱文公語録》十行，行二十字。

《文選注》宋淳熙八年池陽郡齋刻本。九行
行十六字。
王元慶　南宋開慶間四川地區刻工。刻有
《六家文選》宋廣都裴宅刻本。十一行，行
十八字。
王夫　南宋中期刻工。補版有
《史記集解》行款不詳。
王五　南宋後期刻工。刻有
《傷寒明理論》宋景定二年慶有堂刻本。十
行，行二十字。
王五　南宋中期四川眉山地區刻工。刻有
《東都事略》宋紹熙刻本。十二行，行二十
四字。
王友　南宋紹興間刻工。刻有
《史記集解》十行，行十九字。
《楊氏家藏方》宋淳熙刻本。十一行，行十
八字。
王友　南宋端平間刻工。刻有
《楚辭集注》宋端平二年朱鑑刻本。十行，
行十八字。

王友　南宋嘉定間福建地區刻工。刻有《資治通鑑綱目》宋嘉定十二年溫陵郡齋刻本。八行，行十七字。

王太　南宋紹興間杭州地區刻工。刻有《陳書》、《北齊書》均九行，行十八字。《楊氏家藏方》宋淳熙刻本。十一行，行二十字。

補版有：《新唐書》十四行，行二十三至二十六字。《三國志注》十四行，行二十五字。

王太　南宋紹定間浙江地區刻工。刻有《重廣補注黃帝內經素問》十行，行二十字。

王斤　南宋中期四川地區刻工。刻有《周禮注》宋蜀大字本。八行，行十六字。

王興　南宋紹興間福州地區刻工。刻有《天聖廣燈錄》宋紹興十八年刻毗盧藏本。六行，行十七字。

王中　南宋紹興間浙江地區刻工。刻有《國語解》十行，行二十字。《漢書注》宋紹興江南東路轉運司刻本。十行，行十六字。

《後漢書注》宋紹興江南東路轉運司刻本。

九行，行十六字。

《史記集解索隱》宋淳熙三年張杅桐川郡齋

本。十二行，二十五字。

《漢書注》南宋初年杭州刻本。十行，行十

九字。

《後漢書注》南宋初年杭州刻本。十行，行

十九字。

《資治通鑑》宋紹興三年兩浙東路茶盐司刻

本。

王中　南宋嘉定間浙江地區刻工。刻有

《資治通鑑綱目》宋浙江刻本。八行，行十

十七字。

《愧郯錄》九行，行十七字。

《資治通鑑綱目》宋嘉定十二年温陵郡齋刻

本。八行，行十七字。

《皇朝文鑑》宋嘉泰四年新安郡齋刻本。十

行，十九字。

王六　南宋紹興間浙江地區刻本。刻有

《周禮疏》宋兩浙東路茶鹽司刻本。八行，行十五至十七字。
《禮記正義》宋紹熙三年兩浙東路茶鹽司刻本。八行，行十六字。
《春秋左傳正義》宋慶元六年紹興府刻本。八行，行十六字。
《國語解》十行，行二十字。
《宋書》、《梁書》、《魏書》均九行，行十八字。

王文　南宋初期浙江地區刻工。刻有
《資治通鑑目錄》宋紹興二年兩浙東路茶鹽司公使庫刻本。行字不定。
《唐書》二百卷。宋紹興兩浙東路茶鹽司刻本。十四行，行二十五字。
《武經七書》十行，行二十字。
《東坡集》宋乾道刻本。十行，行二十字。
《劉賓客文集》宋紹興八年嚴州刻本。十三行，行二十二字。
《宛陵集》宋紹興十年宣州刻本。十行，行十九字。

補版：
《漢書注》、《三國志注》十四行，行二十五字。

王文　南宋中期刻工。刻有
《儀禮經傳通解》宋嘉定十年南康道院刻本。七行，行十五字。
《資治通鑑綱目》宋慶光祖月厓書堂刻本。十行，行十六字。
《四明續志》宋開慶元年刻本。十行，行十八字。
《重廣補注黄帝內經素問》十行，行二十字。
《放翁先生劍南詩藁》十行，行二十字。

王日　南宋後期浙江地區刻工。刻有
《子略》宋寶慶刻本。十行，行二十字。

王日知　南宋初期江西撫州地區刻工。刻有
《五代史記》南宋初撫州刻本。十二行，行二十二字。

王日新　南宋寶祐間安徽宣城地區刻工。刻有
《致堂讀史管見》宋寶慶二年宛陵刻本。十行，行二十三字。

王仁　南宋初期浙江地區刻工。刻有
《三国志注》十四行，行二十五字。
《楊氏家藏方》宋淳熙刻本。十一行，行二
十字。

王仁　南宋寶慶间浙江地區刻工。刻有
《四明志》十行，行十八字。
《重廣補注黃帝内经素問》十行，行二十字。
《皇朝文鑑》宋嘉泰四年新安郡斋刻本。十
行，行十九字。

删去 ~~王仁甫　南宋中期福建地區刻工。刻有~~
~~《資治通鑑》十一行，行二十一字。~~

王文沼　北宋初期刻工。刻有
《大隨求陀羅尼经》宋太平興國五年刻本。

王亢　南宋绍興间湖北常德地區刻工。刻有
《漢書注》宋绍興湖北提舉茶盐司刻本。十
四行，行二十六至二十九字。
《魏書》監本九行，行十八字。

王介　南宋初期浙江地區刻工。刻有
《周禮疏》宋两浙東路茶盐司刻本。八行，
行十五至十七字。

《春秋公羊傳疏》宋紹興刻本。十五行，行二十二至三十三字。

《新唐書》宋紹興兩浙東路茶鹽司刻本。十四行，行二十五字。

《舊唐書》宋紹興兩浙東路茶鹽司刻本。十四行，行二十五字。

《國語解》十行，行二十字。

《外臺秘要》宋紹興兩浙東路茶鹽司刻本。十三行，行二十四至二十五字。

補版：

《儀禮疏》十五行，行二十七字。

王介　南宋後期刻工。刻有

《通鑑紀事本末》宋淳祐五年趙與𥲅刻本。十一行，行十九字。

王公　南宋慶元間刻工。刻有

《重刊許氏説文解字五音韻譜》七行，行十二、十三字。

王公純　南宋開慶間四川地區刻工。刻有

《六家文選》宋廣都裴宅刻本。十一行，行十八字。

王公濟　南宋慶元间四川地區刻工。刻有《新刊經進詳注昌黎先生文集》十行，行十八字。

王斗　南宋初期刻工。刻有《三國志注》十行，行十九字。

王升　南宋紹興间浙江地區刻工。刻有《舊唐書》宋紹興兩浙東路茶鹽司刻本。十四行，行二十五字。《南齊書》、《魏書》均監本九行，行十八字。

王斤　南宋淳熙间四川地區刻工。刻有《周禮注》八行，行十六字。

王月　南宋乾道间江西贛州地區刻工。刻有《豫章黄先生文集》宋乾道贛州州學刻本。九行，行十八字。

王壬　南宋慶元间四川地區刻工。刻有《太平御覽》宋慶元五年成都府刻本。十三行，行二十二至二十四字。

王卞　南宋紹興间杭州地區刻工。刻有《經典釋文》十一行，行十七字。

王允　南宋紹興间浙江地區刻工。刻有

《文選注》宋刻紹興二十八年明州補修本。
十行，行二十至二十二字。
《禮記正義》宋紹興三年兩浙東路茶鹽司刻本。八行
十六字。
《集韻》宋明州本。十一行，行二十三字。
《三國志注》十行，行十九字。

王允成　南宋紹興間浙江地區刻工。刻有
《周易正義》宋紹興十五至二十一年刻本。
十五行，行二十六字。
《後漢書注》宋紹興江南東路轉運司刻本。
九行，行十六字。
《後漢書注》南宋初杭州刻本。十行，行十九字
《文粹》宋紹興九年臨安府刻本。九行，行
十六字。

王允壽　南宋淳熙間安徽貴池地區刻工。刻有
《文選注》宋淳熙八年池陽郡齋刻本。十行
行二十一字。

王丙　南宋紹興間杭州地區刻工。刻有
《陳書》九行，行十八字

~~王吉　南宋乾道間江西贛州地區刻工。刻有~~

四行，行二十五字。

王甲　南宋慶元间四川地區刻工。刻有《太平御覽》宋慶元五年成都府學刻本。十三行，行二十二至二十四字。

王申　南宋慶元间四川地區刻工。刻有《太平御覽》宋慶元五年成都府學刻本。十行，行二十二至二十四字。

王仔　南宋嘉定间浙江嘉興地區刻工。刻有《重校添注音辯唐柳先生文集》鄭定本。九行，行十七字。

王禾　北宋治平間刻工。刻有《類篇》八行，行十六字。

王禾（或著王和）南宋淳熙间長沙人。刻有《集韻》十行，行字不定。小字雙行，行二十九至三十一字。

王禾　南宋慶元间四川地區刻工。刻有《太平御覽》宋慶元五年成都府學刻本。十三行，行二十二至二十四字。

王生　北宋元豐间福州地區刻工。刻有《崇寧萬壽大藏》六行，行十七字。《天聖廣燈錄》宋绍興十八年刻毗盧藏本。

六行，行十七字

王生　南宋淳祐间福建地區刻工。刻有

《漢書注》宋福唐郡庠刻本。十行，行十九字。

《國朝諸臣奏議》宋淳祐十年史季温福州刻本。十一行，行二十三字。

《列子鬳齋口義》宋景定间福清刻本。九行，行十八字。

王用　南宋紹興间杭州地區刻工。刻有

《周易正義》宋紹興十五至二十一年刻本。十五行，行二十六、二十七字。

《漢雋》宋淳熙十年象山縣學刻本。九行，小字雙行三十字。

《揚子法言注》十行，行十六至二十字。

《豫章黄先生文集》宋乾道刻本。九行，行十八字。

王用和　南宋端平间刻工。刻有

《淳化閣帖》宋賈似道悅生堂本。

王付　南宋中期浙江刻工。補版有

《漢書注》宋紹興江南東路轉運司本。九行

行十六字。

《後漢書注》宋紹興江南東路轉運司本。九行，行十六字。

《宋書》、《梁書》、《魏書》均九行十八字。

王立 南宋紹熙間江西地區刻工。刻有

《五代史記》撫州本。十二行，行二十一至二十四字。

《春秋傳》宋乾道四年刻慶元五年黄汝嘉修補本。十行，行二十字。

王立 南宋紹熙間四川眉山地區刻工。刻有

《東都事略》十二行，行二十四字。

王永 南宋紹興間浙江地區刻工。刻有

《毛詩正義》宋紹興九年紹興府刻本。十五行，行二十四至二十六字。

《漢書注》南宋初年杭州刻本。九行，行十九字。

《漢書注》宋紹興江南東路轉運司刻本。九行，行十六字。

《資治通鑑目錄》宋紹興二年兩浙東路茶鹽司刻本。

《論衡》宋乾道三年紹興府刻本。十行，行二十字。

王永從　南宋紹興間南京地區刻工。刻有《後漢書注》宋紹興江南東路轉運司刻本。九行，行十六字。

王必　南宋中期四川眉山地區刻工。刻有《東都事略》十二行，行二十四字。

王必文　南宋中期江西九江地區刻工。刻有《自警編》宋端平元年九江刻本。十行，二十字。《伊川擊壤集》十行，行二十一字。

王召　南宋開慶間四川地區刻工。刻有《六家文選》宋廣都裴宅刻本。十一行，行十八字。

王民　南宋中期四川地區刻工。刻有《劉夢得文集》十行，行十八字。

王吉　南宋紹興間福州地區刻工。刻有《天聖廣燈録》宋紹興十八年刻毗盧藏本。六行，行十七字。

王圭　南宋紹興間浙江地區刻工。刻有《尚書正義》宋兩浙東路茶鹽司刻本。八行二十字。

《昌黎先生文集》宋淳熙元年刻本。十一行，行二十字。

王政　南宋中期四川眉山地區刻工。刻有

《蘇文忠公奏議》九行，行十五字。

王成　南宋初期浙江地區刻工。刻有

《龍龕手鑑》十行，小字雙行字不等。

《漢書注》宋紹興江南東路茶鹽司刻本。九行，行十六字。

《漢書注》南宋初年杭州刻本。十行，行十九字。

《宋書》、《南齊書》、《梁書》、《魏書》，均九行，行十八字。

《新唐書》宋紹興刻本。十四行，行二十四至二十七字。

《舊唐書》宋紹興兩浙東路茶鹽司刻本。十四行，行二十五字。

~~《外臺秘要》宋紹興間刻。十四行，行二十七、二十八字~~。

《外臺秘要》宋紹興兩浙東路茶鹽司刻本。十三行，二十四至二十五字。

《藝文類聚》宋紹興刻本。十四行，行二十七、二十八字。

王成　南宋後期浙江地區刻工。刻有
《律》附音義九行，行十八字。
《晦庵先生文集》十行，行十九字。

王百九　南宋中期浙江地區刻工。刻有
《論語注疏解經》宋紹熙兩浙東路茶鹽司刻本。八行，行十六字。
《三國志注》宋衢州刻本。十行，行十九字。
補版：
《儀禮疏》十五行，二十七字
《周禮疏》宋兩浙東路茶鹽司刻本。八行，十五至十七字。
《後漢書》十行，十九字。
《宋書》、《魏書》均九行，行十八字。

王丞　南宋慶元間四川地區刻工。刻有
《太平御覽》宋慶元五年成都府學刻本。十三行，行二十二至二十四字。

王早　南宋嘉定間杭州地區刻工。刻有
《渭南文集》宋嘉定十三年陸子遹刻本。十行，行十七字。

王光　南宋紹熙間刻工。刻有《漢書注》宋紹興湖北提舉茶鹽司刻淳熙、紹熙、慶元修本。十四行，行二十四字。

王光　南宋後期福建地區刻工。刻有《漢書注》宋福唐郡庠刻本。十行，行十九字。

王国　南宋初期杭州地區刻工。刻有《龍龕手鑑》十行，無定字。《舊唐書》宋紹興兩浙東路茶鹽司刻本。十四行，行二十五字。《文選注》宋刻明州紹興二十八年補修本。《文粹》宋紹興九年臨安府刻本。十五行，行二十至二十四字。

王先文　南宋紹興間浙江地區刻工。刻有《史記集解》宋紹興淮南路轉運司刻本。九行，行十六字。《白氏文集》十三行，行二十二至二十六字。

王廷　南宋紹興間杭州地區刻工。刻有《宋書》、《梁書》、《魏書》、《陳書》均九行，行十八字。

王仲　南宋紹興間浙江地區刻工。刻有《周禮疏》宋兩浙東路茶鹽司刻本。八行，行十五至十七字。
《史記集解》十行，行十九字。
《後漢書注》十行，行十九字。
《後漢書注》宋紹興江南東路轉運司刻本。
九行，行十六字。
《文選注》宋刻紹興二十八年明州補修本。
《陶淵明集》十行，行十六字。
《唐百家詩選》九行，行二十字。

王仲　南宋開禧間台州地區刻工。刻有
《石林奏議》宋開禧二年刻本。十行，行二
十五字。

王玠　南宋初期浙江地區刻工。刻有
《備急總效方》宋紹興二十四年刻本。十行
行十六字
《臨川先生文集》宋紹興二十一年兩浙西路
轉運司刻本。十二行，行二十字。

王仰　南宋紹興間浙江地區刻工。刻有
《尚書正義》十五行，行二十四字。

王似　南宋紹興間刻工。刻有
《祖庭事苑》八行，行十四、十五字。

王全　南宋紹興間浙江地區刻工。刻有

《周禮疏》宋兩浙東路茶鹽司刻本。八行，行十五至十七字。

《禮記注》宋淳熙四年撫州公使庫刻本。十行，行十六字。

《春秋公羊經傳解詁》宋淳熙撫州公使庫刻紹熙四年重修本。十行，行十六字。

《史記集解》宋紹興淮南路轉運司刻本。九行，行十六字。

《漢書注》宋紹興淮南路轉運司刻本。九行，行十六字。

《後漢書注》宋紹興淮南路轉運司刻本。九行，行十六字。

《宋書》、《南齊書》、《陳書》、《魏書》、《周書》均九行，行十八字。

《禮記正義》宋紹熙三年兩浙東路茶鹽司刻本。八行，行十六字。

王全　南宋淳熙間安徽地區刻工。刻有

《文選注》宋淳熙八年池陽郡齋刻本。十行，行二十一字。

《皇朝文鑑》宋嘉泰四年新安郡齋刻本。十

行，行二十一字。

王全　南宋慶元间四川地區刻工。刻有

《太平御覽》宋慶元五年成都府學刻本。十

三行，行二十二至二十四字。

王旬　南宋紹興间福州地區刻工。刻有

《天聖廣燈錄》宋紹興十八年刻毗盧藏本。

六行，行十七字。

王冲　南宋中期浙江地區刻工。補版

《魏書》九行，行十八字。

王江　南宋嘉泰间安徽歙縣地區刻工。刻有

《皇朝文鑑》宋嘉泰四年新安郡齋刻本。十

行，行十九字。

王汝明　南宋中期杭州地區刻工。刻有

《大廣益會玉篇》十行，行無定字。

補版

《宋書》、《北齊書》均九行，行十八字。

王汝霖（或王汝林）南宋中期浙江地區刻工。

《春秋左傳正義》宋慶元五年紹興府刻本。

八行，行十六字。

《史記集解》宋紹興淮南路轉運司刻本。九

行，行十六字。

《古史》十一行，行二十二字。

《資治通鑑綱目》宋浙江刻大字本。八行，行十七字。

《太玄經集注》十行，行十七字。

《晦庵先生文集》宋淳祐五年刻本。十行，行十九字。

補版有：

《經典釋文》十行，行十七字。

《沖虚至德真經》十四行，行二十六字。

《宋書》、《梁書》、《魏書》均九行，行十八字。

王安　南宋紹興間浙江地區刻工。刻有

《周禮疏》宋兩浙東路茶鹽司刻本。八行，行十五至十七字。

《舊唐書》宋紹興兩浙東路茶鹽司刻本。十四行，行二十五字。

《外臺秘要》宋紹興兩浙東路茶鹽司刻本。十三行，行二十四字。

王艮　南宋淳熙間浙江地區刻工。刻有

《楊氏家藏方》宋淳熙刻本。十一行，行二十字。

王如　南宋淳熙間江西地區刻工。刻有《皇朝仕學規範》十二行，行二十五字。

王羽　南宋初期杭州地區刻工。刻有《說文解字》十行，行二十字。

王玘　南宋咸淳間江蘇鎮江地區刻工。刻有《說苑》宋咸淳元年鎮江府學刻本。九行，行十八字。

王杞　南宋淳祐間安徽地區刻工。刻有《儀禮要義》宋淳祐十二年魏克愚刻本。九行，行十八字。《致堂讀史管見》宋寶祐二年宛陵刻本。十二行，行二十三字。

王辛　南宋嘉泰間安徽歙縣地區刻工。刻有《皇朝文鑑》宋嘉泰四年新安郡齋刻本。十行，行十九字。

王志　南宋紹興間杭州地區刻工。刻有《禮記正義》宋紹熙三年兩浙東路茶鹽司刻本。八行，行十六字。

《宋書》、《梁書》、《魏書》、《北齊書》的九行，行十八字。

王克明　南宋紹興間湖北地區刻工。刻有《建康實録》宋紹興十八年荆湖北路安撫使司刻本。十一行，行二十字。

王材　南宋前期杭州地區刻工。刻有《南齊書》九行，行十八字。

王甫　南宋中期四川眉山地區刻工。刻有《東都事略》十二行，行二十四字。

王杏　南宋慶元間四川地區刻工。刻有《太平御覽》宋慶元五年成都府學刻本。十三行，行二十二至二十四字。

王門　南宋淳熙間浙江寧波地區刻工。刻有《漢雋》宋淳熙十年象山縣學刻本。九行，大小字相間，小字雙行三十字。

王宸（即王宸）南宋中期安徽貴池地區刻工。《晉書》宋嘉泰四年至開禧元年秋浦郡齋刻本。九行，行十六字。

《昌黎先生集》宋紹定二年張洽刻本。十行，二十字。

《文選注》宋淳熙八年池陽郡齋刻本。十行行十八至二十一字。

《晦庵先生朱文公語録》池州本，十行，行二十字。

《國朝諸臣奏議》宋淳祐十年史季溫福州刻本。十一行，行二十三字。

王君粹　南宋中期江西地區刻工。刻有

《新唐書》十行，行十九字。

王求　南宋紹興間浙江紹興地區刻工。刻有

《毛詩正義》宋紹興九年紹興府刻本。十五行，行二十四至二十六字。

王玫　南宋紹興間福州地區刻工。刻有

《天聖廣燈録》宋紹興十八年刻毗盧藏本。六行，行十七字。

王吟　南宋紹興間四川地區刻工。刻有

《劉夢得文集》宋蜀刻本。十行，行十八字。

王利和　南宋紹興間杭州地區刻工。刻有

《陳書》九行，行十八字。

王佑　南宋紹熙間浙江紹興地區刻工。刻有

《禮記正義》宋紹熙三年兩浙東路茶鹽司刻

本。八行，行十六字。

王佑　北宋元豐間刻工。刻有

《六度集經》六行，行十七字。

王佑　南宋後期福建地區刻工。刻有

《漢書注》宋福唐郡庠刻本。十行，行十九字。

王仲　南宋初期浙江地區刻工。刻有

《尚書正義》十五行，行二十四字。

《春秋經傳集解》宋嘉定九年興國軍學刻本。八行，行十七字。

《集韻》十一行，行二十三字。

《舊唐書》宋紹興兩浙東路鹽茶司刻本。十四行，行二十五字。

《陶淵明集》十行，行十六字。

《杜工部集》十行，行十八至二十一字。

《徐鉉文集》宋紹興九年明州刻本。十行，行十九字。

《文選注》宋刻紹興二十八年明州補修本。十行，行二十二字。

王伯玉　南宋中期福建地區刻工。刻有

~~《資治通鑑》十一行，行二十一字。~~

王邦　南宋乾道間四川眉山地區刻工。刻有

《蘇文定公文集》九行，行十五字。

王夔　南宋淳祐間江西地區刻工。刻有

《義豐文集》宋淳祐三年王旦刻本。十行，十八字。

王亨　南宋安徽貴池地區刻工。刻有

《晦庵先生朱文公語錄》十行，行二十字。

《昌黎先生考異》宋紹定二年池州刻本。十行，行二十字。

《文選注》宋淳熙八年池陽郡齋刻本。十行，行十八至二十一字。

《通鑑紀事本末》宋寶祐五年趙與𥲅刻本。十一行，行十九字。

王亨祖　南宋寶祐間浙江湖州地區刻工。刻有

《通鑑紀事本末》宋寶祐五年趙與𥲅刻本。十一行，行十九字。

王良　南宋刻工。刻有

《九經》白文　宋麻沙巾箱本。二十一行，行二十七字。

《太平寰宇記》十一行，行二十字。
補版有：
《史記集解》、《後漢書注》、《宋書》、《魏書》。
王良佐　南宋紹熙間浙江地區刻工。刻有
《尚書正義》宋紹熙三年兩浙東路茶鹽司刻本。八行，行十九字。
《晦庵先生文集》宋淳祐五年刻本。十行，行十九字。
王玩　南宋中期浙江地區刻工。刻有
《尚書正義》宋紹熙三年兩浙東路茶鹽司刻本。八行，行十九字。
《春秋左傳正義》宋慶元六年紹興府刻本。八行，行十六字。
《大廣益會玉篇》十行，行二十字。
《廣韻》十行，行二十字。
《歷代故事》宋嘉定刻本。八行，行十六字。
補版有：
《周禮疏》宋兩浙東路茶鹽司本。八行，行十五至十七字。

《大宋重修廣韻》宋杭州本。十行，行二十字。

《魏書》、《陳書》均九行，行十八字。

王玠　南宋初期杭州地區刻工。刻有

《樂府詩集》宋紹興刻本。十三行，行二十三字或二十四字。

《國語解》十行，行二十字。

王玠　南宋寶祐間浙江地區刻工。刻有

《通鑑紀事本末》宋寶祐五年趙與𥲅刻本。十一行，行十九字。

王坤　南宋開慶間四川地區刻工。刻有

《六家文選》宋廣都裴宅刻本。十一行，行十八字。

王林　南宋初期浙江地區刻工。刻有

《尚書正義》宋紹興三年兩浙東路茶鹽司刻本。八行，行十九字。

《類篇》八行，行十六字。

《論衡》宋乾道三年紹興府刻本。十行，行二十至二十二字。

《樂府詩集》宋紹興刻本。十三行，行二十三字

王昕　南宋紹興間杭州地區刻工。刻有

《周易正義》宋紹興十五至二十一年刻本。十五行，行二十六、二十七字。

王秀　南宋淳祐間刻工。刻有

《資治通鑑綱目》宋慶元祖月匡書刻本。十行，行十六字。

王芬　南宋紹興間杭州地區刻工。刻有

《史記集解》監本，十行，行十八、十九字。

王茂　南宋紹興間浙江地區刻工。刻有

《禮記正義》宋紹熙三年兩浙東路茶鹽司刻本。八行，行十六字。

《歐公本末》宋嘉定五年刻本。九行，行十八字。

《舊唐書》宋紹興兩浙東路茶鹽司刻本。十四行，行二十五字。

《陶淵明集》宋紹興十年刻本。行款不詳。

王英　北宋政和間福州地區刻工。刻有

《續高僧傳》宋紹興十八年刻毗盧藏本。六行，行十七字。

《天聖廣燈録》宋紹興十八年刻毗盧藏本。

六行，行十七字。

~~王英玉　南宋中期福建地區刻工。刻有《監本附音春秋公羊注疏》南宋福建刻本。十行，行十七字。~~

王盼　南宋紹興間福州地區刻工。刻有《天聖廣燈錄》宋紹興十八年刻毗盧藏本。六行，行十七字。

王奇　南宋乾道間刻工。刻有《尚書傳》十行，行二十字。

王明　南宋浙江地區刻工。刻有《尚書正義》宋紹熙三年兩浙東路茶鹽司刻本。八行，行十九字。《大易粹言》宋淳熙三年舒州公使庫刻本。十行，行二十字。《春秋左傳正義》宋慶元六年紹興府刻本。八行，行十六字《經典釋文》十一行，行十七字。《古史》十一行，行二十二字。《後漢書注》宋紹興江南東路轉運司刻本。九行，行十六字。

《晉書》宋嘉泰四年至開禧元年秋浦郡齋刻本。九行，行十六字。

《資治通鑑》宋紹興三年兩浙東路茶鹽司刻本。十二行，行二十四字。

《律》附音義九行，行十八字。

《晦庵先生朱文公語録》宋池州本。十行，行二十字。

《山海經傳》宋淳熙七年池陽郡齋刻本。十行，行二十一字至二十三字。

《太平御覽》宋慶元五年成都府學刻本。十三行，行二十二至二十四字。

《曹子建文集》宋嘉定六年刻本。八行，行十五字。

《青山集》十行，行二十字。

《豫章黄先生文集》宋乾道刻本。九行，行十八字。

《北山小集》十行，行二十字。

《晦庵先生文集》宋淳祐五年刻本。十行，行十八字。

《大唐六典注》宋紹興四年溫州州學刻本。

十行，行二十字。

補版有：

《宋書》、《南齊書》、《梁書》、《魏書》、

《北齊書》均九行，行十八字。

《新唐書》十四行，行二十四至二十七字。

王昌　南宋紹興間杭州地區刻工。刻有

《宋書》、《梁書》、《北齊書》、《陳書》

均九行，十八字。

《諸史提要》宋乾道紹興府學刻本。九行，

行十四字。

《周官講義》九行，行十八字

《北山小集》十行，二十字。

補版有：

《新唐書》十四行，行二十四至二十七字。

王昌　南宋後期刻工。刻有

《朱文公門人蔡九峰書集傳》宋淳祐十年李

遇龍上饒郡學刻本。十行，行十八字。

《張子語錄》宋福建漕治刻本。十行，行十

八字。

王昇　南宋紹興間杭州地區刻工。刻有

《陳書》、《北齊書》皆監本九行，行十八字

補版有：

《新唐書》十四行，行二十四至二十七字。

王定　南宋中期四川地區刻工。刻有

《盤洲文集》宋蜀本。十行，行二十字。

《六家文選》宋廣都裴宅刻本。十一行，行十八字。

王定　南宋浙江地區刻工。刻有

《經典釋文》十一行，行十七字。

《晦庵先生文集》宋淳祐五年刻本。十行，行十九字。

補版有：

《大唐六典注》宋紹興四年温州刻本。十行，行二十字。

《宋書》、《南齊書》、《魏書》均九行，行十八字。

王庚　南宋紹興間杭州地區刻工。刻有

《宋書》監本九行，行十八字。

王庚　南宋慶元間蜀川地區刻工。刻有

《太平御覽》宋慶元五年成都府學刻本。十

三行，行二十二至二十四字。

《六家文選》宋廣都裴宅刻本。十一行，行十八字。

王祐　南宋紹興間刻工。刻有

《論語注疏解經》宋紹熙兩浙東路茶鹽司刻本。八行，行十六字。

《孟子注疏解經》宋嘉泰兩浙東路茶鹽司刻本。八行，行十六字。

《禮記正義》宋紹熙三年兩浙東路茶鹽司刻本。八行，行十六字。

《史記集解》宋紹興淮南路轉運司刻本。九行，行十六字。

《資治通鑑》宋紹興三年兩浙東路茶鹽司公使庫刻本。十二行，行二十四字。

《杜工部集》宋紹興建康府刻本。十行，行二十字。

王祐　南宋後期刻工。刻有

《四明續志》宋開慶元年刻本。十行，行十八字。

《慈溪黃氏日抄分類》十行，行二十字。

王祐新　南宋嘉泰間南京地區刻工。刻有

《于湖居士文集》宋嘉泰元年刻本。十行，行十六字。

王宜　南宋慶元間四川地區刻工。刻有

《太平御覽》宋慶元五年成都府學刻本。十三行，行二十二至二十四字。

王宜中（或署王宜忠）南宋寶祐間安徽宣城地區刻工。刻有

《致堂讀史管見》宋寶祐二年宛陵刻本。十二行，行二十三字。

王亮　南宋紹興間杭州地區刻工。刻有

《樂府詩集》十三行，行二十二或二十四字。

王政（即王子政、王子正）南宋初期浙江地區刻工。刻有

《周易正義》宋紹興十五至二十一年刻本。十五行，行二十六字。

《尚書正義》十五行，行二十四字。

《周禮疏》宋兩浙東路茶鹽司刻本。八行，行十五至十七字。

《儀禮疏》十五行，行二十七字。

《爾雅疏》十五行，行二十一字。

《經典釋文》十一行，行十七字。

《史記集解》宋紹興淮南路轉運司刻本。九行，行十六字。

《後漢書注》宋紹興淮南路轉運司刻本。九行，行十六字。

《三國志注》宋衢州本。十行，行十九字。

《古史》十一行，行二十二字。

《舊唐書》宋紹興兩浙東路茶鹽司刻本。十四行，行二十五字。

《新唐書》諸版 十四行，二十四至二十七字。

《通典》十五行，行二十五至二十九字。

《魏書》、《北齊書》、《陳書》、《周書》均九行，行十八字。

《東家雜記》南宋初衢州本。十行，行十八字。

《武經七書》十行，行二十字。

《論衡》宋乾道三年紹興府刻本。十行，行二十字至二十二字。

《世說新語》宋紹興八年嚴州刻本。十行，行二十字。

《沖虛至德真經》十四行，行二十六字。

《揚子法言》十行，行十八字。

《居士集》宋紹興間衢州刻本。七行，行十四字。

《東坡集》宋乾道刻本。十行，行二十字。

《文選注》宋贛州州學刻本。九行，行十五字。

《文選注》宋淳熙八年池陽郡齋刻本。十行，行二十一字。

《晉書》宋嘉泰四年至開禧元年秋浦郡齋刻本。九行，行十六字。

《育德堂奏議》宋嘉定間建寧府刻本。九行，行十八字。

《晦庵先生文集》宋淳祐五年刻本。十行，行十九字。

《東都事略》宋紹熙間眉山刻本。十二行，行二十四字。

《蘇文忠公奏議》九行，行十五字。

《太平御覽》宋慶元五年成都府學刻本。十三行，行二十二至二十四字。

王忠　南宋乾道間江西地區刻工。刻有《豫章黄先生文集》宋乾道刻本。九行，行十八字。

《白氏六帖事類集》江西刻本。十三行，行二十四至二十七字。

王廸　南宋紹定間浙江地區刻工。刻有《重廣補注黄帝内經素問》十行，行十字。

王季　南宋淳熙間江西地區刻工。刻有《漢書集注》宋嘉定十七年白鷺洲書院刻本。八行，行十六字。

《本草衍義》宋淳熙十二年江西轉運司刻慶元元年重修本。十一行，行二十一字。

王侃　南宋紹定間浙江寧波地區刻工。刻有《寶慶四明志》宋紹定二年刻本。十行，行十八字。

王全　南宋紹興間浙江温州地區刻工。刻有《大唐六典》宋紹興四年温州州學刻本。十行，行二十字。

王全　南宋淳熙间江西撫州地區刻工。
　《春秋經傳集解》宋撫州公使庫刻本。十行，
行十六字。

王采　南宋嘉定间湖北武昌地區刻工。刻有
　《春秋經傳集解》宋嘉定九年興國軍學刻本。
　八行，行十七至十九字。
王受　南宋紹興间浙江地區刻工。刻有
　《春秋左傳正義》宋慶元六年紹興府刻本。
　八行，行十六字。
　《漢官儀》宋紹興九年臨安府刻本。十行，
行十七字。
　《臨川先生文集》宋紹興二十一年兩浙西路
轉運司王珏刻本。十二行，行二十字。
　《文選注》宋刻紹興二十八年明州補修本。
　十行，行二十至二十二字。
　《文粹》宋紹興九年臨安府刻本。十五行，
行二十四至三十字。
補版有：
　《史記集解》北宋刻遞修本。十行，行十九字。

王受　南宋初期江西撫州地區刻工。

《禮記注》宋淳熙四年撫州公使庫刻本。十行，行十六字。

《春秋傳》宋乾道四年刻慶元五年黄汝嘉修補本。十行，行二十字。

《五代史記》南宋初撫州刻本。十二行，行二十一至二十四字。

王受　南宋紹興間福州地區刻工。刻有

《續高僧傳》宋紹興十八年刻毗盧藏本。六行，行十七字。

王周　南宋紹興間杭州地區刻工。刻有

《魏書》九行，行十八字

《吴志》十四行，行二十五字。

王朋　南宋中期四川地區刻工。刻有

《孟子》宋蜀刻大字本。八行，行十六字。

王高十三　南宋中期杭州地區刻工。補刻有

《魏書》九行，行十八字。

王高　南宋初期浙江地區刻工。刻有

《史記集解》宋紹興淮南路轉運司刻本。九行，行十六字。

《漢書注》宋紹興江南東路轉運司刻本。九行十六字。

《後漢書注》宋紹興江南東路轉運司刻本。九行，行十六字。

《三國志注》宋衢州本。十行，行十九字。

《宋書》、《梁書》、《魏書》均九行，行十八字。

《皇朝文鑑》宋嘉泰四年新安郡齋刻本。十行，行十九字。

王沔　南宋初期杭州地區刻工。刻有

《儀禮疏》明州本。十五行，行二十七字。

《徐公文集》宋紹興十九年明州本。十行，行十九字。

《樂府詩集》宋紹興刻本。十三行，行二十字或二十四字。

王京　南宋初期浙江寧波地區刻工。刻有

《集韻》十一行，行二十三字。

王政　南宋中期安徽當塗地區刻工。刻有

《青山集》十行，行二十字。

王宗　南宋紹興間浙江地區刻工。刻有

《禮記正義》宋紹熙三年兩浙東路茶鹽司刻本。八行，行十六字。
《春秋左傳正義》宋慶元六年紹興府刻本。八行，行十六字。
《三國志注》十行，行十八、十九字。

王圍　南宋初期杭州地區刻工。刻有
《龍龕手鑑》十行，行無定字。

王惺　南宋中期四川地區刻工。刻有
《劉夢得文集》宋蜀刻本。十行，行十八字。

王定　南宋淳熙間浙江地區刻工。刻有
《古史》十一行，行二十二字。
《荀子》宋淳熙八年台州刻本。八行，行十六字
《揚子法言》唐友仲本。
《尚書正義》宋紹熙三年兩浙東路茶鹽司刻本。八行，行十九字。
《春秋左傳正義》宋慶元六年紹興府刻本。八行，行十六字。

王定　南宋嘉定間福建地區刻工。刻有
《資治通鑑綱目》宋嘉定十二年溫陵郡齋刻

本。八行，行十七字。

《緝古算經》宋嘉定汀州刻本。九行，行十八字。

王定　南宋中期四川地區刻工。刻有

《太平寰宇記》十一行，行二十字。

王珍　南宋初期杭州地區刻工。刻有

《周易正義》宋紹興十五年至二十一年臨安府刻本。十五行，行二十六、二十七字。

《周易注疏》宋兩浙東路茶鹽司刻本。八行，行十九字。

《尚書正義》宋紹熙三年兩浙東路茶鹽司刻本。八行，行十九字。

《毛詩正義》宋紹興九年紹興府刻本。十五行，行二十四至二十六字。

《周禮注》宋婺州市門巷唐奉議宅刻本。十三行，行二十五字。

《周禮疏》宋兩浙東路茶鹽司刻本。八行，行十五至十七字。

《禮記注》十行，行十六、十七字。

《春秋經傳集解》八行，行十七字。

《廣韻》宋紹興刻本。十行，行二十字。

《史記集解》北宋刻遞修本。補刻。十行，行十九字。

《漢書注》宋紹興江南東路轉運司刻本。九行，行十六字。

《資治通鑑》宋紹興三年兩浙東路茶鹽司刻本。十二行，行二十四字。

《新雕重校戰國策》宋紹興刻本。十一行，行二十字。

《論衡》宋乾道三年紹興府刻本。十行，行二十至二十二字。

《白氏六帖事類集》十三行，二十四至二十七字。

《事類賦注》宋紹興十六年兩浙東路茶鹽司刻本。八行，行十四至十六字。

《文選注》宋刻紹興二十八年明州補修本。十行，行二十至二十二字。

《樂府詩集》十三行，行二十三字或二十四字

王郁　南宋咸淳間江蘇鎮江地區刻工。刻有

《說苑》宋咸淳元年鎮江府學刻本。九行，

行十八字。

王春　南宋後期浙江地區刻工。刻有

《通鑑紀事本末》宋寶祐五年趙與𥲅刻本。十一行，行十九字。

《咸淳臨安志》宋咸淳臨安府刻本。十行，行二十字。

補版有：

《南齊書》、《陳書》、《北齊書》均九行，行十八字。

《新唐書》十四行，行二十四至二十七字。

王奐　北宋嘉祐間刻工。刻有

《新唐書》十四行，行二十三至二十六字。

王相　南宋嘉定間江西地區刻工。刻有

《春秋繁露》宋嘉定四年江右計臺刻本。十行，行十八字。

王昭　南宋中期江西地區刻工。刻有

《詩準》《詩翼》十一行，行十八字。

王昭　南宋後期福建地區刻工。刻有

《迂齋標注諸家文集》九行，行十九字。

《國朝諸臣奏議》宋淳祐十年史季溫福州刻本

十一行，行二十三字。

王貞　南宋慶元間江西地區刻工。刻有《本草衍義》宋淳熙十二年江西轉運司刻慶元元年重修本。十一行，行二十一字。

王昱　南宋中期浙江地區刻工。刻有《資治通鑑考異》十行，行二十二字。

王重　南宋慶元間四川地區刻工。刻有《太平御覽》宋慶元五年成都府學刻本。十三行，行二十二至二十四字。

王重一　南宋慶元間四川地區刻工。刻有《太平御覽》宋慶元五年成都府學刻本。十三行，行二十二至二十四字。

王重二　南宋慶元間四川地區刻工。刻有《太平御覽》宋慶元五年成都府學刻本。十三行，行二十二至二十四字。

王侑　南宋淳祐間刻工。刻有《佛鑑師語錄》宋淳祐刻本。十一行，二十字。

王保　北宋嘉祐間刻工。刻有《漢書注》十行，行十九、二十字。

王保　北宋後期刻工。刻有

《大般若波羅密多经》崇寧萬壽大藏本。六行，行十七字。

《天聖廣燈錄》宋绍興十八年刻毗盧藏本。六行，行十七字。

《續高僧傳》宋绍興十八年刻毗盧藏本。六行，行十七字。

《景德傳燈錄》宋臨安刻本。十一行，行二十字。

王信　南宋中期浙江地區刻工。刻有

《尚書正義》宋绍熙三年两浙東路茶塩司刻本。八行，行十九字。

《春秋左傳正義》宋慶元六年绍興府刻本。八行，行十六字。

《歐公本末》宋嘉定五年刻本。九行，行十八字。

《觀史類編》九行，行十八字。

《詹舍人玉堂類稿》十行，行二十字。

《皇朝文鑑》宋嘉泰四年新安郡斋刻本。十行，行十九字。

《迂齋標注諸家文選》九行，行十九字。

補版有：《宋書》、《南齊書》、《梁書》、《陳書》《魏書》、《周書》。均九行，行十八字。

王信　南宋江西地區刻工。刻有

《黄慈溪黄氏日抄分類》十行，行二十字。

《文選注》宋贛州州學刻本。九行，行十五字。

王信　南宋中期四川地區刻工。刻有

《劉夢得文集》宋蜀刻本。十行，行十八字。

王俊　北宋四川地區刻工。刻有

《王摩詰文集》十一行，行二十字。

王俊　南宋慶元間江西地區刻工。刻有

《禮記集説》宋嘉定四年新定郡齋刻本。十三行，行二十五字。

《春秋傳》宋乾道四年刻慶元五年黄汝嘉修補本。十行，行二十字。

《義豐文集》宋淳祐三年王旦刻本。十行，行十八字。

王虎　南宋紹興間杭州地區刻工。刻有

《樂府詩集》宋紹興間刻本。十三行，行二十三字或二十四字。

補版有：

《儀禮疏》十五行，行二十七字。

王彥　南宋江西地區刻工。刻有

《春秋經傳集解》宋撫州公使庫刻本。十行，行十六字。

《豫章黄先生文集》宋乾道贛州州學刻本。九行，行十八字。

《文選注》宋贛州州學刻本。九行，行十五字。

王彥　南宋浙江地區刻工。

《三國志注》十行，行十九字。

《李衛公文集》十行，十八字。

《青山集》十行，行二十字。

《吳郡圖經續記》九行，行十七至十九字。

《妙法蓮華經》六行，行十七字。

《東萊呂太史文集》宋嘉泰四年呂喬年刻本十行，行二十字。

王彥明　南宋淳熙間安徽地區刻工。刻有

《曹子建文集》宋嘉定六年刻本。八行，行十五字。

王奕　南宋初期刻工。刻有

《後漢書注》十行，行十九字。

王室　南宋淳熙間浙江地區刻工。刻有

《資治通鑑綱目》八行，行十七字。

王祐　南宋紹熙間浙江紹興地區刻工。刻有

《禮記正義》宋紹熙三年兩浙東路茶鹽司刻本。八行，行十六字。

王祖　南宋慶元間四川地區刻工。刻有

《太平御覽》宋慶元五年成都府學刻本。十三行，行二十二至二十四字。

補板有：

《宋書》、《梁書》、《陳書》均九行十八字。

《新唐書》十四行，行二十三至二十六字。

王祚　北宋嘉祐間刻工。刻有

《新唐書》十四行，行二十三至二十六字。

王祚　南宋紹興間刻工。刻有

《新唐書》宋紹興刻本。十四行，行二十五字。

王厚　南宋紹興間湖北地區刻工。刻有

《漢書注》宋紹興湖北提舉茶鹽司刻本。十四行，行二十六至二十九字。

《南華真經注》南宋初年刻本。十行，行十五字。

王桂　南宋中期刻工。刻有

《致堂讀史管見》宋寶祐二年宛陵刻本。十二行，行二十三字。

《太平御覽》宋慶元五年成都府學刻本。十三行，行二十二至二十四字。

《六家文選》宋廣都裴宅刻本。十一行，行十八字。

《儀禮要義》宋淳祐十二年魏克愚刻本。九行，行十八字。

補版有：

《周禮疏》宋兩浙東路茶鹽司刻遞修本。八行，行十五字至十七字。

《儀禮疏》十五行，行二十七字。

《禮記正義》宋紹熙兩浙東路茶鹽司刻慶元修本。八行，行十六字。

《論語注疏解經》宋紹熙兩浙東路茶鹽司刻遞修本。八行，行十六字。

《孟子注疏解經》宋嘉泰兩浙東路茶鹽司刻

本。八行，行十六字。

《經典釋文》十一行，行二十字。

《説文解字》十行，行二十字。

《史記集解》十行，行十九字。

《漢書注》宋紹興江南東路轉運司刻遞修本。

《南齊書》、《梁書》、《陳書》均九行，行十八字。

《國語解》十行，行二十字。

王琏　南宋初期四川地區刻工。刻有

《李衛公文集》十行，行十八字。

王珪　南宋後期福州地區刻工。刻有

《國朝諸臣奏議》宋淳祐十年史季溫福州刻本。十一行，行二十三字。

王洪　南宋紹興間浙江地區刻工。刻有

《史記集解》十行，行十九字。

王琭　南宋慶元間四川地區刻工。刻有

《太平御覽》宋慶元五年成都府學刻本。十三行，行二十二至二十四字。

王泰　南宋紹興間紹興地區刻工。刻有

《尚書正義》宋兩浙東路茶鹽司刻本。八行，行十九字。

王桓　北宋景祐間刻工。刻有

《儀禮疏》十五行，行二十七字。

王真　南宋慶元間四川地區刻工。刻有

《太平御覽》宋慶元五年成都府學刻本。

十三行，行二十二至二十四字。

王真　南宋中期江西地區刻工。刻有

《漢書集注》宋嘉定十七年白鷺洲書院刻本。

八行，行十六字。

《本草衍義》宋淳熙十二年江西轉運司刻本。

慶元元年重修本。十一行，行二十一字。

王真　南宋後期杭州地區刻工。刻有

《咸淳臨安志》宋咸淳臨安府刻本。十行，

行二十字。

補版有《魏書》九行十八字

《新唐書》十四行，行二十四至二十七字。

王恭　南宋淳熙間杭州地區刻工。刻有

《尚書正義》宋兩浙東路茶鹽司刻本。八行，

行十九字。

《周禮疏》宋兩浙東路茶鹽司刻本。八行，

行十五至十七字。

《禮記正義》宋紹熙三年兩浙東路茶鹽司刻本。八行，行十六字。

《春秋經傳集解》八行，行十七字。

《春秋公羊疏》十五行，行二十三至二十八字。

《大廣益會玉篇》十行，行無定字。

《廣韻》宋紹興刻。十行，行二十字。

《古史》十一行，行二十二字。

《南史》九行，行十八字

《資治通鑑綱目》八行，行十七字。

《詩》附音義九行，行十八字。

《劉賓客文集》宋紹興八年嚴州刻本。十三行，行二十二字。

《鉅鹿東觀集》宋紹定元年嚴陵郡齋刻本。十行，行二十字。

《新刊劍南詩稾》宋淳熙十四年嚴州刻本。十行，行二十字。

補版有：

《說文解字》十行，行二十字。

《爾雅注》十行，行二十字。

《爾雅疏》十五行，行二十一字。

《宋書》、《南齊書》、《梁書》、《陳書》、

《魏書》、《北齊書》均九行，行十八字。

《新唐書》十四行，行二十四至二十七字。

《大唐六典注》宋紹興四年溫州州學刻遞修

本。十行，行二十字。

《武經七書》十行，行二十字。

王恭新　南宋嘉泰間南京地區刻工。刻有

《于湖居士文集》宋嘉泰元年刻本。十行，

行十六字。

王哲　南宋慶元間四川地區刻工。刻有

《太平御覽》宋慶元五年成都府學刻本。十

三行，行二十二至二十四字。

王珣　南宋初期刻工。刻有

《吳志》十四行，行二十五字。

王郢　南宋慶元間四川地區刻工。刻有

《太平御覽》宋慶元五年成都府學刻本。十

三行，行二十二至二十四字。

補版有

《三國志注》十行，行十八至十九字。

王郭一　南宋慶元間四川地區刻工。刻有《太平御覽》宋慶元五年成都府學刻本。十三行，行二十二至二十四字。

王浩　南宋紹興間福州地區刻工。刻《天聖廣燈録》宋紹興十八年刻毗盧藏本。六行，行十七字。

王悦　南宋乾道間刻工。刻有《苕溪漁隱叢話》後集十一行，行二十二字。《李賀歌詩編》九行，行十八、十九字。

王悦　南宋紹興間安徽宣城地區刻工。刻有《宛陵先生文集》宋紹興宣州軍州學刻嘉定十七年修本。十行，行十九字。

王時　南宋紹興間浙江地區刻工。刻有《白氏六帖事類集》十三行，行二十四、二十五字。《文選注》宋刻紹興二十八年明州補修本。十行，行二十至二十二字。

王國瑞　南宋浙江建德地區刻工。刻有《儀禮疏》十五行，行二十七字。

王恩　南宋初期杭州地區刻工。刻有

《漢書注》南宋初杭州刻明修本。十行，行十九字。

王侍　南宋初期浙江衢州地區刻工。刻有《春秋經傳集解》十四行，行二十四字。

王逢　南宋初期杭州地區刻工。刻有《說文解字》十行，行二十字。

王純　南宋嘉定間武昌地區刻工。刻有《春秋經傳集解》宋嘉定九年興國軍學刻本。八行，行十七字。

王紳　南宋初期南京地區刻工。刻有《後漢書注》宋紹興江南東路轉運司刻本。九行，行十六字。

王細　南宋紹興間杭州地區刻工。刻有《史記集解》十行，行十九字。《宋書》九行，行十八字。

王細孫　南宋中期浙江地區刻工。補版有《魏書》、《北齊書》均九行，行十八字。

王師甲　南宋慶元間四川地區刻工。刻有《太平御覽》宋慶元五年成都府學刻本。十三行，行二十二至二十四字。

王師中　南宋慶元間四川地區刻工。刻有

《太平御覽》宋慶元五年成都府學刻本。十三行，行二十二至二十四字。

王師安　南宋嘉熙間刻工。刻有

《瓜廬詩》十一行，行十六字。

王海　南宋初期刻工。刻有

《楚辭集注》十行，行十八字。

王益　北宋嘉祐間刻工。刻有

《新唐書》十四行，行二十三至二十六字。

《唐書直筆新例》十四行，行二十五字。

王渙　南宋紹興間浙江地區刻工。刻有

《漢書注》南宋初年杭州刻本。十行，行十九字。

《漢書注》宋紹興江南東路轉運司刻本。九行，行十六字。

《後漢書注》宋紹興江南東路轉運司刻本。九行，行十六字。

《古史》十一行，行二十二字。

《宋書》、《南齊書》、《梁書》、《魏書》、《周書》均九行，行十八字。

《新唐書》宋紹興刻。十四行，行二十四至二十七字。

補刻有：

《儀禮疏》十五行，行二十七字。

王澡 南宋中期浙江地區刻工。刻有

《禮記正義》宋紹熙三年兩浙東路茶鹽司刻本。八行，行十六字。

《律》附音義九行，行十八字。

《資治通鑑綱目》八行，行十七字。

《太玄經集注》十行，行十七字。

《晦庵先生文集》宋淳祐五年刻本。十行，行十九字。

王宸 或署王辰 南宋淳祐間福州地區刻工。刻有

《國朝諸臣奏議》宋淳祐十年史季溫福州刻本。十一行，行二十三字。

王祥 南宋紹興間四川地區刻工。刻有

《劉夢得文集》宋蜀刻本。十行，行十八字。

王能 南宋紹興間杭州地區刻工。刻有

《陳書》、《魏書》、《北齊書》均九行，行十八字。

王通　南宋中期浙江地區刻工。刻有
《押韻釋疑》宋嘉熙三年禾興郡齋刻本。十行，小字二十五字。
《桯史》九行，行十七字。
補版有《樂府詩集》十三行，行二十三或二十四字。

王陵　南宋紹興間杭州地區刻工。刻有
《管子注》十二行，行二十三至二十五字。

王理　南宋初期刻工。刻有
《類證普濟本事方》八行，行十六字。

王彬　南宋初期杭州地區刻工。刻有
《三國志注》十行，行十九字。
《管子注》宋紹興刻。十二行，二十二至二十五字。

王執　南宋乾道間四川地區刻工。刻有
《蘇文忠公文集》九行，行十五字。

王閏　南宋四川地區刻工。刻有
《太平御覽》宋慶元五年成都府學刻本。十三行，行二十二至二十四字。
《蘇文忠公奏議》九行，行十五字。

王閏　南宋後期浙江寧波地區刻工。刻有《四明續志》宋開慶元年刻本。十行，行十八字。

王閲　南宋咸淳間浙江地區刻工。刻有《佛祖統紀》宋咸淳元年至六年刻本。十一行，行二十二字。

王梅保　南宋淳熙間江西地區刻工。刻有《皇朝仕學規範》十二行，行二十五字。

王乾　南宋慶元間四川地區刻工。刻有《太平御覽》宋慶元五年成都府學刻本。十三行，行二十二至二十四字。

王朝　南宋中期四川地區刻工。刻有《太平寰宇記》十一行，行二十字。《太平御覽》宋慶元五年成都府學刻本。十三行，行二十二至二十四字。《新刊唐昌黎先生論語解》十行，行十七字。《新刊國朝二百家名賢文粹》宋慶元三年書隱齋刻本。十四行，行二十四字。《蘇文定公文集》九行，行十五字。

王朝四　南宋慶元間四川地區刻工。刻有

《太平御覽》宋慶元五年成都府學刻本。十三行，行二十二至二十四字。

王華 又作王燁　南宋初期浙江地區刻工。刻有《儀禮鄭注》宋紹興嚴州刻本。十四行，行二十四至二十五字。

《史記集解》宋紹興淮南路轉運司刻本。九行，行十六字。

《舊唐書》宋紹興兩浙東路茶鹽司刻本。十四行，行二十五字。

《世說新語》宋紹興八年嚴州刻本。十行，行二十字。

《藝文類聚》宋紹興間嚴州刻本。十四行，行二十七、二十八字。

《劉賓客文集》宋紹興八年嚴州刻本。十三行，行二十二字。

《唐百家詩選》宋紹興刻遞修本。九行，行二十字。

補版有：

《史記集解》北宋刻遞修本。十行，行十九字。

《新唐書》宋紹興刻。十四行，行二十四至

二十七字。
《陳書》、《魏書》、《北齊書》均九行，行十八字。
王敏　北宋咸平間刻工。
《吳志》十四行，行二十五字。
王得　南宋紹興間南京地區刻工。刻有
《後漢書注》宋紹興江南東路轉運司刻本。九行，行十六字。
王念　南宋刻工。刻有
《本草集方》十行，行十六字。
王庚　南宋慶元間四川地區刻工。刻有
《太平御覽》宋慶元五年成都府學刻本。十三行，行二十二至二十四字。
王庸　南宋端平間浙江地區刻工。刻有
《淨覺十諫書》
王康　南宋紹興間浙江紹興地區刻工。刻有
《舊唐書》宋紹興兩浙東路茶鹽司刻本。十四行，行二十五字。
王情　南宋初期四川地區刻工。刻有
《李衛公文集》十行，行十八字。

《天聖廣燈錄》宋紹興十八年刻明盧藏本。
六行，行十七字。
王定　南宋初期浙江地區刻工。刻有
《尚書正義》十五行，行二十四字。
《集韻》十一行，行二十三字。
《宗門統要集》宋淳熙本。十行，行二十字。
《徐公文集》宋紹興十九年明州刻本。十行，
行十九字
《文選注》宋刻紹興二十八年明州補修本。
十行，行二十至二十二字。
王詔　南宋紹興間四川地區刻工。刻有
《劉夢得文集》十行，行十八字。
王堯（或署王垚）南宋後期杭州地區刻本。刻有
《咸淳臨安志》宋咸淳臨安府刻本。十行，
行二十字。
《昌黎先生集》宋咸淳廖氏世彩堂刻本。九
行，行十七字。
《草窗韻語》宋周氏家刻本。九行，行十七字。
補版有：
《魏書》、《宋書》宋慶元六年。九行十八字。

王琟　南宋中期浙江地區刻工。刻有
　《律》附音義九行，行十八字。

王達　南宋紹興間浙江寧波地區刻工。刻有
　《文選注》宋紹興二十八年明州修補本。十
　行，行二十至二十二字。

王琳　南宋紹定間浙江地區刻工。刻有
　《四明志》宋紹定二年刻本。十行，行十八字。

王[illegible]　南宋紹興間刻工。刻有
　《周禮疏》宋~~紹興~~兩浙東路茶鹽司刻本。八
　行，十五至十七字。
　《後漢書注》宋紹興江南東路轉運司刻本。
　九行，行十六字。

王堪　南宋紹興間杭州地區刻工。刻有
　《梁書》、《魏書》九行，行十八字。

王堪　南宋初期四川地區刻工。刻有
　《劉夢得文集》宋蜀刻本。十行，行十八字。

王植　南宋中期浙江地區刻工。刻有
　《春秋左傳正義》宋慶元六年紹興府刻本。
　八行，行十六字。
　《揚子法言》十行，行十八字。

王惠　南宋紹興間浙江紹興地區刻工。刻有《舊唐書》宋紹興兩浙東路茶鹽司刻本。十四行，行二十五字。補版有《史記集解》十行，行十九字。

王惠　南宋淳熙間江西地區刻工。刻有《呂氏家塾讀詩記》宋淳熙九年江西漕台刻本。九行，行十九字。《本草衍義》宋淳熙十二年江西轉運司刻慶元元年重修本。十一行，行二十一字。

王雄　南宋初期浙江地區刻工。刻有《陶淵明集》十行，行十六字。《文選注》宋刻紹興二十八明州將補本。十行，行二十至二十二字。

王萬三　北宋四川地區刻工。刻有《王摩詰文集》十一行，行二十字。

王萬　南宋乾道間四川地區刻工。刻有《蘇文忠公文集》九行，行十五字。《六家文選》宋廣都裴宅刻本。十一行，行十八字。

王棠　南宋乾道間刻工。刻有

《豫章黄先生文集》九行，行十八字。

《盤洲文集》十行，行二十字。

王景　南宋紹興間刻工。刻有

《史記集解》宋紹興淮南路轉運司刻本。九行，行十六字。

《李賀歌詩編》北宋刻南宋印。九行，行十八、十九字。

《唐百家詩選》宋紹興刻本。九行，行二十字。

王選　南宋紹興間浙江地區刻工。刻有

《尚書正義》宋兩浙東路茶鹽司刻本。八行，行十九字。

《集韻》十一行，行二十三字。

《説文解字》十行，行二十字

《古史》十一行，行二十二字。

《三國志注》十行，行十八、十九字。

《國語解》十行，行二十字。

《漢雋》宋淳熙十年象山縣學刻本。九行，大小字相間，小字雙行三十字。

《景德傳燈録》宋紹興台州刻本。十五行，行二十八、二十九字。

《景德傳燈錄》十三行，行二十一至二十三字。
《陶淵明集》十行，行十六字。
《文選注》宋紹興二十八年明州修補本。十行，行二十至二十二字。
《資治通鑑綱目》浙江本。八行，行十七字。
《晦庵先生文集》宋淳祐五年刻本。十行，十九字。
補版有：
《新唐書》十四行，行二十三至二十六字。

王富四　南宋中期杭州地區刻工。補版有
《魏書》九行，行十八字。

王童四　南宋慶元間四川地區刻工。刻有
《太平御覽》宋慶元五年成都府學刻本。十三行，行二十二至二十四字。

王憲　南宋中期福建地區刻工。刻有
《資治通鑑》宋建本。十一行，行二十一字。

王普慈　金皇統間山西運城地區刻工。刻有
《趙城藏》每版二十三行，行十四字。

王智　南宋中期浙江地區刻工。刻有

《禮記正義》宋紹熙三年兩浙東路茶鹽司刻本。八行，行十六字。

《春秋公羊疏》宋紹興間刻。十五行，行二十三至二十八字。

《四明志》十行，行十八字。

補版有：

《漢書注》宋紹興江南東路轉運司刻本。九行，行十六字。

《後漢書注》宋紹興江南東路轉運司刻本。九行，行十六字。

《宋書》、《魏書》均九行，行十八字。

王欽　南宋紹興間杭州地區刻工。刻有

《宋書》、《梁書》、《魏書》均九行，行十八字。

王僅　南宋紹興間浙江地區刻工。刻有

《三國志注》十行，行十八、十九字。

《元氏文集》宋乾道四年刻。十三行，行二十三字。

王詩安　南宋嘉定間刻工。刻有

《衣廬詩》十一行，行十六字。

王誠　南宋紹興間浙江地區刻工。刻有

《周禮疏》宋兩浙東路茶鹽司刻本。八行，行十七字。

《宋書》九行，行十八字。

王誠　南宋中期江西地區刻工。刻有

《慈溪黃氏日抄分類》十行，行二十字。

王詢　南宋中期杭州地區刻工。刻有

《妙法蓮華經》六行，行十七字。

《後漢書注》宋福唐郡庠刻本。十行，行十九字。

補版有：

《三國志注》十四行，行二十五字。

王禕　南宋初期杭州地區刻工。刻有

《周易注疏》宋兩浙東路茶鹽司本。八行，行十九字。

王道　南宋中期杭州地區刻工。刻有

《魏書》九行，行十八字。

王道　南宋中期四川地區刻工。刻有

《太平御覽》宋慶元五年成都府學刻本。十三行，行二十二至二十四字。

《劉夢得文集》宋蜀刻本。十行，行十九字。

王道七　南宋慶元間四川地區刻工。刻有

《太平御覽》宋慶元五年成都府學刻本。十三行，行二十二至二十四字。

王詳　北宋嘉祐間刻工。刻有

《新唐書》十四行，行二十三至二十六字。

王意　南宋慶元間四川地區刻工。刻有

《太平御覽》宋慶元五年成都府學刻本。十三行，行二十二至二十四字。

王賓　南宋中期杭州地區刻工。刻有

《陳書》、《魏書》均九行，行十八字。

王眞　北宋景祐間刻工。刻有

《漢書注》十行，行十九字。

王福　南宋中期刻工。刻有

《南齊書》九行，行十八字。

《太平御覽》宋慶元五年成都府學刻本。十三行，行二十二至二十四字。

《張子語録》宋福建漕治刻本。十行，行十八字。

《龜山先生語録》宋福建漕治刻本。十行，

行，十八字。

王闓　南宋後期浙江地區刻工。刻有《四明續志》宋開慶元年刻本。十行，行十八字。《佛祖統記》十一行，二十二字。

王聖　南宋乾道間江西贛州地區刻工。刻有《文選注》宋贛州州學刻本。九行，行十五字。

王璵　北宋治平間刻工。刻有《資治通鑑》宋鄂州孟太府三撫位鵠山書院刻本。十一行，行十九字。（覆龍爪本）

王彌　南宋淳熙間安徽貴池地區刻工。刻有《文選注》宋淳熙八年池陽郡齋刻本。十行，行二十一字。

王森　南宋慶元間四川地區刻工。刻有《太平御覽》宋慶元五年成都府學刻本。十三行，行二十二字至二十四字。

王瑞　南宋咸淳間杭州地區刻工。刻有《咸淳臨安志》宋咸淳臨安刻本。十行，行二十字。

王琨　南宋紹興間杭州地區刻工。刻有

《舊唐書》宋兩浙東路茶鹽司刻本。十四行，行二十五字。

王椿　南宋紹興間浙江地區刻工。刻有

《禮記正義》宋紹熙兩浙東路茶鹽司刻本。八行，行十六字。

《中興館閣録》九行，行十八字。

《揚子法言注》十行，行十八字。

《文選注》宋紹興二十八年明州修補本。十行，行二十至二十二字。

《三國志·吳志注》宋咸平刻本。十四行，行二十五字。

《愧郯録》宋嘉定間刻本。九行，行十七字。

《咸淳臨安志》宋咸淳臨安府刻本。十行，行二十字。

《重廣補注黄帝内經素問》十行，行二十字。

《禮記正義》宋紹熙三年兩浙東路茶鹽司刻本。八行，行十六字。

《史記集解索隱》宋淳熙三年張杅桐川郡齋

刻本。十二行，行二十五字。

王鼎　南宋寶祐間安徽宣城地區刻工。刻有
《致堂讀史管見》宋寶祐二年宛陵刻本。十二行，行二十三字。

王遇　南宋嘉定間浙江地區刻工。刻有
《押韻釋疑》宋嘉熙三年禾興郡齋刻本。十行，小字二十五字。
《愧郯錄》宋嘉定刻本。九行，行十七字。
《重校添注音辯唐柳先生文集》九行，行十七字。
《注東坡先生詩》宋嘉泰淮東倉司刻本。九行，行十六字。
補版有：
《梁書》、《宋書》、《魏書》均九行，行十八字。

王遇　南宋紹熙間浙江紹興地區刻工。刻有
《尚書正義》宋紹熙三年兩浙東路茶鹽司刻本。八行，行十九字。

王禹　南宋淳祐間江西地區刻工。刻有
《朱文公訂正門人蔡九峰書集傳》宋淳祐十年呂遇龍上饒郡學刻本。十行，行十八字。

王溪　南宋中期杭州地區刻工。
《宋書》九行，行十八字。

王廣　南宋初期浙江紹興地區刻工。刻有
《舊唐書》宋紹興兩浙東路茶鹽司刻本。十四行，行二十五字。

王端　南宋中期浙江地區刻工。刻有
《古史》十一行，行二十二字。
補版有《新唐書》十四行，二十四至二十七字。

王端禮　南宋嘉泰間江蘇揚州地區刻工。刻有
《注東坡先生詩》宋嘉泰二年淮東倉司刻景定三年鄭羽補刻本。九行，行十六字。

王愛之　南宋慶元間福建建甌地區刻工。刻有
《五代史記》宋慶元建陽刻本。十行，行十八字。

王榮　南宋紹興浙江地區刻工。刻有
《春秋經傳集解》八行，行十七字。
《孟子注疏解經》宋嘉泰兩浙東路茶鹽司刻本。八行，行十六字。
《漢書注》南宋初杭州刻本。十行，行十九字。
《後漢書注》南宋初杭州刻本。十行，行十

九字。

《漢書注》宋紹興江南東路轉運司刻本。九行，十六字。

《後漢書注》宋紹興江南東路轉運司刻本。九行，行十六字。

《宋書》、《魏書》九行，行十八字。

《舊唐書》宋紹興兩浙東路茶鹽司刻本。十四行，行二十五字。

《五代史記》南宋初刻。十二行，行二十一至二十四字。

《國語解》十行，行二十字。

《世説新語》宋紹興八年嚴州刻本。十行，二十字。

《藝文類聚》宋紹興間刻本。十四行，行二十七、二十八字。

《景德傳燈録》宋臨安刻本。十一行，行二十至二十六字。

《南華真經注》十行，行十六、十七字。

《增廣司馬温公全集》十二行，行二十字。

《北山小集》宋湖州刻本。十行，行二十字。

~~《監本附音春秋公羊注疏》南宋建本。十行，行十七字。~~

《皇朝文鑑》宋嘉泰四年新安郡齋刻本。十行，行十九字。

補版有《儀禮疏》十五行，行二十七字。

王慶　南宋四川地區刻工。刻有

《後漢書注》十行，行十九字。

《太平御覽》宋慶元五年成都府學刻本。十三行，行二十二至二十四字。

《蘇文定公文集》九行，行十五字。

王壽　南宋紹興間浙江地區刻工。刻有

《尚書正義》宋紹熙三年兩浙東路茶鹽司刻本。八行，行十九字。

《禮記正義》宋紹熙三年兩浙東路茶鹽司刻本。八行，行十六字。

《春秋左傳正義》宋慶元六年紹興府刻本。八行，行十六字。

《史記集解》宋紹興淮南路轉運司刻本。九行，行十六字。

~~《後漢書注》宋紹興江南東路轉運司刻本。~~

九行，行十六字。

《資治通鑑綱目》宋浙本。八行，行十七字。

《揚子法言》十行，十八字。

《太玄經集注》十行，行十七字。

《愧郯録》宋嘉定刻本。九行，行十七字。

《昌黎先生集考異》宋紹定二年張洽刻本。十行，行二十字。

《晦庵先生文集》宋淳祐五年刻本。十行，行十九字。

補版有：

《儀禮疏》十五行，行二十七字。

《古史》十一行，行二十二字。

《後漢書注》宋紹興江南東路轉運司刻本。九行，行十六字。

《經典釋文》十一行，行十七字。

王壽三　南宋紹興間浙江地區刻工。刻有

《周禮疏》宋兩浙東路茶鹽司刻本。八行，行十五至十七字

《禮記正義》宋紹熙三年兩浙東路茶鹽司刻本。八行，行十六字。

《春秋左傳正義》宋慶元六年紹興府刻本。八行，行十六字。補版有：《宋書》、《魏書》均九行，行十八字。《國語解》十行，行二十字。

王壽山　南宋浙江刻工。補刻有《史記集解》十行，行十九字。

王壽五　南宋中期安徽歙縣地區刻工。刻有《新雕宋朝文鑑》宋端平刻本。十行，行十九字。

王璋　南宋淳熙間杭州地區刻工。刻有《東坡集》宋乾道間刻本。十行，行二十字。

王震　北宋景祐間刻工。刻有《漢書注》宋景祐二年刻本。十行，行十九字。《新唐書》宋嘉祐五年刻本。十四行，行二十三至二十六字。

王震　南宋淳熙間浙江台州地區刻工。刻有《石林奏議》宋開禧二年台州刻本。十行，行二十五字。《荀子》宋淳熙八年台州刻本。八行，行十六字。

《揚子法言注》八行，行十六字。

《吳郡志》宋紹定二年刻本。九行，行十八字。

王震　南宋淳祐間福州地區刻工。刻有

《國朝諸臣奏議》宋淳祐十年史季溫福州刻本。十一行，行二十三字。

王敷　南宋紹興間浙江地區刻工。刻有

《陳書》、《北齊書》均九行，行十八字。

《資治通鑑》宋紹興三年兩浙東路茶鹽司刻本。十二行，行二十四字。

《中興館閣錄》九行，行十八字。

《昌黎先生集》宋淳熙元年刻本。十一行，行二十字。

《東坡集》宋乾道刻本。十行，行二十字。

王瞀　南宋中期杭州地區刻工。刻有

《妙法蓮華經》

王興　南宋紹興間福州地區刻工。刻有

《續高僧傳》宋紹興十八年刻毗盧藏本。

王禧　南宋嘉定間浙江地區刻工。

《愧郯錄》宋嘉定刻本。九行，行十七字。

《重校添注音辯唐柳先生文集》宋嘉定刻本。
九行，行十七字。
《文選注》宋贛州州學刻本，九行，行十五字。
補版有：
《後漢書注》宋紹興江南東路轉運司刻本。
九行，行十六字。

王侗　北宋後期福州地區刻工。刻有
《福州開元寺毗盧大藏》六行，行十七字。

王禎　南宋初期刻工。刻有
《後漢書注》十行，行十九字。
《三國志注》十四行，行二十五字。
《天聖廣燈錄》宋紹興十八年刻毗盧藏本。
六行，行十七字。

王諒　南宋初期杭州地區刻工。刻有
《宋書》、《南齊書》均九行，行十八字。
《陶淵明集》十行，行十六字。
《文選注》宋刻紹興二十八年明州補修本。
十二行，行二十至二十二字。

王澤　南宋紹興間刻工。刻有

《史記集解》宋紹興淮南路轉運司刻本。九行，行十六字。

《楞嚴經》福州本。九行，行二十字。

王澤　南宋紹定江西地區刻工。刻有

《慈溪黄氏日抄分類》十行，行二十字。

王燁　南宋中期浙江地區刻工。刻有

《周易本義》七行，行十五字。

《詩集傳》湖州本。七行，行十五字。

《通鑑紀事本末》宋寶祐五年趙與篡刻本。十一行，行十九字。

《皇朝文鑑》宋嘉泰四年新安郡齋刻本。十行，行十九字。

補版有：

《周禮疏》宋兩浙東路茶鹽司刻本。八行，行十五至十七字。

王瑩　南宋初期浙江建德地區刻工。刻有

《藝文類聚》宋紹興間嚴州刻本。十四行，行二十七、二十八字。

王賓　南宋紹興間浙江地區刻工。刻有

《尚書正義》十五行，二十四字。

《陶淵明集》十行，行十六字。

《文選注》宋刻紹興二十八年明州補修本。十行，行二十至二十二字。

王蔭　北宋後期福州地區刻工。刻有

《福州開元寺毗盧大藏》六行，行十七字。

王德　南宋淳祐間福州地區刻工。刻有

《國朝諸臣奏議》宋淳祐十年史季溫福州刻本。十一行，行二十三字。

補版有《儀禮注》宋紹興嚴州刻。十四行，行二十四至二十五字。

王德先　南宋紹熙間福建地區刻工。刻有

《資治通鑑》十一行，行二十一字。

王德明　南宋紹興間刻工。刻有

《後漢書注》宋紹興刻。九行，行十六字。

王僖　南宋紹熙間浙江地區刻工。刻有

《周易注疏》宋兩浙東路茶鹽司刻本。八行，行十九字。

《尚書正義》宋紹熙三年兩浙東路茶鹽司刻本。九行，行十九字。

《禮記正義》宋紹熙三年兩浙東路茶鹽司刻

本。八行，行十六字。

《春秋公羊傳疏》十五行，行二十三至二十八字。

《愧郯録》九行，行十七字。

《重校添注音辯唐柳先生文集》九行，行十七字。

補版有：

《後漢書注》九行，行十六字。

《宋書》、《南齊書》、《梁書》、《魏書》均九行，行十八字。

王樸　南宋乾道間江西地區刻工。刻有

《豫章黄先生文集》宋乾道贛州州學刻本。九行，行十八字。

王樸　南宋慶元間四川地區刻工。刻有

《盤洲文集》宋蜀刻本。十行，行二十字。

王機　南宋紹興間浙江建德地區刻工。刻有

《藝文類聚》十四行，行二十七、二十八字。

王璡　南宋中期浙江地區刻工。刻有

《律》附音義九行，行十八字。

補版有：

《南齊書》、《梁書》、《陳書》、《魏書》《北齊書》均九行，行十八字。

《通典》十五行，行二十五至二十九字。

王璡　南宋嘉定間湖北武昌地區刻工。刻有

《春秋經傳集解》宋嘉定九年興國軍學刻本。八行，行十七字。

王臻　南宋紹興浙江地區刻工。刻有

《集韻》明州本。十一行，行二十三字。

《景德傳燈録》宋紹興台州本。十五行，行二十八、二十九字。

《文選注》宋紹興二十八年明州補修本。十行，行二十至二十二字。

王興　南宋中期刻工。刻有

《漢書集注》宋嘉定十七年白鷺洲書院刻本。八行，行十六字。

《通鑑紀事本末》宋寶祐五年趙與𥲅刻本。十一行，行十九字。

《皇朝文鑑》宋嘉泰四年新安郡齋刻本。十行，行十九字。

補版有：

《史記集解》十行，行十六字。
《後漢書注》十行，行十六字。
《宋書》、《南齊書》、《魏書》均九行，
行十八字。

王錫　南宋端平間刻工。刻有
《心經》、《政經》宋端平元年刻，十行，
行十八字。
《棠陰比事》宋端平元年刻。

王興宗　南宋寶祐間浙江地區刻工。刻有
《通鑑紀事本末》宋寶祐五年趙與篡刻本。
十一行，行十九字。

王學　南宋紹興間浙江寧波地區刻工。刻有
《儀禮疏》明州本。十五行，行二十七字。
《文選注》宋紹興二十八年明州補修本。十
行，行二十至二十二字。

王簡　南宋中期浙江地區刻工。刻有
《資治通鑑考異》十行，行二十二字。

王縉　南宋紹興間浙江寧波地區刻工。刻有
《集韻》明州本。十一行，行二十三字。
《漢雋》宋淳熙十年象山縣學刻本。九行，

大小字相间，小字雙行三十字。

王溫　南宋初期刻工。刻有

《吴志》北宋咸平刻遞修本。十四行，行二十五字。

王禮　南宋淳熙间江西地區刻工。刻有

《春秋經傳集解》宋刻小字本。十三行，行二十四字。

《春秋傳》宋乾道四年刻慶元五年黄池嘉修補本。十行，行二十字。

《春秋繁露》宋嘉定四年江右計臺刻本。十行，行十八字。

《本草衍義》宋淳熙十二年江西轉運司刻本。慶元元年重修本。十一行，行二十一字。

《豫章黄先生文集》宋乾道贛州州學刻本。九行，行十八字。

《坡門酬唱集》九行，行十六字。

王濬（或署王璿）南宋中期浙江地區刻工。補版

《周禮疏》宋兩浙東路茶鹽司刻本。八行，行十五至十七字。

王徽　南宋初期杭州地區刻工。刻有

《漢書注》南宋初年杭州本。十行，行十九字。

王犨　南宋紹興間杭州地區刻工。刻有

《周易正義》宋紹興十五至二十一年臨安府刻本。十五行，行二十六、二十七字。

《漢書注》宋紹興江南東路轉運司刻本。九行，行十六字。

《漢書注》南宋初杭州刻本。十行，行十九字。

《文選注》宋刻紹興二十八年明州補修本。十行，行二十至二十二字。

王騏　南宋慶元間四川地區刻工。刻有

《太平御覽》宋慶元五年成都府學刻本。十三行，行二十二至二十四字。

王寶　南宋中期浙江地區刻工。刻有

《尚書正義》宋兩浙東路茶鹽司刻本。八行，行十九字。

《周禮疏》宋兩浙東路茶鹽司刻本。八行，行十五至十七字。

《春秋左傳正義》宋慶元六年紹興府刻本。八行，行十六字。

《大廣益會玉篇》十行，行二十字。

《通典》十五行，行二十五至二十九字。

《小畜集》宋紹興十七年黄州刻本。

《愧郯録》九行，行十七字。

王權　南宋中期四川地區刻工。刻有

《劉夢得文集》宋蜀刻本。十行，行十八字。

王鐵（或署王阿鐵）南宋慶元間四川地區刻工。刻有

《太平御覽》宋慶元五年成都府學刻本。十三行，行二十二至二十四字。

王覺　北宋後期福州地區刻工。刻有

《福州開元寺毗盧大藏》每開六行，行十七字。

王龜　南宋慶元間四川眉山地區刻工。刻有

《太平御覽》宋慶元五年成都府學刻本。十三行，行二十二至二十四字。

《新刊經進詳注昌黎先生文集》宋蜀刻本。十行，行十八字。

王顯　南宋淳熙間浙江地區刻工。刻有

《禮記注》宋淳熙四年撫州公使庫刻本。十

行，行十六字。

《附釋文互注禮部韻略》宋紹定三年藏閣刻本。十行，行二十一字。

《思溪藏》宋紹興二年王永從刻本。六行，十七字。

《愧郯録》九行，行十七字。

《桯史》九行，行十七字。

《重校添注音辯唐柳先生文集》九行，十七字。

王驥　南宋慶元間四川地區刻工。刻有

《太平御覽》宋慶元五年成都府學刻本。十三行，行二十二至二十四字。

王鑾　南宋初期刻工。刻有

《楚辭集注》十行，行二十字。

五二　南宋中期刻工。刻有

《廣韻》宋刻巾箱本。十行，行十五字。

元又　南宋中期浙江地區刻工。刻有

《資治通鑑考異》十行，行二十二字。

元中（余姓）南宋嘉泰間安徽歙縣地區刻工。

《皇朝文鑑》宋嘉泰四年新安郡齋刻本。十行，行十九字。

元仁　南宋中期浙江地區刻工。刻有《唐陸宣公集》十行，行十七字。

元仲　北宋後期刻工。刻有《吳志》宋咸平刻遞修本。

元正　南宋眉山地區刻工。刻有《東都事略》十二行，行二十四字。

元老（蔡姓）南宋後期刻工。刻有《資治通鑑》南宋末年大字本。十一行，行二十一字。

元吉　南宋後期刻工。刻有《禮記要義》宋淳祐十二年魏克愚刻本。九行，行十八字。

《資治通鑑綱目》宋嘉定廬陵本。八行，行十五字。

《列子鬳齋口義》宋景定刻本。九行，行十八字。

元佐　南宋乾道間浙江金華地區刻工。刻有《三蘇文粹》宋乾道婺州吳宅桂堂刻本。十四行，行二十六字。

元和　南宋紹熙間四川眉山地區刻工。刻有

《東都事略》十二行，行二十四字。

元祐　南宋紹熙間浙江紹興地區刻工。刻有

《鮑氏國策》宋紹熙二年會稽郡斋刻本。十一行，行二十字。

元章　南宋中期刻工。刻有

《九经》正文八種　宋刻巾箱本。二十一行，行二十七字。

元清（或署陳元清）南宋後期杭州地區刻工。

《昌黎先生文集》宋咸淳世綵堂刻本。九行，行十七字。

元壽　南宋端平間江西吉安地區刻工。刻有

《誠斋集》宋端平二年刻本。十二行，行十六字。

《朱文公編昌黎先生傳》七行，行十五字。

元德　南宋中期刻工。刻有

《九經》正文八種　宋刻巾箱本。二十一行，行二十七字。

元興　南宋嘉泰間安徽歙縣地區刻工。刻有

《皇朝文鑑》宋嘉泰四年新安郡斋刻本。十行，行十九字。

《儀禮要義》宋淳祐十二年魏克愚刻本。九行，行十八字。

元濟　金皇統間山西地區刻工。刻有《趙城廣勝寺藏》每版二十三行，行二十四字。

尤大有　南宋紹興間杭州地區刻工。刻有《宋書》九行，行十八字。

尤文光　南宋後期刻工。《磧砂藏·法苑珠林》宋寶祐十年刻。六行，行十七字。

尤文學　南宋後期蘇州地區刻工。刻有《磧砂藏》宋寶祐元年刻。六行，行十七字。

尤友明（或尤有明）南宋後期杭州地區刻工。《咸淳臨安志》宋咸淳臨安府刻本。十行，行二十字。

尤仁　南宋嘉定間浙江嘉興地區刻本。刻有《愧郯錄》宋嘉定間鄭定刻本。十一行，行十七字。

尤必成　南宋後期安徽宣城地區刻工。刻有《致堂讀史管見》宋寶祐二年宛陵刻本。十二行，行二十三字。

尤先　南宋初期杭州地區刻工。刻有《水經注》十一行，行二十字。

尤伯全（或署尤全）南宋後期杭州地區刻工。《揮麈三録》宋臨安府陳宅書籍鋪刻本。十行，行二十一字。

尤明　南宋後期杭州地區刻工。刻有《咸淳臨安志》宋咸淳臨安府刻本。十行，行二十字。

尤涇　南宋後期安徽宣城地區刻工。刻有《致堂讀史管見》宋寶祐二年宛陵刻本。十二行，行二十三字。

尤晋　北宋後期刻工。刻有《説苑》十一行，行二十字。

尤達　南宋後期安徽宣城地區刻工。刻有《致堂讀史管見》宋寶祐二年宛陵刻本。十二行，二十二字。

尤遷　南宋後期安徽宣城地區刻工。刻有《致堂讀史管見》宋寶祐二年宛陵刻本。十二行，行二十二字。

孔向　南宋初期江西九江地區刻工。刻有《輿地廣記》宋九江刻嘉泰四年、淳祐十年修本。十三行，行二十四字。

孔溥　北宋浙江地區刻工。《春秋經傳集解》北宋刻瀾氏字本。六行，行十五字。

天易　南宋中期福建地區刻工。刻有《監本附釋音春秋穀梁傳注疏》宋建刻本。十行，行十七字。

天明　南宋初期杭州地區刻工。刻有《妙法蓮華經》南宋杭州刻本。六行，行十七字。

天祐　南宋中期江西吉安地區刻工。刻有《放翁先生劍南詩藁》十行，行二十字。

天錫　南宋紹興間杭州地區刻工。刻有《春秋公羊傳疏》十五行，行二十二至二十八字。《魏書》九行，行十八字。

友又　南宋初期四川地區刻工。刻有《太平寰宇記》十一行，行二十字。

友民　南宋中期江西九江地區刻工。刻有《自警編》十行，行二十字。

友直（龔姓）南宋淳熙間江西撫州地區刻工。《周易注》宋淳熙撫州公使庫遞修本。十行，行十六字。

友益（徐姓）北宋四川地區刻工。刻有《資治通鑑》南宋鄂州孟太師府三安撫位鵠山書院刻本。十一行，行十九字。（覆龍爪本）

中成　南宋後期浙江湖州地區刻工。刻有《通鑑紀事本末》宋寶祐五年趙與𥲅刻本。十一行，行十九字。

中成　南宋開禧間江西吉安地區刻工。刻有《周益文忠公集》宋開禧二年刻本。十行，行十六字。

中華　南宋嘉定間江西吉安地區刻工。刻有《漢書集注》宋嘉定十七年白鷺洲書院刻本。八行，行十六字。

中萬　南宋端平間江西吉安地區刻工。刻有《誠齋集》宋端平二年刻本。十行，行十六字。

内一　南宋初期四川眉山地區刻工。刻有《三國志注》宋刻本。十三行，行二十五字。

少安　南宋後期江西地區刻工。刻有《隋書》九行，行二十字。少或十九字，多至二十二字。

以仁　南宋中期福建地區刻工。刻有《資治通鑑》十一行，行二十一字。

以清　南宋中期福建地區刻工。刻有《監本附釋音春秋穀梁傳注疏》十行，行十七字。

以廣　南宋中期福建地區刻工。刻有《監本附釋音春秋公羊傳注疏》南宋福建刻本。十行，行十七字。

以賓　南宋後期江西地區刻工。刻有《隋書》九行，行二十字，少或十九，多至二十二字。

以德　南宋中期福地區刻工。刻有《監本附釋音春秋穀梁傳注疏》宋福建刻本。十行，行十七字。

今友　南宋中期浙江地區刻工。補版有

《尚書正義》宋兩浙東路茶鹽司刻本。八行，行十六至十九字。

《國語解》十行，行二十字。

今許一　南宋中期刻工。補版有

《漢書注》宋紹興江南東路轉運司刻遞修本。九行，行十六字。

《後漢書注》宋紹興江南東路轉運司刻遞修本。九行，行十六字。

仁父　南宋淳祐間安徽歙縣地區刻工。刻有

《儀禮要義》宋淳祐十二年魏克愚刻本。九行，行十八字。

《禮記要義》宋淳祐十二年魏克愚刻本。九行，行十八字。

仁仲　南宋後期刻工。刻有

《資治通鑑》南宋末刻大字本。十一行，行二十一字。

仁甫　南宋後期福建地區刻工。刻有

《附釋音春秋左傳注疏》宋建安劉叔剛刻本。十行，行十九字。

《監本附音春秋公羊注疏》宋福建刻本。十

行，行十七字。

仁壽　南宋淳祐间安徽歙縣地區刻工。刻有《周易要義》宋淳祐十二年魏克愚刻本。九行，行十六至二十字不等。《禮記要義》宋淳祐十二年魏克愚刻本。九行，行十八字。

介原　南宋後期杭州地區刻工。刻有《昌黎先生集》宋咸淳廖氏世綵堂刻本。九行，行十七字。

公文　北宋後期刻工。刻有《説苑》北宋刻本。十一行，行二十字。

公亮　南宋淳祐间福州地區刻工。刻有《國朝諸臣奏議》宋淳祐十年史季温福州刻本。十一行，行二十三字。

公茂　南宋初期浙江地區刻工。刻有《備急千金要方》十三行，行二十三字。

公弼（陳姓）南宋端平间江西吉安地區刻工。《誠齋集》宋端平二年刻本。十行，行十六字。

公誠　北宋後期刻工。刻有

《禮部韻略》北宋末刻本。十一行。
《唐柳先生外集》宋乾道元年永州零陵郡庠刻本。九行，行十八字。

壬中　南宋淳熙間江西地區刻工。刻有《皇朝仕學規範》十二行，行二十五字。

壬呂清　南宋淳祐間浙江地區刻工。刻有《晦庵先生文集》宋淳祐五年刻本。十行，行十九字。

壬成　南宋慶元間四川地區刻工。刻有《太平御覽》宋慶元五年成都府學刻本。十三行，行二十二至二十四字。

壬成一　南宋慶元間四川地區刻工。刻有《太平御覽》宋慶元五年成都府學刻本。十三行，行二十二至二十四字。

壬青　南宋淳祐間浙江地區刻工。刻有《晦庵先生文集》宋淳祐五年刻本。十行，行十九字。

允武　南宋慶元間江西吉安地區刻工。刻有《歐陽文忠公集》宋慶元二年周必大刻本。十行，行十六字

壬顯 南宋中期四川地區刻工。刻有《劉夢得文集》宋蜀刻本。十行，行十八字。

午友 南宋初期四川地區刻工。刻有《太平寰宇記》宋蜀刻本。十一行，行二十字。

牛才 南宋淳祐間福建地區刻工。刻有《資治通鑑綱目》宋詹光祖月崖書堂刻本。十行，行十六字。

牛友 北宋後期刻工。刻有《三國志注》十行，行十八、十九字。

牛可道 南宋紹興間杭州地區刻工。補版有《史記集解》北宋刻遞修本。十行，行十九字。

牛志 南宋初期杭州地區刻工。刻有《三國志注》十行，行十九字。《臨川先生文集》宋紹興二十一年兩浙西路轉運司王珏刻本。十二行，行二十字。

牛奇 南宋淳祐間福建地區刻工。刻有《資治通鑑綱目》宋詹光祖月崖書堂刻本。十行，行十六字。

牛明 南宋紹興間浙江建德地區刻工。刻有

《國語解》十行，行二十字。
《劉賓客文集》宋紹興八年嚴州刻本。十三行，行二十二字。

牛智　南宋紹興間杭州地區刻工。刻有
《三國志注》十行，行十八、十九字。
《作邑自箴》宋淳熙刻本。十一行，行十九字。
《備急總效方》宋紹興二十四年刻本。十行行十六字。
《韋蘇州集》宋紹興刻本。十行，行十八字。
《東萊先生詩集》宋乾道二年刻慶元五年黄汝嘉重修本。

牛道　南宋紹興間紹興地區刻工。刻有
《資治通鑑目録》宋紹興二年兩浙東路茶鹽司刻本。行字不等。

牛進　南宋紹興間紹興地區刻工。刻有
《資治通鑑目録》宋紹興二年兩浙東路茶鹽刻本。行字不等。

牛實（或署牛寔）南宋紹興間杭州地區刻工。
《三國志注》十行，行十八、十九字。
《資治通鑑目録》宋紹興二年兩浙東路茶鹽

司刻本。行字不等。

《資治通鑑》宋紹興三年兩浙東路茶鹽司刻本。十二行，行二十四字。

《吳郡圖經續記》九行，行十八字。

《禮記注》十行，行十六至十八字。

《管子注》十二行，行二十二至二十五字。

《漢官儀》宋紹興九年臨安府刻本。十行，行十七字。

《杜工部集》十行，行十八至二十字。

《白氏文集》十三行，行二十二至二十六字。

《臨川文集》宋紹興二十一年兩浙西路轉運司王珏刻本。十二行，行二十字。

《文粹》宋紹興九年臨安府刻本。十五行，行二十四至三十字。

補版有：

《史記集解》十行，行十九字。

《漢書注》十行，行十九字。

牛賢　北宋景祐間刻工。刻有

《史記集解》北宋本。十行，行十九字。

《漢書注》十行，行十八、十九字。

牛寶 南宋紹興間浙江紹興地區刻工。刻有《資治通鑑目録》宋紹興二年兩浙東路茶鹽司刻本。行字不等。

仇永 南宋紹興間南宋地區刻工。刻有《史記集解》宋紹興淮南路轉運司刻本。九行，行十六字。

仇明 南宋初期福建地區刻工。刻有《資治通鑑》十一行，行二十一字。

仇婁息 南宋後期浙江地區刻工。補版有《春秋左傳正義》宋慶元六年紹興府刻宋元遞修本。八行，行十六字。

仇琮 南宋嘉泰間江蘇揚州地區刻工。刻有《注東坡先生詩》宋嘉泰淮東倉司刻本。九行，行十六字。

毛元亨 南宋淳熙間浙江建德地區刻工。刻有《通鑑紀事本末》宋淳熙二年嚴陵郡庠刻本。十三行，行二十三或二十四字。

毛文 南宋浙江地區刻工。刻有《尚書正義》宋兩浙東路茶鹽司刻本。八行，行十九字。

《禮記正義》宋紹熙三年兩浙東路茶鹽司刻本。八行，行十六字。

《後漢書注》宋紹興江南東路轉運司刻本。九行，行十六字。

《宋書》、《南齊書》、《魏書》。均九行，行十八字。

補版有：

《儀禮疏》嚴州本。十五行，行二十七字。

毛方　南宋乾道間江蘇南京地區刻工。刻有

《青山集》十行，行二十字。

毛仙　南宋紹興間南京地區刻工。刻有

《後漢書注》宋紹興江南東路轉運司刻本。九行，行十六字。

《後漢書注》宋杭州本。十行，行十九字。

《南華真經》北宋刻本。十行，行十六、十七字。

《花間集》宋紹興十八年建康郡齋刻本。八行，行十七字。

毛用　南宋乾道間安徽當塗地區刻工。刻有

《周禮疏》宋兩浙東路茶鹽司刻本。八行，

《兩漢博聞》宋乾道八年胡元質姑孰郡齋刻本。十行，十九字。
《傷寒要旨》宋乾道七年姑孰郡齋刻本。九行十六或十七字。
《洪氏集驗方》宋乾道六年姑孰郡齋刻本。九行，十六字。
《青山集》十行，二十字。
《文選注》宋淳熙八年池陽郡齋刻本。十行，行二十一字。

毛永　南宋初期杭州地區刻工。刻有
《韻補》六行，大字一當小字二，小字每行十八字。

毛仲　南宋紹興間南京地區刻工。刻有
《後漢書注》宋紹興江南東路轉運司刻本。九行，行十六字。
《後漢書注》南宋初杭州本。十行，行十九字。

毛祀　南宋淳熙間浙江建德地區刻工。刻有
《通鑑紀事本末》宋淳熙二年嚴陵郡庠刻本。十三行，行二十四或二十五字。

毛秀　南宋初期浙江吴興地區刻工。刻有

《大乘本生心地觀經》宋思溪藏本。每開六行，行十七字。

毛奇　南宋紹興間浙江地區刻工。刻有

《春秋經傳集解》宋杭州刻小字本。十三行，行二十四字。

《韻補》六行，小字十八，大字一當小字二。

《魏書》九行，行十八字。

《諸史提要》宋乾道紹興府學刻本。九行，行十四字。

《論衡》宋乾道三年紹興府刻本。十行，二十至二十二字。

《東坡集》宋乾道刻本。十行，行二十字。

《苕溪漁叢話》後集十一行，行二十二字。

毛忠　北宋景祐間刻工。刻有

《漢書注》十行，行十九字。

毛昌　南宋初期浙江地區刻工。刻有

《周易注疏》宋兩浙東路茶鹽司刻本。八行，行十九字。

《尚書正義》宋兩浙東路茶鹽司刻本。八行，行十九字。

《韻補》六行，小字每行十八字，大字一當小字二。

《周禮疏》宋兩浙東路茶鹽司刻本。八行，行十五至十七字。

《戰國策注》宋紹興刻本。十一行，行二十字。

《諸史提要》宋乾道紹興府學刻本。九行，行十四字。

《論衡》宋乾道三年紹興府刻本。十行，行二十至二十二字。

《景德傳燈録》宋紹興四年釋思鑑刻本。十五行，行二十六至三十字。

《景德傳燈録》十三行，行二十三字。

《白氏文集》宋臨安本。十三行，行二十二至二十六字。

《元氏長慶集》宋乾道四年刻本。十三行，行二十三字。

《文選注》宋刻紹興二十八年明州修補本。十行，行二十二字。

《苕溪漁隱叢話》後集十一行，行二十二字。

毛爲　南宋紹興間杭州地區刻工。刻有《白氏文集》宋臨安刻本。十三行，行二十二至二十九字。

補版有《新唐書》十四行，二十四至二十七字。

毛東　南宋淳熙間杭州地區刻工。刻有《禮記注》十行，行十六字。

毛青　南宋中期杭州地區刻工。刻有《春秋經傳集解》宋刻小字本。十三行，行二十四字。

毛俊　南宋紹熙間浙江地區刻工。刻有《禮記正義》宋紹熙三年兩浙東路茶鹽司刻本。八行，行十六字。

《春秋左傳正義》宋慶元六年紹興府刻本。八行，行十六字。

《孟子注疏解經》宋嘉泰兩浙東路茶鹽司刻本。八行，行十六字。

《輶軒使者絶代語釋別國方言解》宋慶元六年潯陽郡齋刻本。八行，行十七字。

毛政　南宋初期杭州地區刻工。刻有《漢書注》南宋初杭州刻本。十行，行十九字。

《漢書注》宋绍興江南路轉運司刻本。九行，行十六字。

毛亮　南宋绍興间杭州地區刻工。刻有《编年通載》五行，行十七字。

毛彦　南宋初期杭州地區刻工。刻有《漢書注》南宋初杭州刻本。十行，行十九字。

《漢書注》宋绍興江南東路轉運司刻本。九行，行十六字。

毛祖　南宋中期浙江地區刻工。刻有《尚書正義》宋兩浙東路茶鹽司刻本。八行，行十九字。

《古史》十一行，行二十二字。

《資治通鑑綱目》宋浙刻大字本。八行，行十七字。

《大唐六典注》宋绍興四年温州州學刻本。十行，行二十字。

《律》附音義九行，行十八字。

《晦庵先生文集》宋淳祐五年刻本。十行，十九字。

補版有：

《周易注疏》宋紹熙兩浙東路茶鹽司刻本。八行，行十九字。

《經典釋文》十一行，行十七字。

《沖虛至德真經》十四行，行二十六字。

毛原敍　南宋中期杭州地區刻工。補刻有

《南齊書》、《魏書》九行，行十八字。

毛兼　南宋紹熙間浙江紹興地區刻工。刻有

《尚書正義》宋紹熙三年兩浙東路茶鹽司刻本。八行，行十九字。

毛祖　南宋初期浙江溫州地區刻工。刻有

《大唐六典注》宋紹興四年溫州州學刻本。十行，行二十字。

毛梓　南宋咸淳間杭州地區刻工。刻有

《臨安志》宋咸淳臨安府刻本。十行，行二十字。

《磧砂藏》每開六行，行十七字。

毛章　南宋紹興間浙江寧波地區刻工。刻有

《文選注》宋紹興二十八年明州補修本。十行，行二十至二十二字。

毛詵　南宋初期杭州地區刻工。刻有
《白氏文集》十三行，行二十二至二十六字。

毛靖　南宋中期刻工。刻有
《本草集方》十行，行十六字。

毛期　南宋紹熙間浙江紹興地區刻工。刻有
《尚書正義》宋紹熙三年兩浙東路茶鹽司刻本。八行，行十九字。
《周禮疏》宋兩浙東路茶鹽司刻本。八行，行十五至十七字。

毛順　南宋中期刻工。刻有
《本草集方》十行，行十六字。

毛端　南宋紹熙間浙江地區刻工。刻有
《周易注疏》宋兩浙東路茶鹽司刻本。八行，行十九字。
《禮記正義》宋紹熙三年兩浙東路茶鹽司刻本。八行，行十六字。
《古史》十一行，行二十二字。
《後漢書注》宋紹興江南東路轉運司刻本。九行，行十六字。
《資治通鑑綱目》八行，行十七字。

《鮑氏國策校注》宋紹熙二年會稽郡齋刻本。十一行，行二十二字。

《沖虚至德真經》十四行，行二十六字。

《重校添注音辯唐柳先生文集》九行，行十七字。

補版有：

《儀禮疏》十五行，行二十七字。

《經典釋文》十一行，行十七字。

《漢書注》十行，行十九字。

《三國志注》十行，行十八、十九字。

《宋書》、《南齊書》、《陳書》、《魏書》均九行，行十八字。

毛福　南宋乾道間刻工。刻有

《宣和奉使高麗圖經》宋乾道三年澂江郡齋刻本。九行，行十七字。

毛福音　南宋乾道間刻工。刻有

《宣和奉使高麗圖經》宋乾道三年澂江郡齋刻本。九行，行十七字。

毛慶　南宋中期江西地區刻工。刻有

《白氏六帖類集》十三行，行二十四至二十七字。

毛粹　南宋咸淳間杭州地區刻工。刻有《咸淳臨安志》宋咸淳臨安府刻本。十行，行二十字。

毛諒　南宋初期杭州地區刻工。刻有《毛詩正義》宋紹興九年紹興府刻本。十五行，行二十四至二十六字。《春秋經傳集解》宋刻大字本。十三行，行二十四字。《經典釋文》十一行，行十七字。《廣韻》宋紹興刻本。十行，行二十字。《史記集解》十行，行十九字。《漢書注》十行，十九字。《漢書注》宋紹興江南東路轉運司刻本。九行，行十六字。《編年通載》五行，行十七字。《戰國策注》宋紹興刻本。十一行，行二十字。《白氏六帖事類集》宋刻本。十三行，行二十四、二十五字。《事類賦注》宋紹興十六年兩浙東路茶鹽司刻本。八行，行十四至十六字。

《徐公文集》宋紹興十九年明州刻本。十行，十九字。

《文選注》宋紹興二十八年明州補修本。十行，二十至二十二字。

補版有：

《史記集解》十行，行十六字。

毛諒　南宋中期浙江地區刻工。刻有

《春秋經傳集解》八行，十七字。

毛璋　南宋乾道間刻工。刻有

《苕溪漁隱叢話》後集十一行，二十二字。

毛諫　南宋初期杭州地區刻工。刻有

《毛詩正義》宋紹興九年紹興府刻本。十五行，行二十四至二十五字。

《春秋經傳集解》行款不詳。

《春秋五禮例宗》十一行，行十九至二十四字。

《經典釋文》十一行，行十七字。

《資治通鑑》宋紹興三年兩浙東路茶鹽司刻本。十二行，行二十四字。

《白氏六帖事類集》十三行，行二十四、二

十五字。

《文選注》宋紹興二十八年明州補修本。十行，行二十至二十二字。

《樂府詩集》十三行，行二十三或二十四字。

補版有

《史記集解》十行，行十九字。

《漢書注》十行，行十九字。

毛興祖　南宋中期浙江地區刻工。補版有

《儀禮疏》十五行，行二十七字。

《通典》十五行，行二十五至二十九字。

毛舉大（或署毛季大）南宋淳熙間建德地區刻工。刻有

《通鑑紀事本末》宋淳熙二年嚴陵郡庠刻本。十三行，行二十四或二十五字。

毛龍　南宋中期刻工。刻有

《本草集方》十行，行十六字。

五畫

永之（劉姓）南宋開禧間江西吉安地區刻工。

《周益文忠公集》宋開禧二年刻本。十行，行十六字。

永成（余姓） 南宋嘉定間江蘇地區刻工。刻有《于湖居士文集》宋嘉定刻本。十行，行十六字。

永昌 南宋紹熙間浙江紹興地區刻工。刻有《尚書正義》宋紹熙兩浙東路茶鹽司刻本。八行，行十九字。《春秋公羊傳疏》十五行，行二十三至二十八字。

永寧 南宋紹定間浙江地區刻工。刻有《切韻指掌圖》宋紹定三年越州讀書堂刻本。八行，行字不等。

玄保 南宋後期福建建陽地區刻工。刻有《纂圖互注荀子》宋建陽刻本。十一行，行二十一至二十二字。《慈溪黄氏日抄分類》十行，行二十字。

立成 南宋後期福建建陽地區刻工。刻有《纂圖互注荀子》宋建陽刻本。十一行，行二十一至二十三字。

立山 南宋浙江建德地區刻工。刻有《儀禮疏》十五行，行二十七字。

必文　南宋中期江西九江地區刻工。刻有《自警編》十行，行二十字。

必中（余姓）南宋嘉泰間安徽歙縣地區刻工。《皇朝文鑑》宋嘉泰四年新安郡齋刻本。十行，行十九字。

必成　南宋寶慶間安徽宣城地區刻工。刻有《致堂讀史管見》宋寶慶二年宛陵刻本。十二行，行二十三字。

必昌　南宋咸淳間杭州地區刻工。刻有《咸淳臨安志》宋咸淳臨安府刻本。十行，行二十字。

召一　南宋初期四川眉山地區刻工。刻有《三國志注》宋蜀刻本。十三行，行二十五字。

召才　南宋初期刻工。刻有《南華真經注疏》八行，行十五字。

司英　南宋中期浙江地區刻工。刻有《資治通鑑考異》八行，行二十二字。

正二（宋姓）南宋慶元間四川地區刻工。刻有《太平御覽》宋慶元五年成都府學刻本。十三行，行二十二至二十四字。

正小　北宋杭州地區刻工。刻有

《通典》北宋刻本。十五行，行二十六至三

十一字。

正文　南宋後期杭州地區刻工。刻有

《畫記》宋臨安府陳道人書籍鋪刻本。十一行，

行二十字。

正夫　南宋後期江西地區刻工。刻有

《隋書》九行，行二十字。

正甫　南宋刻工。刻有

《春秋左氏音義》

正侑　南宋中期四川眉山地區刻工。刻有

《新刊經進詳注昌黎先生文集》宋蜀刻本。

十行，行十八字。

正其　南宋中期湖南長沙地區刻工。刻有

《集韻》十行，大小字不等。

正春　南宋寶祐間浙江吳興地區刻工。刻有

《通鑑紀事本末》宋寶祐五年趙與篙刻本。

十一行，行十九字。

正卿　南宋中期福建地區刻工。刻有

《監本附釋音春秋穀梁傳注疏》宋建刻本。十行，行十七字。

正國瑞　杭州地區刻工。刻有《儀禮疏》十五行，行二十七字。

可山　南宋後期浙江地區刻工。補刻有《禮記正義》宋紹熙三年兩浙東路茶鹽司刻宋元遞修本。八行，行十六字。

可官　南宋刻工。刻有《故唐律疏議》九行，行十八字。

甘正　南宋紹興間福州地區刻工。刻有《吴志》宋咸平本。十四行，行二十五字。《天聖廣燈録》宋紹興十八年刻福州開元寺毗盧大藏本。

甘祖　南宋紹興間四川地區刻工。刻有《後山詩注》宋蜀刻本。十三行，行二十四字。

左正　南宋紹熙間四川眉山地區刻工。刻有《東都事略》十二行，行二十四字。

左彦　南宋淳熙間江西撫州地區刻工。刻有《周易注》宋淳熙撫州公使庫刻本。十行，行十六字。

平山　南宋後期刻工（疑元刻工）補版有《說文解字》十行，行二十字。《史記集解》宋紹興淮南路轉運司刻本。九行，行十六字。

古月　南宋中期福建地區刻工。刻有《監本附音春秋公羊注疏》宋福建刻本。十行，行十七字。

本明　南宋紹興間江西地區刻工。刻有《溫國文正司馬公文集》宋紹興刻本。十二行，行二十字。

加程換　南宋中期四川地區刻工。刻有《周禮注》宋蜀刻大字本。八行，行十六字。

北陳　南宋中期杭州地區刻工。補版有《三國志注》宋衢州本。十行，行十九字。《通典》宋紹興刻本。十五行，行二十五至二十八字。

石山　南宋初期浙江地區刻工。刻有《禮記正義》宋紹熙三年兩浙東路茶鹽司刻本。八行，行十六字。《史記集解》十行，行十九字。

《史記集解》宋紹興淮南路轉運司本。九行，行十六字。

石中　南宋乾道間杭州地區刻工。刻有《說文解字》十行，行二十字。

石正　南宋紹興間四川眉山地區刻工。刻有《東都事略》十二行，行二十四字。

石生　南宋紹熙間四川眉山地區刻工。刻有《東都事略》十二行，行二十四字。

石右　南宋紹興間福州地區刻工。刻有《天聖廣燈錄》宋紹興十八年刻福州開寺毗盧大藏本。六行，行十七字。

石成　南宋初期浙江地區刻工。刻有《吳郡圖經續記》九行，行十七至十九字。

石安　南宋紹熙間四川眉山地區刻工。刻有《東都事略》十二行，行二十四字。

石老　南宋紹興間福州地區刻工。刻有《天聖廣燈錄》宋紹興十八年刻福州開元寺毗盧大藏本。六行，行十七字。

石佑一　北宋浙江地區刻工。刻有《大廣益會玉篇》北宋本。十行，行二十字。

石昌　南宋中期浙江地區刻工。刻有
《古史》十一行，行二十二字。
《三國志注》十行，行十九字。
《資治通鑑綱目》八行，行十七字。
《太玄經集注》十行，行十七字。
《愧郯録》宋嘉定郯定刻本。九行，行十七字。
《重校添注音辯唐柳先生文集》九行，十七字。
補版有：
《儀禮疏》十五行，行二十七字。
《經典釋文》十一行，行十七字。
《説文解字》十行，行二十字。
《宋書》、《南齊書》、《魏書》、均九行，行十八字。
《冲虛至德真經》十四行，行二十五至二十七字。
石春　南宋中期江西地區刻工。刻有
《尚書傳》十行，行二十字。
石茂　南宋後期浙江地區刻工。補版有
《國語解》十行，行二十字。
石美棟　北宋杭州地區刻工。刻有

《大廣益會玉篇》十行，行二十字。

石貴 北宋景祐間刻工。刻有
《史記集解》十行，行十九字。
《漢書注》十行，行十九字。

石椿 南宋乾道間福建地區刻工。刻有
《尚書孔傳》宋福建刻本。十行，行二十字。

石增甫 北宋杭州地區刻工。刻有
《大廣益會玉篇》十行，行二十字。

石鼎 南宋中期浙江地區刻工。刻有
《資治通鑑綱目》八行，行十七字。

石贇 南宋中期浙江地區刻工。刻有
《論語注疏解經》宋紹熙兩浙東路茶鹽司刻本。九行，行十六字。
補版有：
《儀禮疏》十五行，行二十七字。
《禮記正義》宋紹熙三年兩浙東路茶鹽司刻宋元遞修本。八行，行十六字。
《後漢書注》宋紹興江南東路轉運司刻本。九行，行十六字。
《宋書》、《周書》、《魏書》均九行，行十八字。

石德潤　南宋後期浙江地區刻工。補版有《春秋左傳正義》宋慶元六年紹興府刻宋元遞修本。八行，行十六字。

玉簡　南宋中期浙江地區刻工。刻有《資治通鑑考異》十行，行二十二字。

世光　南宋中期江西地區刻工。刻有《詩説》九行，行二十二字。

世安　南宋中期湖南地區刻工。刻有《集韻》十行，行大小字不等。

世門　南宋中期湖南地區刻工。刻有《集韻》十行，行大小字不等。

世明　南宋中期湖南地區刻工。刻有《集韻》十行，行大小字不等。

世昌　南宋四川眉山地區刻工。刻有《公羊穀梁》宋刻白文小字本。二十行，行二十七字。

世寧（劉姓）南宋嘉定間安徽地區刻工。刻有《曹子建文集》宋嘉定六年刻本。八行，行十五字。

世榮　南宋中期湖南地區刻工。刻有

《集韻》十行，行大小字不等。

世榮　南宋中期浙江地區刻工。補版有《通典》十五行，行二十五至二十八字。

占朋　南宋寶慶間福建地區刻工。刻有《東漢會要》宋寶慶二年建寧郡齋刻本。十一行，行二十字。

占奉　南宋寶慶間福建地區刻工。刻有《東漢會要》宋寶慶二年建寧郡齋刻本。十一行，行二十字。

占奐　南宋淳熙間江西撫州地區刻工。刻有《周易注》宋撫州公使庫刻遞修本。十行，行十六字。

占慶　南宋中期杭州地區刻工。刻有《宋書》九行，行十八字。

占讓　南宋紹興間浙江地區刻工。刻有《尚書正義》宋兩浙東路茶鹽司刻本。八行行十六至十九字。《禮記正義》宋紹熙兩浙東路茶鹽司刻本。八行，行十四至十六字《周禮疏》宋兩浙東路茶鹽司刻本。八行，行十五至十七字。

《孟子注疏解经》宋嘉泰两浙东路茶盐司刻本。八行，行十六字。

《後漢書注》宋绍興间江南東路轉運司刻本。九行，行十六字。

《宋書》、《魏書》均九行，行十八字。

補版有：

《新唐書》十四行，行二十四至二十七字。

毋必　南宋淳熙间江西地区刻工。刻有

《吕氏家塾讀詩記》宋淳熙江西漕台刻本。九行，行十八、十九字。

毋成　南宋中期四川地区刻工。刻有

《南華真经注》宋蜀中安仁趙諫議宅刻本。九行，行十五字。

毋過　南宋開禧间江西吉安地区刻工。刻有

《周益文忠公集》宋開禧二年刻本。十行，行十六字。

中工　南宋淳祐间刻工。刻有

《程氏遺書》十行，行二十字。

田千　南宋嘉泰间江西吉安地区刻工。刻有

《文苑英華》宋嘉泰元年至四年周必大刻本。

田文　南宋初期刻工。刻有
《春秋經傳集解》宋鶴林于氏家塾棲雲閣刻本。十行，行十六至十九字

田友　南宋慶元間四川地區刻工。刻有
《太平寰宇記》十一行，行二十字。

田中　南宋初期浙江地區刻工。刻有
《資治通鑑》宋紹興三年兩浙東路茶鹽司刻本。十二行，行二十四字。
《杜工部集》十行，行十八至二十一字。

田介　南宋慶元間四川地區刻工。刻有
《太平御覽》宋慶元五年成都府學刻本。十三行，行二十二至二十四字不等。

田丑　南宋慶元間四川地區刻工。刻有
《太平御覽》宋慶元五年成都府學刻本。十三行，行二十二至二十四字。

田正　南宋慶元間四川地區刻工。刻有
《新刊經進詳注昌黎先生文集》十行，行十八字。

田玉　南宋紹熙間四川眉山地區刻工。刻有

《東都事略》十二行，行二十四字。

田立　南宋紹興間杭州地區刻工。刻有《梁書》、《北齊書》《陳書》均九行，行十八字。

删去 ~~田劉　南宋慶元間四川地區刻工。刻有《太平御覽》宋慶元五年成都府學刻本。十二行，行二十二至二十四字。~~

田永　南宋紹興間杭州地區刻工。刻有《梁書》、《陳書》、《魏書》均九行，行十八字。

田召　南宋紹興間杭州地區刻工。刻有《宋書》、《魏書》均九行，行十八字。

田民　南宋慶元間四川地區刻工。刻有《盤洲文集》十行，行二十字。

田行　南宋慶元間四川地區刻工。刻有《盤洲文集》十行，行二十字。

田圭　南宋慶元間四川地區刻工。刻有《太平寰宇記》十一行，行二十字。

田成　南宋慶元間四川地區刻本。刻有《盤洲文集》宋蜀中刻本。十行，行二十字。

田良　南宋中期安徽貴池地區刻工。刻有《晦庵先生朱文公語録》宋池州本。十行，行二十字。

田見　北宋治平間刻工。刻有《類篇》八行，行十六字。

田庚　南宋乾道間江西贛州地區刻工。刻有《豫章黄先生文集》宋乾道贛州州學刻本。九行，行十八字。

田孟　南宋慶元間四川地區刻工。刻有《盤洲文集》十行，行二十字。

田界　南宋慶元間四川地區刻工。刻有《太平御覽》宋慶元五年成都府學刻本。十三行，行二十二至二十四字。

田孝直　南宋中期浙江地區刻本。刻有《三蘇文粹》十行，行十八字。

田孝琮　北宋治平間刻工。刻有《類篇》八行，行十六字。

田祖　南宋慶元間四川地區刻工。刻有《太平寰宇記》十一行，行二十字。《太平御覽》宋慶元五年成都府學刻本。十三行，行二十二至二十四字。

田祖七　南宋慶元间四川地區刻工。刻有
《太平御覽》宋慶元五年成都府學刻本。十
三行，行二十二至二十四字。

田桂　南宋開慶间四川地區刻工。刻有
《六家文選》宋廣都裴宅刻本。十一行，行
十八字。

田時　南宋紹興间杭州地區刻工。刻有
《陳書》九行，行十八字。

田越祖　南宋慶元间四川地區刻工。刻有
《太平御覽》宋慶元五年成都府學刻本。十
三行，行二十二至二十四字。

田欽　南宋中期刻工。刻有
《本草集方》十行，行十六字。

田鳳　南宋慶元间四川地區刻工。刻有
《太平御覽》宋慶元五年成都府學刻本。十
三行，行二十二字至二十四字。

田劉　南宋慶元间四川地區刻工。刻有
《太平御覽》宋慶元五年成都府學刻本。十
三行，行二十二至二十四字。

田龍　南宋慶元间四川地區刻工。刻有

《太平御覽》宋慶元五年成都府學刻本。十三行，行二十二至二十四字。

田繼　南宋慶元间四川地區刻工。刻有

《太平御覽》宋慶元五年成都府學刻本。十行，行二十二至二十四字。

包正（或署包政）南宋初期杭州地區刻工。刻有

《禮記注》十行，行十六、十七字。

《春秋經傳集解》八行，行十七字。

《經典釋文》十一行，行十七字。

《廣韻》南北宋之交十行，行二十字。

《水經注》十行，行二十字。

《事類賦注》宋紹興十六年兩浙東路茶鹽司刻本。八行，行十四至十六字。

《周易正義》宋紹興十五年至二十一年刻本。十五行，行二十六、二十七字。

《毛詩正義》宋紹興九年紹興府刻本。十五行，行二十四至二十六字。

《漢書注》南宋初杭州本。十行，行十九字。

補版有：

《史記集解》北宋刻遞修本。十行，行十九字。

包仲　南宋後期江蘇揚州地區刻工。刻有
《注東坡先生詩》宋嘉泰二年淮東倉曹刻嘉定三年鄭羽補刻本。九行，行十六字。

包孝　南宋淳熙間貴池地區刻工。
《史記集解索隱》宋淳熙三年張杅桐川郡齋刻淳熙八年耿秉補修本。十二行，行二十五字。

包著　南宋紹熙間浙江紹興地區刻工。刻有
《尚書正義》宋紹熙三年兩浙東路茶鹽司刻本。八行，行十九字。

包端　南宋紹興間杭州地區刻工。刻有
《周易注疏》宋兩浙東路茶鹽司刻本。八行，十九字。
《尚書正義》宋兩浙東路茶鹽司刻本。八行，十九字。
《周禮疏》宋兩浙東路茶鹽司刻本。八行，行十五至十七字。
《周易正義》宋紹興十五年至二十一年刻本。十五行，行二十六、二十七字。

《禮記正義》宋紹熙三年兩浙東路茶鹽司刻本。八行，行十六字。

《漢書注》南宋初杭州刻本十行，行十九字。

《宋書》、《梁書》均九行，行十八字。

《中興館閣録》九行，行十八字。

《樂府詩集》十三行，行二十三、二十四字。

《元氏長慶集》十三行，行二十三字。

補版有：

《新唐書》十四行，行二十四至二十七字。

丘大成　南宋淳熙間安徽貴池地區刻工。刻有

《史記集解索隱》宋淳熙三年張杅桐川郡齋刻淳熙八年耿秉補修本。十二行，行二十五字。

丘才　南宋淳熙間江西地區刻工。刻有

《東坡集》十行，行十八字。

《夷堅志》九行，行十八字。

丘仁　南宋嘉泰間湖北黃州地區刻工。刻有

《河南程氏遺書》十一行，行二十字。

丘文　南宋淳熙間刻工。刻有

~~《監本附釋音春秋穀梁傳注疏》宋建本。十行，行十七字。~~

《東坡先生奏議》十行，行十八字。

《河南程氏遺書》十一行，行二十二字。

《夷堅志》建寧本九行十八字。

《東坡集》十行，行十八字。

《文選注》宋贛州州學刻本。九行，行十五字。

丘主　南宋中期江西地區刻工。刻有

《普濟本事方》八行，行十六字。

丘中　南宋乾道間江西地區刻工。刻有

《豫章黃先生文集》宋乾道刻本。九行，行十八字。

丘邵　南宋紹興間建德地區刻工。刻有

《藝文類聚》宋紹興嚴州刻本。十四行，行二十七、二十八字。

丘永　南宋福建地區刻工。刻有

《東漢會要》宋寶慶二年建寧郡齋刻本。十一行，行二十字。

《夷堅志》九行，行十八字。

丘成　南宋乾道間江西地區刻工。刻有

《東坡集》宋乾道八年刻本。十行，行十八字。

丘仲　南宋乾道間江西地區刻工。刻有

《白氏六帖事類集》十三行，行二十四至二十五字。

《豫章黄先生文集》宋乾道刻本。九行，行十八字。

《欒全先生文集》十二行，行二十二字。

丘全　南宋淳熙間安徽貴池地區刻工。刻有

《晉書》宋嘉泰四年至開禧元年秋浦郡齋刻本。九行，行十六字。

《文選注》宋淳熙八年池陽郡齋刻本。十行，行二十一字。

丘甸　南宋紹興間杭州地區刻工。刻有

《史記集解》宋紹興淮南路轉運司刻本。九行，行十六字。

《後漢書注》宋紹興江南東路轉運司刻本。九行，行十六字。

《後漢書注》南宋初杭州刻本。十行，行十九字。

《臨川先生文集》宋紹興二十一浙西轉運司王珏刻本。十二行，行二十字。

丘沂公　南宋寶祐間刻工。刻有

《宋宰輔編年錄》徐居誼本。

丘迪　北宋刻工。刻有

《吳志》宋咸平本。十四行，行二十五字。

丘明　南宋紹興间刻工。刻有

《備急千金要方》十三行，行二十三字。

《温國文正司馬公文集》宋紹興刻本。十二行，行二十字。

丘受　南宋紹興间福州地區刻工。刻有

《經律異相》福州開元寺毗盧大藏本。六行，行十七字。

《天聖廣燈錄》宋紹興十八年刻福州開元寺毗盧大藏本。六行，行十七字。

丘隆　南宋紹熙间四川地區刻工。刻有

《劉夢得文集》十行，行十八字。

丘臻　南宋淳熙间安徽貴池地區刻工。刻有

《史記集解索隱》宋淳熙三年張杅桐川郡齋刻淳熙八年耿秉修補本。十二行，行二十五字。

丘華　南宋乾道间福建長汀地區刻工。刻有

《錢塘韋先生文集》宋乾道臨汀刻本。十行，行二十字。

丘舉之　南宋紹興間杭州地區刻工。刻有《宋書》、《梁書》、《北齊書》、《周書》均九行，行十八字。

付才　北宋咸平間刻工。刻有《吳志》宋咸平刻南宋修本。十四行，行二十五字。

付上　南宋淳祐間浙江地區刻工。刻有《晦庵先生文集》宋淳祐五年刻本。十行，行十九字。

付中　南宋紹興間福州地區刻工。刻有《儀禮疏》十五行，行二十七字。

《續高僧傳》宋紹興十八年刻福州開元寺毗盧藏本。

《天聖廣燈録》宋紹興十八年刻福州開元寺毗盧大藏本。六行，行十七字。

付立　南宋初期刻工。刻有《吳志》宋咸平刻南宋修本。十四行，行二十五字。

《天聖廣燈録》宋紹興十八年刻福州開元寺

毗盧大藏本。六行，行十七字。

付及　南宋初期刻工。刻有

《吴志》宋咸平刻南宋修本。十四行，行二十五字。

《重廣補注黄帝内經素問》十行，行二十字。

《續高僧傳》宋紹興十八年刻福州開元寺毗盧大藏本。六行，行十七字。

付成　南宋淳熙間江西地區刻工。刻有

《吕氏家塾讀詩記》宋淳熙九年江西漕台刻。九行，行十八、十九字。

《夷堅志》宋建寧本。九行，行十八字。

付安貝　南宋後期江西地區刻工。刻有

《慈溪黄氏日鈔分類》十行，行二十字。

付仲名　南宋後期江西地區刻工。刻有

《慈溪黄氏日鈔分類》十行，行二十字。

付言　南宋紹興間福州地區刻工。刻有

《重廣補注黄帝内經素問》十行，行二十字。

《天聖廣燈録》宋紹興十八年刻福州開元寺毗盧大藏本。六行，行十七字。

《續高僧傳》宋紹興十八年刻福州開元寺毗

盧大藏本。六行，行十七字。

付芳　南宋淳祐間浙江地區刻工。刻有《晦庵先生文集》宋淳祐五年刻本。十行，行十九字。

付宥　南宋初期刻工。刻有《吳志》宋咸平刻南宋修本。十四行，行二十五字。

付彥成　南宋中期江西地區刻工。刻有《慈溪黃氏日鈔分類》十行，行二十字。

付資　南宋後期江西地區刻工。刻有《慈溪黃氏日鈔分類》十行，行二十字。

禾真　南宋初期杭州地區刻工。刻有《漢書注》北宋刻遞修本。十行，行十九字。

禾九（單姓）南宋慶元間四川地區刻工。刻有《太平御覽》宋慶元五年成都府學刻本。十三行，行二十二至二十四字。

仝一　南宋中期刻工。刻有《龍川志略》十一行，行二十二、二十三字。

用得　南宋淳祐間福州地區刻工。刻有《國朝諸臣奏議》宋淳祐十年史季溫刻本。

十一行，行二十三字。

幼敏　南宋中期福建地區刻工。刻有《資治通鑑》十一行，行二十一字。

史天保　南宋淳熙間刻工。刻有《皇朝仕學規範》十二行，行二十五字。

史永　南宋嘉泰間刻工。刻有《麗澤論説集錄》宋嘉泰四年呂喬年刻本。十行，行二十字。《東萊呂太史文集》宋嘉泰四年呂喬年刻本。十行，行二十字。

史丙　南宋慶元間四川眉山地區刻工。刻有《太平御覽》宋慶元五年成都府學刻本。十三行，行二十二至二十四字。《新刊經進詳注昌黎先生文集》十行，行十八字。《新刊增廣百家詳補注唐柳先生集》十行，行十八字。

史正　南宋紹熙間四川眉山地區刻工。刻有《東都事略》十二行，行二十四字。

史亨　北宋治平間刻工。刻有

《類篇》八行，行十六字。

史志　南宋紹興間杭州地區刻工。刻有《魏書》九行，行十八字。

史忠　南宋紹興間杭州地區刻工。刻有《宋書》、《陳書》、《魏書》九行，十八字。

史祖　南宋寶祐間浙江吳興地區刻工。刻有《論語纂疏》九行，行二十字。《通鑑紀事本末》宋寶祐五年趙與篡刻本。十一行，行二十字。

史彥　南宋紹興間浙江地區刻工。刻有《集韻》十一行，行二十字。《資治通鑑》宋紹興三年兩浙東路茶鹽司刻本。十二行，行二十四字。《資治通鑑目錄》宋紹興二年兩浙東路茶鹽司刻本。行字不定。序八行，行十七、十八字。《杜工部集》宋建康府學刻本。十行，行二十字。

補版有：

《史記集解》北宋刻遞修本。十行，十九字。

史郎　北宋嘉祐间刻工。刻有

《新唐書》十四行，行二十三至二十六字。

史俊　南宋绍定间浙江吴興地區刻工。刻有

《吴郡志》宋绍定二年刻本。九行，行十八字。

史祥　南宋绍興间杭州地區刻工。刻有

《管子注》十二行，行二十二至二十五字。

《臨川先生文集》宋绍興二十一年兩浙西路轉運司王珏刻本。十二行，行二十字。

史得　南宋绍興间福州地區刻工。刻有

《天聖廣燈録》宋绍興十八年刻福州開元寺毗盧大藏本。六行，行十七字。

史智　北宋治平間刻工。刻有

《類篇》八行，行十六字。

史儀　南宋嘉定间浙江地區刻工。刻有

《北磵詩集》十四行，行二十四字。

六畫

江八三　南宋慶元间刻工。刻有

《四朝名臣言行録》十一行，行二十一字。

江三　南宋慶元间刻工。刻有

《四朝名臣言行録》十一行，行二十一字。

江才　南宋淳祐间福州地區刻工。刻有《國朝諸臣奏議》宋淳祐十年史季温福州刻本。十一行，行二十三字。

江才　南宋嘉泰间安徽歙縣地區刻工。刻有《皇朝文鑑》宋嘉泰四年新安郡斋刻本。十行十九字。

江五　南宋淳熙间江西地區刻工。刻有《吕氏家塾讀詩記》宋淳熙九年江西漕台刻本。九行，行十九字。

江子明　南宋後期江西吉安地區刻工。刻有《慈溪黄氏日鈔分類》十行，行二十字。

江文　南宋紹興间浙江紹興地區刻工。刻有《舊唐書》宋兩浙東路茶鹽司刻本。十四行，行二十五字。

江文　南宋淳熙间江西地區刻工。刻有《吕氏家塾讀詩記》九行，行十九字。

江文　南宋嘉定间福建地區刻工。刻有《育德堂集》宋嘉定建寧蔡氏家刻本。九行，行十八字。

《資治通鑑綱目》宋嘉定十二年温陵郡斋刻本。八行，十七字。

江文清　南宋後期浙江金華地區刻工。刻有《新刊山先生章宮講考索》南宋金華地刻本。十三行，行二十四字。

江太　南宋紹興間浙江衢州地區刻工。刻有《三國志注》宋衢州本。十行，行十九字。

江友　南宋中期江西地區刻工。刻有《東坡集》十行，行十八字。

江仁　南宋嘉泰間安徽歙縣地區刻工。刻有《皇朝文鑑》宋嘉泰四年新安郡斋刻本。十行，行十九字。

江正　南宋中期四川眉山地區刻工。刻有《東都事略》十二行，行二十四字。

江正　南宋嘉定間福建地區刻工。刻有《育德堂奏議》九行，行十八字。

江民　北宋景祐間刻工。刻有《儀禮疏》十五行，行二十七字。

江玉　南宋嘉定間江西吉安地區刻工。刻有《漢書集注》宋嘉定十七年白鷺洲書院刻本。八行，行十六字。

江用　南宋初期浙江地區刻工。刻有《參寥子詩集》十二行，行二十四字。

江成　南宋乾道間福建地區刻工。刻有《周禮注》宋乾道建陽刻本。十行，行十九字。

江同　南宋後期江西地區刻工。刻有《慈溪黄氏日鈔分類》十行，行二十字。

江仲　北宋景祐間刻工。刻有《儀禮疏》十五行，行二十七字。

江全　南宋紹興間浙江地區刻工。刻有《國語解》宋刻元明遞修本。十行，行二十字。

江全　南宋慶元間江西吉安地區刻工。刻有《文苑英華》宋嘉泰元年至四年周必大刻本。十三行，行二十二字。《周益文忠公全集》宋開禧二年刻本。十行，行十六字。

江仲　北宋景祐間刻工。刻有《儀禮疏》十五行，行二十七字。

江佐　南宋嘉定間江西吉安地區刻工。刻有《漢書集注》宋嘉定十七年白鷺洲書院刻本。

八行，行十六字。

江京　南宋嘉定间福建建瓯地区刻工。刻有《育德堂集》宋嘉定间建宁蔡氏家刻本。九行，行十八字。

江定夫　南宋庆元间江西南昌地区刻工。刻有《春秋传》宋乾道四年刻庆元五年黄汝嘉修补本。

江坦　南宋淳熙间江西抚州地区刻工。《春秋经传集解》宋抚州公使刻。十行，行十六字。《春秋公羊经传解诂》宋淳熙抚州刻绍熙四年重修本。十行，行十六字。

江忠（或署江中）南宋绍兴间福建地区刻工。刻有《资治通鉴》十一行，行二十一字。

江忠　南宋淳熙间江西地区刻工。刻有《五朝名臣言行录》十行，行十七字。

江忠　南宋初期浙江地区刻工。刻有《仪礼疏》十五行，行二十七字。

江茂　南宋绍兴间福州地区刻工。刻有《天圣广灯录》宋绍兴十八年刻福州开元寺毗卢大藏本。

江受　北宋咸平间刻工。刻有《吴志》十四行，行二十五字。

江亮　南宋绍興间江西赣州地區刻工。刻有《古靈先生文集》宋绍興赣州刻本。十行，行十八字。

江亮　南宋嘉泰间安徽歙縣地區刻工。刻有~~十行，行十九~~《皇朝文鑑》宋嘉泰四年新安郡斋刻本。十行，行十九字。《國朝諸臣奏議》宋淳祐十年史季温刻本。十行，行十八字。

江彦　南宋绍興间浙江地區刻工。刻有《參寥子詩集》十二行，行二十四字。

江慶　南宋慶元间江西吉安地區刻工。刻有《周益文忠公全集》宋開禧二年刻本。十行，行十六字。

江浩　南宋淳熙间浙江建德地區刻工。刻有《通鑑紀事本末》宋淳熙二年嚴陵郡庠刻本。十三行，行二十四字或二十五字。《南軒先生文集》十行，行十七字。（嚴州本）

江政　南宋初期浙江地區刻工。刻有

《爾雅注》十行，行二十字。

《資治通鑑》宋紹興三年兩浙東路茶鹽司刻本。十二行，行二十四字。

《資治通鑑目録》宋紹興二年兩浙東路茶鹽司刻本。行字不等。

《文選注》宋紹興二十八年明州補修本。十二行，行二十四字。

江垕　南宋後期江西吉安地區刻工。刻有

《慈溪黄氏日鈔分類》十行，行二十字。

江泉　南宋紹興間浙江建德地區刻工。刻有

《國語解》十行，行二十字。

《世説新語》宋紹興八年嚴州董棻刻本。十行，行二十字。

《劉賓客文集》宋紹興八年嚴州刻本。十三行，行二十二字。

《臨川先生文集》宋紹興二十一年兩浙西路轉運司王珏刻本。十二行，行二十字。

江俊　南宋紹興間福州地區刻工。刻有

《續高僧傳》宋紹興十八年刻福州開元寺毗盧大藏本。六行，行十七字。

《天聖廣燈錄》宋紹興十八年刻福州開元寺
毗盧大藏本。六行，行十七字
江孫 南宋寶祐間福建地區刻工。刻有
《東漢會要》宋寶慶二年建寧郡齋刻本。十
一行，行二十字。
江孫 南宋後期浙江地區刻工。補版有
《國語解》十行，行二十字。
《劉賓客文集》宋紹興八年嚴州刻本。十三
行，行二十二字。
江清（或署江青）南宋紹興浙江地區刻工。
《大唐六典注》宋紹興四年溫州州學刻本。
十行，行二十字。
《重校證活人書》南宋初刻本。十行，行十
九字。
《增廣司馬溫公全集》南宋初刻本。十二行，
行二十字。
《王文公文集》宋紹興龍舒本。十行，行十
七字。
江淮 南宋淳熙間浙江建德地區刻工。刻有
《通鑑紀事本末》宋淳熙二年嚴陵郡庠刻本。

十三行，行二十四字。

江淳 南宋淳熙间江西地区刻工。刻有

《孟東野詩集》十一行，行十六字。

江聖 南宋淳熙间江西地区刻工。刻有

《周易注》宋淳熙撫州公使庫刻本。十行，

行十六字。

《呂氏家塾讀詩記》宋淳熙九年江西漕台刻

本。九行，行十九字。

《禮記注》宋淳熙四年撫州公使庫本。十行，

行十六字。

《春秋經傳集解》宋撫州公使庫刻本。十行，

行十六字。

《春秋公羊經傳解詁》宋淳熙撫州公使庫刻

紹熙四年重修本。十行，行十六字。

《孟東野詩集》十一行，行十六字。

《樂全先生文集》十二行，行二十二字。

江陵 南宋淳熙间江西地区刻工。刻有

《呂氏家塾讀詩記》宋淳熙九年江西漕台刻

本。九行，行十九字。

《五朝名臣言行錄》宋淳熙刻本。十行，行

十七字

《唐王右丞文集》南宋初刻小字本。十一行，行二十字。

《孟東野詩集》十一行，行十六字。

江通　南宋紹興间浙江紹興地區刻工。刻有

《毛詩正義》宋紹興九年紹興府刻本。十五行，行二十四至二十六字。

《爾雅注》十行，行二十字。

《舊唐書》宋紹興兩浙東路茶鹽司刻本。十四行，行二十四至二十七字。

《資治通鑑目錄》宋紹興二年兩浙東路茶鹽司刻本。行字不定。

《資治通鑑》宋紹興三年兩浙東路茶鹽司刻本。十二行，行二十四字。

《外臺秘要》宋紹興兩浙東路茶鹽司刻本。十三行，行二十三、二十四字。

《文選注》宋紹興二十八年明州修補本。十行，行二十至二十二字。

補版有：

《史記集解》北宋刻遞修本。十行，行十九字。

江通　南宋淳熙间江西撫州地區刻工。刻有《禮記注》宋淳熙四年撫州公使庫刻本。十行，行十六字。《吕氏家塾讀詩記》宋淳熙九年江西漕台刻本。九行，行十九字。

江彬　南宋淳熙间浙江建德地區刻工。刻有《通鑑紀事本末》宋淳熙二年嚴陵郡庠刻本。十三行，行二十四或二十五字。

江祥　南宋淳祐间福州地區刻工。刻有《陶靖節先生詩注》宋淳祐元年湯漢注刻本。七行，行十五字。

江國昌　南宋淳熙间江西撫州地區刻工。刻有《禮記注》宋淳熙四年撫州公使庫刻本。十行，行十六字。

江童　南宋後期江西吉安地區刻工。刻有《慈溪黄氏日鈔分類》十行，行二十字。

江雲　南宋嘉定间江西吉安地區刻工。刻有《漢書集注》宋嘉定十七年白鷺洲書院刻本。八行，行十六字。

江發　南宋淳熙间江西地區刻工。刻有

《漢隸字源》附碑目宋嘉定五年刻。五行，碑目九行，行十九字。
《孟東野詩集》十一行，行十六字。

江遜　南宋慶元间江西吉安地區刻工。刻有
《歐陽文忠公集》宋慶元二年周必大刻本。十行，行十六字。

江漢　南宋淳熙間刻工。刻有
《漢書集注》宋嘉定十七年白鷺洲書院刻本。八行，行十六字。
《春秋左傳正義》宋慶元六年紹興府刻本。八行，行十六字。
《通鑑紀事本末》宋淳熙二年嚴陵郡庠刻本。十三行，行二十四或二十五字。
《本草衍義》宋淳熙十二年江西轉運司刻慶元元年重修本。十一行，行二十一字。
《南華真經注》（湖北本）十行，行十五字。
《南軒先生文集》（嚴州）十行，行十七字。

江遒　南宋初期刻工。補版有
《史記集解》北宋刻遞修本。十行，行十九字。

江瑞　南宋慶元间刻工。刻有

《四朝名臣言行録》十一行，行二十一字。

江梓　南宋淳熙間浙江建德地區刻工。刻有《通鑑紀事本末》宋淳熙二年嚴陵郡庠刻本。十三行，行二十四或二十五字。

江暉　南宋淳熙間浙江建德地區刻工。刻有《通鑑紀事本末》宋淳熙二年嚴陵郡庠刻本。十三行，行二十四、二十五字。

江祥　南宋後期杭州地區刻工。刻有《咸淳臨安志》宋咸淳臨安府刻本。十行，行二十字。

江榮　南宋中期福建地區刻工。刻有《河南程氏遺書》八行，行十四字。

江僧　南宋淳祐間刻工。刻有《河南程氏經説》十一行，行二十二字。《河南程氏遺書》十一行，行二十二字。

江德　南宋嘉定福建甌地區刻工。刻有《育德堂奏議》宋嘉定建寧府刻本。九行，行十八字。

江潮　南宋淳熙間江西地區刻工。刻有《呂氏家塾讀詩記》宋淳熙九年江西漕台刻本。九行，行十八字。

江濤　南宋绍定间浙江地区刻工。刻有

《重廣補注黄帝内經素問》十行，行二十字。

安上（余姓）南宋嘉泰间安徽歙縣地区刻工。

《皇朝文鑑》宋嘉泰四年新安郡齋刻本。十

行，行十九字。

安中　南宋嘉泰间安徽歙縣地区刻工。刻有

《皇朝文鑑》宋嘉泰四年新安郡齋刻本。十

行，行十九字。

安茂　南宋淳祐间安徽歙縣地区刻工。刻有

《周易要義》宋淳祐十二年魏克愚刻本。九

行，行十八字。

《儀禮要義》宋淳祐十二年魏克愚刻本。九

行，行十八字。

《禮記要義》宋淳祐十二年魏克愚刻本。九

行，行十八字。

安明　北宋景祐间刻工。刻有

《史記集解》北宋刻遞修本。十行，行十九字。

安忠　南宋嘉泰间安徽歙縣地区刻工。刻有

《皇朝文鑑》宋嘉泰四年新安郡齋刻本。十

行，行十九字。

安國（高姓）南宋淳熙間江西撫州地區刻工。

《春秋公羊傳解詁》宋淳熙撫州公使庫刻紹熙四年重修本。十行，行十六字。

安鄉　南宋中期福建地區刻工。刻有

《監本附音春秋公羊注疏》宋福建刻本。十行，行十七字。

《監本附釋音春秋穀梁注疏》宋福建刻本。十行，行十七字。

安許　北宋末刻工。刻有

《禮部韻略》北宋末年刻本。十一行，

安富　南宋淳熙間江西撫州地區刻工。刻有

《周易注》宋淳熙撫州公使庫刻本。十行，行十六字。

《禮記注》宋淳熙四年撫州公使庫刻本。十行，行十六字。

《春秋公羊經傳解詁》宋淳熙撫州公使庫刻紹熙四年重修本。

《侍郎葛公歸愚集》十二行，行二十二字。

安禮　南宋淳熙間江西地區刻工。刻有

《呂氏家塾讀詩記》宋淳熙九年江西漕台刻本。九行，行十九字。

汝朱　南宋紹興間浙江紹興地區刻工。刻有
《尚書正義》宋紹興三年兩浙東路茶鹽司刻本。八行，行十九字。

汝能（或署汝臣）南宋淳祐間安徽歙縣地區刻工。
《周易要義》宋淳祐十二年魏克愚刻本。九行，行十八字。
《儀禮要義》宋淳祐十二年魏克愚刻本。九行，行十八字。
《禮記要義》宋淳祐十二年魏克愚刻本。九行，行十八字。

汝善　南宋中期江西地區刻工。刻有
《唐書》十行，行十九字。
《五代史記》宋慶元五年刻本。

汝敬　南宋後期江西地區刻工。刻有
《慈溪黄氏日鈔分類》十行，行二十字。

沖可　南宋後期江西地區刻工。刻有
《隋書》九行，行二十字，少或十九，多至二十二字。

次升　南宋嘉定間福建建甌地區刻工。刻有《育德堂集》宋嘉定蔡氏家刻本。九行，行十八字。

次生　南宋嘉定間福建建甌地區刻工。刻有《育德堂奏議》宋嘉定建寧府刻本。九行，行十八字。

羊青之　南宋後期南京地區刻工。補刻有《史記集解》宋紹興淮南路轉運司刻本。九行，行十六字。

羊思（同楊思）　南宋紹興間浙江建德刻工。刻有《劉賓客文集》宋紹興八年嚴州刻本。十三行，行二十二字。

吉一　南宋嘉泰間山西臨汾地區刻工。刻有《尚書注疏》金刻本。十三行，行二十六至二十九字。《重修政和經史證類本草》十一行，行二十、二十一字。

吉父　南宋嘉定間刻工。刻有《儀禮經傳通解續》宋嘉定十年南康道院刻本。七行，行十五字。

《東坡先生後集》（湖北黃岡）十行，行十六字。
《東坡先生續集》宋淳祐刻本。七行，行十五字。

吉堯　南宋紹興間南京地區刻工。刻有
《後漢書注》宋紹興江南東路轉運司刻本。九行，行十六字。

吉甫　南宋後期福建地區刻工。刻有
《資治通鑑》南宋末年刻大字本。十一行，行二十一字。
補版有：
《後漢書注》宋紹興江南東路轉運司刻。九行，行十六字。

吉季清　南宋淳祐間安徽歙縣地區刻工。刻有
《儀禮要義》宋淳祐十二年魏克愚刻本。九行，行十八字。

吉泰　南宋紹興間南京地區刻工。刻有
《漢書注》宋紹興江南路轉運司刻本。九行，行十六字。

吉榮　南宋端平間江西地區刻工。刻有
《春秋集注》宋端平二年臨江軍學刻本。十

行，行十八字。

成一（任姓）南宋慶元間四川地區刻工。刻有《太平御覽》宋慶元五年成都府學刻本。十三行，行二十二至二十四字。

成之 南宋初期江西贛州刻工。刻有《文選注》宋贛州州學刻本。九行，行十五字。

成之（阮姓）南宋嘉泰間安徽歙縣地區刻工。刻有《皇朝文鑑》宋嘉泰四年新安郡齋刻本。十行，行十九字。

成生 南宋紹熙間四川眉山地區刻工。刻有《東都事略》十二行，行二十四字。

成珉 南宋景定間江蘇揚州地區刻工。刻有《注東坡先生詩》宋嘉泰二年淮東倉曹刻景定三年鄭羽補刻本。九行，行十六字。

成信 南宋乾道間江西地區刻工。刻有《王右丞文集》十一行，行二十字。

成通 南宋紹興間杭州地區刻工。刻有《國語解》十行，行二十字。

成畢 南宋淳熙間安徽貴池地區刻工。刻有《晉書》宋嘉泰四年至開禧元年秋浦郡齋刻本。九行，行十六字。

成華　南宋嘉泰間安徽貴池地區刻工。刻有《晉書》宋嘉泰四年至開禧元年秋浦郡齋刻本。九行，行十六字。

成戩　南宋咸淳間杭州地區刻工。刻有《咸淳臨安志》宋咸淳臨安府刻本。

百初　南宋中期浙江地區刻工。刻有《涵邊集》八行，行十四字。

共文　南宋寶慶間福建地區刻工。刻有《東漢會要》宋寶慶二年建寧郡齋刻本。十一行，行二十字。

共文（同龔文）南宋淳祐間浙江地區刻工。《晦庵先生文集》宋淳祐五年刻本。十行，行十九字。

共友　南宋嘉定間福建泉州地區刻工。刻有《資治通鑑綱目》宋嘉定十二年溫陵郡齋刻本。八行，行十七字。

共支　南宋嘉泰間安徽歙縣地區刻工。刻有《皇朝文鑑》宋嘉泰四年新安郡齋刻本。十行，行十九字。

共生　南宋嘉定間福建建甌地區刻工。刻有
《育德堂奏議》宋嘉定建寧府刻本。九行，
行十八字。
《育德堂集》宋蔡氏家刻本。九行，行十八字。
老子章　南宋淳祐間安徽歙縣刻工。刻有
《儀禮要義》宋淳祐十二年魏克愚刻本。九
行，行十八字。
老斤　南宋中期四川地區刻工。刻有
《周禮注》宋蜀刻本。八行，行十二字。
有成　南宋淳祐間安徽歙縣地區刻工。刻有
《周易要義》宋淳祐十二年魏克愚刻本。九
行，行十八字。
《儀禮要義》宋淳祐十二年魏克愚刻本。九
行，行十八字。
《禮記要義》宋淳祐十二年魏克愚刻本。九
行，行十八字。
同甫　南宋咸淳間杭州地區刻工。刻有
《河東先生集》宋咸淳廖氏世綵堂刻本。九
行，行十七字。
同甫仁　南宋咸淳間杭州地區刻工。刻有

《昌黎先生集》宋咸淳间廖氏世綵堂刻本。
九行，行十七字。
同葛　南宋中期杭州地区刻工。刻有
《唐鑑》十二行，行二十三字。
曲訢　南宋绍興江苏地区间刻工。刻有
《鲍氏集》十行，行十六字。
《淮海集》宋乾道九年高郵军学刻绍熙三年
謝雩重修本。十行，行二十一至二十四字。
朱大存　南宋中期刻工。刻有
《皇朝文鑑》宋嘉泰四年新安郡斋刻本。十
行，行十九字。
補版有：
《史記集解》宋绍興淮南路轉運司刻本。九
行，行十六字。
《新唐書》十四行，行二十四至二十七字。
朱大成　南宋嘉定间湖北武昌地区刻工。刻有
《春秋經傳集解》宋嘉定九年興國軍學刻本。
八行，行十七至十九字。
朱才　南宋初期江西九江地区刻工。刻有
《輿地廣記》宋九江郡斋刻嘉泰四年淳祐十

年修本。

朱士行　南宋中期福建地區刻工。刻有《資治通鑑》十一行，行二十一字。

朱子文　南宋紹熙間浙江紹興地區刻工。刻有《禮記正義》宋紹熙三年兩浙東路茶鹽司刻本。八行，行十六字。《周禮疏》宋兩浙東路茶鹽司刻本。八行，行十五至十七字。

朱子先　南宋紹興間杭州地區刻工。刻有《魏書》九行，行十八字。

朱子壽　南宋中期杭州地區刻工。補刻有《宋書》、《魏書》九行，行十八字。

朱六　南宋紹興間浙江地區刻工。刻有《春秋左傳正義》宋慶元六年紹興府刻本。八行，行十六字。《漢書注》宋紹興江南東路轉運司刻本。九行，行十六字。《後漢書注》宋紹興江南東路轉運司刻本。九行，行十六字。《漢書注》南宋初杭州刻本。十行，行十九字。

《後漢書注》南宋初杭州刻本。十行，行十九字。

《宋書》、《南齊書》、《魏書》、《陳書》均九行，行十八字。

《國語解》十行，行二十字。

補刻有：

《儀禮疏》十五行，行二十七字。

朱文　南宋乾道間安徽當塗地區刻工。刻有

《兩漢博聞》宋乾道八年胡元質姑孰郡齋刻本。十行，行十九字。

朱文　南宋嘉定間福建地區刻工。刻有

《資治通鑑綱目》宋嘉定十二年温陵郡齋刻本。八行，行十七字。

《資治通鑑綱目》宋浙刻大字本。八行，行十七字。

朱文　南宋後期浙江地區刻工。刻有

《磧砂藏》每開六行，行十七字。

《義豐文集》宋淳祐三年王旦刻本。

補刻有：

《宋書》、《魏書》。均九行，行十八字。

《禮記正義》宋紹熙三年兩浙茶鹽司刻本。八行，行十六字。

朱文妙　南宋後期刻工。刻有

《磧砂藏》每開六行，行十七字。

朱文貴　南宋紹興間浙江地區刻工。刻有

《史記集解索隱》宋淳熙三年張杅桐川郡齋刻淳熙八年耿秉補刻本。十二行，行二十五字。

《中興館閣錄》九行，行十八字。

《文選注》宋紹興二十八年明州補修本。十行，行二十至二十二字。

朱元　南宋中期杭州地區刻工。補刻有

、《魏書》九行，行十八字。

朱允升　南宋紹熙間浙江紹興地區刻工。刻有

《周禮疏》宋兩浙東路茶鹽司刻本。八行，行十五至十七字。

朱正　南宋紹熙間四川眉山地區刻工。刻有

《東都事略》十二行，行二十四字。

朱正　南宋嘉泰間江西地區刻工。刻有

《輿地廣記》宋九江郡齋刊嘉泰四年淳祐十年修本。十三行，行二十四字。

《于湖居士集》宋嘉泰元年刻本。十行，行十六字。

朱正義　南宋後期蘇州地區刻工。刻有《磧砂藏》每開六行，行十七字。

朱右　南宋紹興間杭州地區刻工。刻有《陳書》九行，行十八字。

朱生　南宋淳熙間江西撫州地區刻工。刻有《經典釋文》宋淳熙四年撫州公使庫刻本。十行，行十九、二十字。

朱永　南宋紹熙間四川眉山地區刻工。刻有《東都事略》十二行，行二十四字。

朱充　南宋紹興間杭州地區刻工。刻有《周禮疏》宋兩浙東路茶鹽司刻本。八行，十五至十七字。

《春秋公羊疏》宋紹興間刻本。十五行，行二十三至二十八字。

《南齊書》、《梁書》、《陳書》、《魏書》、《北齊書》、《周書》，均九行，行十八字。

宋回　南宋紹興間杭州地區刻工。刻有

《尚書正義》十五行，行二十四字。

《集韻》明州本。十一行，行二十三字。

《唐書》宋紹興兩浙東路茶鹽司刻本。十四行，行十四至二十七字。

《白氏六帖事類集》十三行，行二十四至二十七字。

《文選注》宋紹興二十八年明州補修本。十行，行二十至二十二字。

宋芝　南宋中期江西地區刻工。刻有

《輿地廣記》宋九江郡齋刻嘉泰四年淳祐十年修本。十三行，行二十四字。

宋池　南宋初期浙江地區刻工。刻有

《通典》宋紹興刻本。十五行，行二十五至二十九字。

宋安明　南宋紹興間杭州地區刻工。刻有

《後漢書注》宋紹興江南東路茶鹽司刻本。九行，行十六字。

《後漢書注》南宋初年杭州刻本。十行，行十九字。

朱辛 南宋淳熙間安徽貴池地區刻工。刻有《文選注》宋淳熙三年張杅桐川郡齋刻淳熙八年耿秉修補本。

朱言 南宋紹興間浙江地區刻工。刻有《通典》宋紹興刻本。十五行，行二十五至二十九字。《梁書》、《陳書》、《魏書》。均九行，行十八字。《唐書直筆》十四行，行二十五字。《唐書直筆新例》十四行，行二十五字。

朱初 南宋紹興間杭州地區刻工。刻有《樂府詩集》宋紹興刻本。十三行，行二十三、二十四字。

朱阮 南宋淳祐間浙江寧波地區刻工。刻有《攻媿先生文集》宋四明樓氏家刻本。十行，行十八字。

朱玩 南宋中期浙江地區刻工。刻有《春秋左傳正義》宋慶元六年紹興府刻本。八行，行二十二字。《大廣益會玉篇》十行，行字不等。

《廣韻》十行，行二十字。

《資治通鑑綱目》八行，行十七字。

《律》附音義九行，行十八字。

《歷代故事》宋嘉定刻本。八行，行十六字。

《揚子法言》十行，行十八字。

補刻有：

《古史》十一行，行二十二字。

《後漢書注》宋紹興江南東路轉運司刻遞修本。九行，行十六字。

《宋書》、《南齊書》、《梁書》、《魏書》、《北齊書》。均九行，行十八字。

《沖虚至德真經》十四行，行二十五至二十六字。

朱林　南宋紹興間浙江寧波地區刻工。刻有

《文選注》宋刻紹興二十八年明州修補本。十行，行二十至二十二字。

朱坦　南宋初期浙江地區刻工。刻有

《宗門統要集》宋淳熙刻本。十行，行十九、二十字。

《陶淵明集》十行，行十六字。

朱咏　南宋嘉泰间浙江绍興地區刻工。刻有
《孟子注疏解经》宋嘉泰两浙東路茶盐司刻
本。八行，行十六字。

朱明　南宋初期杭州地區刻工。刻有
《周易注疏》宋绍熙两浙東路茶盐司刻本。
八行，行十九字。
《尚書正義》宋绍熙三年两浙東路茶盐司刻
本。八行，行十九字。
《周禮疏》宋两浙東路茶盐司刻本。八行，
行十五至十七字。
《春秋五禮例宗》十一行，行十九至二十四
字。
《史記集解》宋绍興淮南路轉運司刻本。九
行，行十六字。
《後漢書注》南宋初年杭州刻本。十行，行
十九字。
《後漢書注》宋绍興江南東路轉運司刻本。
九行，行十六字。
《漢書集注》宋嘉定十七年白鹭洲書院刻本。
八行，行十六字。

《唐書》宋绍興兩浙東路茶盐司本。十四行，行二十五字。

《通鑑纪事本末》宋淳熙二年嚴陵郡庠刻本。十三行，行二十四或二十五字。

《戰国策注》宋绍興刻本。十一行，行二十字。

《通典》宋绍興刻本。十五行，行二十五至二十九字。

《外臺秘要》宋绍興兩浙東路茶盐司刻本。十三行，行二十四或二十五字。

《北山小集》十行，行二十字。

《東坡集》宋乾道刻本。十行，行二十字。

《樂府詩集》宋绍興刻本。十三行，行二十三或二十四字。

補刻有：

《儀禮疏》十五行，行二十七字。

朱廸　北宋景祐間刻工。刻有

《儀禮疏》十五行，行二十七字。

朱周　南宋绍興間浙江绍興地區刻工。刻有

《禮記正義》宋绍熙三年兩浙東路茶盐司刻本。八行，行十六字。

朱京 南宋淳熙间江西撫州地區刻工。刻有

《周易注》宋绍熙撫州公使庫刻本。十行，行十六字。

朱宗 北宋景祐间刻工。刻有

《史記集解》北宋刻遞修本。十行，行十九字。

《漢書注》北宋刻遞修本。十行，行十九字。

朱春 南宋中期浙江地區刻工。刻有

《桯史》九行，行十七字。

《愧郯録》宋嘉定刻本。九行，行十七字。

《重校添注音辯唐柳先生文集》九行，行十七字。

補刻有：

《禮記正義》宋绍熙三年兩浙東路茶鹽司刻本。八行，行十六字。

《經典釋文》十一行，行十七字。

《南齊書》、《陳書》、《魏書》。均九行，行十八字。

朱春 南宋湖南長沙地區刻工。刻有

《集韻》十行，小字雙行二十九至三十一字。

朱奎 南宋绍熙间四川眉山地區刻工。刻有

《東都事略》十二行，行二十四字。

朱阿石　南宋慶元间四川地區刻工。刻有

《太平御覽》宋慶元五年成都府學刻本。十三行，行二十二至二十四字。

朱保　北宋景祐间刻工。刻有

《史記集解》北宋刻遞修本。十行，行十九字。

《漢書注》北宋刻遞修本。十行，行十九字。

朱保　南宋紹定间浙江地區刻工。刻有

《重廣補注黄帝內經素問》十行，行二十字。

朱信　北宋嘉祐间刻工。刻有

《唐書直筆新例》十四行，行二十五字。

朱信　南宋乾道间江西地區刻工。刻有

《龍川志略》十一行，行二十二至二十三字。

朱亮　南宋紹興间杭州地區刻工。刻有

《廣韻》（南北宋之交杭州刻）十行，行二十字。

朱宥　南宋初期浙江地區刻工。刻有

《周易正義》宋紹興十五至二十一年臨安府刻本。十五行，行二十六、二十七字。

《三國志注》十行，行十九字。

《南齊書》九行，行十八字。

《六韜》十行，行二十字。
《文選注》宋刻紹興二十八年明州補修本。十行，二十至二十二字。
補刻有：
《新唐書》十四行，行二十四至二十七字。
《武經七書》十行，行二十字。

朱祖　南宋紹興間杭州地區刻工。
《經典釋文》十一行，行十七字。
《説文解字》十行，行二十字。
《古史》十一行，行二十二字。
《宋書》、《魏書》均九行，行十八字。

朱祖　南宋淳祐間浙江地區刻工。刻有
《晦庵先生文集》宋淳祐五年刻本。十行，行十九字。

朱俊　南宋嘉定間福建地區刻工。刻有
《漢書注》宋嘉定元年建安蔡琪純父一經堂刻本。八行，行十六字。

朱茀　南宋紹興間浙江台州地區刻工。刻有
《景德傳燈録》宋紹興四年釋思鑑刻本。十五行，行二十六字。

《漢雋》宋淳熙十年象山縣學刻本。九行，
大小字相間。
《桯史》十行，行十七字。
《文選注》宋紹興二十八年明州補修本。十
行，行二十二字。

朱珍　南宋紹熙间浙江紹興地區刻工。刻有
《禮記正義》宋紹熙三年兩浙東路茶鹽司刻
本。八行，行十六字。

朱泰　南宋紹興间杭州地區刻工。刻有
《梁書》九行，行十八字。

朱桃　南宋紹興间浙江地區刻工。刻有：
《通典》十五行，行二十五至二十九字。

朱浩　南宋中期浙江地區刻工。刻有
《迂齋標注諸家文集》九行，行十九字。

朱益　南宋初期浙江地區刻工。刻有
《周禮疏》宋兩浙東路茶鹽司刻本。八行，
十五至十七字。
《尚書正義》宋紹熙三年兩浙東路茶鹽司刻
本。八行，行十九字。
《春秋左傳正義》宋慶元六年紹興府刻本。

八行，行十六字。

《律》附音義九行，行十八字。

朱祥　南宋紹興間杭州地區刻工。刻有

《龍龕手鑑》十行，行字不等。

《史記集解》十行，行十九字。

《資治通鑑》宋紹興三年兩浙東路茶鹽司刻本。十二行，行二十四字。

《通典》宋紹興間刻本。十五行，行二十五至二十九字。

《武經七書》十行，行二十字。

《徐公文集》十行，行十九字。

《文選注》宋紹興二十八年明州補修本。十行，行二十至二十二字。

《文粹》宋紹興九年臨安府刻本。

《樂府詩集》十三行，行二十三、二十四字。

朱涂　北宋末期刻工。刻有

《禮部韻略》北宋末刻本。十一行，行字不等。

朱章　南宋乾道間浙江紹興地區刻工。刻有

《論衡》宋乾道三年紹興府刻本。十行，行二十字。

宋清　南宋紹興間杭州地區刻工。刻有

《戰國策注》宋紹興刻本。十一行，行二十字。

宋梓　南宋初期浙江地區刻工。刻有

《尚書正義》宋紹熙三年兩浙東路茶鹽司刻本。八行，行十九字。

《後漢書注》宋紹興江南東路茶鹽司刻本。九行，行十六字。

《宋書》、《南齊書》、《梁書》、《魏書》均九行，行十八字。

《重校添注音辯唐柳先生文集》（鄭定本）九行，行十七字。

《文選注》宋淳熙八年池陽郡齋刻本。十行，二十一字。

宋梓　南宋紹定間蘇州地區刻工。刻有

《吳郡志》宋紹定二年刻本。九行，行十八字。

宋基　南宋紹興間浙江寧波地區刻工。

《文選注》宋紹興二十八年明州補修本。十行，行二十至二十二字。

《文選注》宋贛州州學刻本。九行，行十五字。

朱集　南宋初期浙江紹興地區刻本。刻有《資治通鑑》宋紹興三年兩浙東路茶鹽司刻本。十二行，行二十四字。《資治通鑑目録》宋紹興二年兩浙東路茶鹽司公使庫刻本。行字不等。

朱通　南宋紹興間杭州地區刻工。刻有《宋書》、《魏書》均九行，行十八字。

朱渙　南宋紹熙間浙江紹興地區刻工。刻有《尚書正義》宋紹熙三年兩浙東路茶鹽司刻本。八行，行十九字。《周禮疏》宋兩浙東路茶鹽司刻本。八行，行十五至十七字。《禮記正義》宋紹熙三年兩浙東路茶鹽司刻本。八行，行十六字。《春秋左傳正義》宋慶元六年紹興府刻本。八行，行十六字。

朱琰　南宋初期浙江地區刻工。刻有《毛詩正義》宋紹興九年紹興府刻本。十五行，行二十四字至二十六字。《春秋經傳集解》八行，行十七字。

《集韻》南北宋之交刻本。十行二十字。
《事類賦注》宋紹興十六年兩浙東路茶鹽司刻本。八行，行十六字。

朱雲　南宋淳熙間浙江地區刻工。刻有《武經七書》十行，行二十字。

朱達　南宋淳熙間撫州地區刻工。刻有《周易注》宋淳熙撫州公使庫刻遞修本。十行，行十六字。

朱起　南宋初期杭州地區刻工。刻有《說文解字》十行，行二十字。

朱順　南宋乾道間四川眉山地區刻工。刻有《蘇文忠公文集》九行，行十五字。
《蘇文定公文集》九行，行十五字。

朱勤　南宋乾道間杭州地區刻工。刻有《東坡集》宋乾道刻本。十行，二十字。

朱貴　南宋初期杭州地區刻工。刻有《南史》九行，行十八字。
《資治通鑑》宋紹興三年兩浙東路茶鹽司刻本。十二行，行二十四字。
《諸史提要》宋乾道紹興府刻本。九行，行

十四字。

《東坡集》宋乾道刻本。十行，行二十字。

朱集　南宋初期浙江紹興地區刻工。刻有

《資治通鑑目録》宋紹興二年兩浙東路茶鹽司刻本。行字不等。

朱曾　南宋紹熙間浙江地區刻工。刻有

《尚書正義》宋紹熙三年兩浙東路茶鹽司刻本。八行，行十九字。

補刻有：

《史記集解》宋紹興江南東路轉運司刻。九行，行十六字。

《後漢書》宋紹興江南東路轉運司刻。九行，行十六字。

《國語解》十行，行二十字。

《魏書》九行，行十八字。

朱曾九　南宋初期杭州地區刻工。刻有

《後漢書注》宋紹興江南東路轉運司刻本。九行，行十六字。

《三國志注》宋衢州本。十行，行十九字。

《宋書》、《南齊書》、《魏書》均九行，

行十八字。

朱曾元　南宋中期刻工。補刻有《史記集解》，行字不詳。

朱富　南宋乾道間杭州地區刻工。刻有《東坡集》宋乾道刻本。十行，行二十字。

朱寔　南宋初期杭州地區刻工。刻有《沖虛至德真經注》宋刻宋元遞修本。十四行，行二十五、二十六字。

朱寬　南宋嘉泰間浙江地區刻工。刻有《麗澤論說集錄》宋嘉泰四年呂喬年刻本。十行，行二十字。

朱遂　北宋間刻工。刻有《史記集解》北宋刻巾箱本。十四行，行二十七至二十九字。

朱瑱　南宋乾道間浙江地區刻工。刻有《唐鑑》十二行，行二十三字。

朱棨　南宋寶慶間廣東地區刻工。刻有《新刊校定集注杜詩》宋寶慶元年廣東漕司刻本。九行，行十六字。

朱榮　南宋淳祐間江西地區刻工。刻有

《義豐文集》宋淳祐三年王旦刻本。十行，行十八字。

朱槿　南宋中期福建地區刻工。刻有《河南程氏文集》八行，行十四字。

朱靜　南宋初期浙江地區刻工。刻有《周易正義》宋紹興十五至二十一年刻本。十五行，行二十五至二十六字。《尚書正義》宋紹熙三年兩浙東路茶鹽司刻本。八行，行十九字。《漢書注》南宋初年杭州刻。十行，行十九字。《漢書注》宋紹興江南東路轉運司刻本。九行，行十六字。《戰國策注》宋紹興間刻本。十一行，行二十字。

朱禧　南宋慶元間江蘇地區刻工。刻有《陸士龍文集》宋慶元六年華亭縣學刻本。十行，行二十字。《愧郯録》（鄭定本）九行，行十七字。

朱諫　南宋淳熙間江西撫州地區刻工。刻有《周易注》宋淳熙撫州公使庫刻本。十行，十六字。

《禮記注》宋淳熙四年撫州公使庫刻本。十行，行十六字。

《春秋經傳解》宋撫州公使庫刻。十行，行十六字。

《春秋公羊經傳解詁》宋淳熙撫州公使庫刻紹熙四年重修本。十行，行十六字。

《侍郎葛公歸愚集》十行，行二十二字。

《水經注》十一行，行二十字。

《塞傷寒指要》宋乾道七年姑孰郡斋刻本。九行，行十六字。

《丹陽後集》十二行，行二十一字。

《文選注》宋刻紹興二十八年明州補修本。十行，行二十至二十二字。

《文選注》宋淳熙八年池陽郡斋刻本。十行，二十一字。

《集韻》十一行，行二十三字。

朱禪　南宋紹熙間浙江紹興地區刻工。刻有

《禮記正義》宋淳熙三年兩浙東路茶鹽司刻本。八行，行十六字。

補刻有：
《春秋左傳正義》宋慶元六年紹興府刻本。八行，行十六字。

朱貿　南宋初期浙江紹興地區刻工。刻有
《資治通鑑目録》宋紹興二年兩浙東路茶鹽司刻本。行字不等。

朱稽年　南宋中期安徽貴池地區刻工。刻有
《晦庵先生朱文公語録》十行，行二十字。

朱禮　南宋紹興間杭州地區刻工。刻有
《龍龕手鑑》明州本。十行，行字不等。
《資治通鑑》宋紹興三年兩浙東路茶鹽司本。十二行，行二十四字。
《漢官儀》宋紹興九年臨安府刻本。十行，行十七字。
《徐公文集》宋紹興九年明州刻本。十行，行十九字。
《文選注》宋紹興二十八年明州補修本。十行，行二十至二十二字。
《文粹》宋紹興九年臨安府刻本。十五行，行二十四至三十字。

朱贇　南宋紹興間浙江地區刻工。刻有

《資治通鑑》宋紹興三年兩浙東路茶鹽司刻本。十二行，行二十四字。

《資治通鑑目録》宋紹興二年兩浙東路茶鹽司刻本。行字不等。

《藝文類聚》宋紹興間刻本。十四行，行二十七、二十八字。

《杜工部集》十行，行十八至二十一字。

朱寶　南宋紹興間浙江紹興地區刻工。刻有

《資治通鑑》宋紹興三年兩浙東路茶鹽司刻本。十二行，行二十四字。

任三　南宋紹熙間四川眉山地區刻工。刻有

《東都事略》十二行，行二十四字。

任己　南宋慶元間浙江地區刻工。補刻有

《魏書》九行，行十八字。

任友　南宋後期浙江寧波地區刻工。刻有

《四明續志》宋開慶元年刻本。十行，行十八字。

任中　南宋開慶間四川地區刻工。刻有

《六家文選》宋廣都裴宅刻本。十一行，行十八字。

任文　南宋初期浙江建德地區刻工。刻有
《儀禮注》宋紹興間嚴州刻本。十四行，行二十五字。

任以清　南宋淳祐間浙江地區刻工。刻有
《晦庵先生文集》宋淳祐五年刻本。十行，行十九字。

任玉真　南宋中期杭州地區刻工。刻有
《魏書》九行，行十八字。

任必成　南宋後期江西地區刻工。刻有
《慈溪黄氏日抄分類》十行，行二十字。

任全　南宋紹定間浙江寧波地區刻工。刻有
《四明志》宋紹定二年刻本。十行，行十八字。

任吉甫　南宋紹興間浙江地區刻工。刻有
《後漢書注》宋紹興江南東路茶鹽司刻本。九行，行十六字。
《三國志注》宋衢州本。十行，行十九字。
《資治通鑑》宋鄂州孟太師府三安撫位鵠山書院刻本。十一行，行十九字。
《皇朝文鑑》宋嘉泰四年新安郡斋刻本。十行，行十九字。

任成　南宋慶元間四川地區刻工。刻有《太平御覽》宋慶元五年成都府學刻本。十三行，行二十二至二十四字。

任成一　南宋慶元間四川地區刻工。刻有《太平御覽》宋慶元五年成都府學刻本。十三行，行二十二至二十四字。

任廷　南宋後期浙江寧波地區刻工。刻有《四明續志》宋開慶元年刻本。十行，行十八字。

任后　南宋中期南京地區刻工。補刻有《後漢書注》宋紹興江南東路轉運司刻遞修本。九行，行十六字。

任聿　南宋紹興間南京地區刻工。刻有《後漢書注》宋紹興江南東路轉運司刻本。九行，行十六字。

任宏　南宋慶元間四川地區刻工。刻有《太平御覽》宋慶元五年成都府學刻本。十三行，行二十二至二十四字。

任阿伴　南宋後期浙江地區刻工。補刻有《春秋左傳正義》宋慶元六年紹興府刻本。

《孟子注疏解經》宋嘉泰兩浙東路茶鹽司刻本。九行，行十六字。
《後漢書注》宋紹興江南東路轉運司刻本。

任青　南宋淳祐間浙江地區刻工。刻有
《晦庵先生文集》宋淳祐五年刻本。十行，行十九字。

任忠　南宋慶元間四川地區刻工。刻有
《太平御覽》宋慶元五年成都府學刻本。十三行，行二十二字至二十四字。

任和　北宋治平間刻工。刻有
《類篇》八行，行十六字。

任和　南宋紹熙間四川地區刻工。刻有
《東都事略》十二行，行二十四字。

任昌　南宋紹興間杭州地區刻工。刻有
《尚書正義》宋紹熙三年兩浙東路茶鹽司刻本。八行，行十九字。
《禮記正義》宋紹熙三年兩浙東路茶鹽司刻本。八行，行十六字。
《後漢書注》宋紹興江南東路轉運司本。九行，行十六字。
《宋書》、《梁書》、《魏書》、《北齊書》。

均九行，行十八字。

任宗　南宋中期杭州地區刻工。刻有《魏書》九行，行十八字。

任奎　或署任應奎　南宋後期江西吉安地區刻工。刻有《慈溪黄氏日抄分類》十行，行二十字。

任益　南宋紹定间浙江地區刻工。刻有《重廣補注黄帝内經素問》十行，行二十字。

任純　南宋慶元间四川地區刻工。刻有《太平御覽》宋慶元五年成都府學刻本。十三行，行二十二字至二十四字。

任章　南宋中期浙江刻工。補刻有《後漢書注》九行，行十八字。

任通　南宋慶元间四川地區刻工。刻有《太平御覽》宋慶元五年成都府學刻本。十三行，行二十二至二十四字。

任清　南宋中期杭州地區刻工。刻有《歷代名醫蒙求》宋臨安府太廟前尹家書籍鋪刊本。九行，行十八字。

任清　南宋後期江西吉安地區刻工。刻有《慈溪黄氏日抄分類》十行，行二十字。

任欽　南宋中期杭州地區刻工。刻有《宋書》、《梁書》、《陳書》、《魏書》，均九行，行十八字。

任達　南宋中期四川地區刻工。刻有《劉夢得文集》宋蜀刻本。十行，行十八字。《梁書》九行，行十八字。

任道　南宋慶元间四川地區刻工。刻有《太平御覽》宋慶元五年成都府學刻本。十三行，行二十二至二十三字。

任瑄　金皇統间刻工。刻有《趙城藏》金皇統九年至大定十三年刻。每版二十三行，行十四字。

任慶　南宋後期浙江寧波地區刻工。刻有《四明續志》宋開慶元年刻。十行，行十八字。

任興　南宋淳熙间江西南昌地區刻工。刻有《本草衍義》宋淳熙十二年江西轉運司刻慶元元年重修本。十一行，行二十一字。

任錫　南宋紹熙间浙江紹興地區刻工。刻有《尚書正義》宋紹熙三年兩浙東路茶鹽司刻本。八行，行十九字。

任顯　南宋中期四川地區刻工。刻有
《劉夢得文集》宋蜀刻本。十行，行十八字。
《梁書》九行，行十八字。
伊序　北宋刻工。刻有
《重廣會史》十五行，行二十至二十六字。
卬志　北宋刻工。刻有
《漢書注》北宋刻遞修本。十行，行十九字。
卬貴　北宋刻工。刻有
《史記集解》北宋刻遞修本。十行，行十九字。
《漢書注》北宋刻遞修本。十行，行十九字。
伍七　南宋紹興間湖北地區刻工。刻有
《南華真經注》十行，行十五字。
伍三　南宋乾道間江西地區刻工。刻有
《豫章黄先生文集》宋乾道贛州~~地區刻工~~州學刻本。九行，行十八字。
伍于　南宋後期杭州地區刻工。刻有
《咸淳臨安志》宋咸淳臨安府刻本。十行，行二十字。
伍秀　南宋寶祐間浙江吴興地區刻工。刻有
《通鑑紀事本末》宋寶祐五年趙與𥲅刻本。

十一行，行十九字。

伍祥　南宋紹興間杭州地區刻工。刻有《史記集解》十行，行十九字。《漢書注》十行，行十九字。

伍威　南宋乾道初湖南零陵地區刻工。刻有《唐柳先生文集》宋乾道元年永州零陵郡庠刻本。九行，行十八字。

伍達　南宋中期江西地區刻工。刻有《白氏六帖事類集》十三行，行二十四至二十七字。

伍興　南宋紹興間江西撫州地區刻工。刻有《謝幼槃文集》宋紹興二十二年撫州軍學刻本。十行，行十八字。

伍顏　南宋刻工。刻有《補注蒙求》十二行，行二十字。

仲文　南宋中期安徽貴池地區刻工。刻有《晦庵先生朱文公語録》十行，行二十字。

仲仁　南宋嘉定間浙江建德地區刻工。刻有《禮記集説》宋嘉定四年新定郡齋刻本。十三行，行二十五字。

仲正　南宋紹熙间四川眉山地區刻工。刻有《東都事略》十二行，行二十四字。

仲生　南宋淳祐间福州地區刻工。刻有《國朝諸臣奏議》宋淳祐十年史季温福州刻本。十一行，行二十三字。

仲成（余姓）南宋嘉定间福建長汀地區刻工。刻有《張丘建算經》宋嘉定六年汀州刻本。九行，行十八字。

仲良　南宋紹興间南京地區刻工。刻有《史記集解》宋紹興淮南路轉運司刻本。九行，行十六字。

仲甫　南宋乾道间福建地區刻工。刻有《周禮注》宋乾道福建建陽刻本。十行，十九字。

仲甫　南宋淳熙间安徽地區刻工。《文選注》宋淳熙八年池陽郡斋刻本。十行，行二十一字。《皇朝文鑑》宋嘉泰四年新安郡斋刻本。十行，行十九字。

仲明　南宋後期福建地區刻工。刻有《晦庵先生朱文公文集》十行，行十八字。

仲明　南宋中期杭州地區刻工。補刻有《春秋公羊疏》宋紹興刻宋元修本。十五行，行二十三至二十八字。

仲明　南宋中期福建地區刻工。刻有《資治通鑑》宋建刻本。十一行，行二十一字。《晦庵先生朱文公文集》宋建陽本。十行，行十八字。

仲高　南宋慶元間福建建陽地區刻工。刻有《五代史記》宋慶元刻本。十行，行十八字。

仲雲　南宋中期福建地區刻工。刻有《資治通鑑》十行，行二十一字。

仲實　南宋淳祐間安徽地區刻工。刻有《儀禮要義》宋淳祐十二年魏克愚刻本。九行，行十八字。《禮記要義》宋淳祐十二年魏克愚刻本。九行，行十八字。

仲斋　南宋慶元間江西地區刻工。刻有《五代史記》宋慶元五年刻本。十行，行十八字。

仲鑑良　南宋紹興間南京地區刻工。刻有

《史記集解》宋紹興淮南路轉運司刻本。九行，行十六字。

休乃万　南宋咸淳间江蘇吳縣地區刻工。刻有《磧砂藏》六行，十七字。

向文定　南宋紹熙间刻工。刻有《坡門酬唱集》九行，行十六字。

向叙　南宋紹興间湖北常德地區刻工。刻有《漢書注》宋紹興湖北提舉茶鹽司刻淳熙紹熙慶元修本。十四行，行二十六至二十九字。

兆子宗　南宋嘉定江西吉安地區刻工。刻有《漢書集注》宋嘉定十七年白鷺洲書院刻本。十行，行十六字。

危文　南宋寶祐间安徽宣城地區刻工。刻有《致堂讀史管見》宋寶祐二年宛陵刻本。十二行，行二十三字。

危利　南宋後期杭州地區刻工。刻有《碧雲集》宋臨安府陳宅書籍鋪刻本。十行，行十八字。

危杰　南宋寶慶间廣州地區刻工。刻有《新刊校定集注杜詩》宋寶慶元年廣東漕司刻本。九行，行十六字。

危沿　南宋後期刻工。刻有《揮麈録》宋龍山書堂刻本。十一行，行二十字。

如文　南宋後期江西地區刻工。刻有《隋書》九行，行二十字，少或十九，多至二十二字。

如松　南宋乾道間湖南零陵地區刻工。刻有《唐柳先生外集》宋乾道元年永州零陵郡庠刻本。九行，行十八字。

名七　南宋中期四川眉山地區刻工。刻有《蘇文定公文集》宋眉山刻大字本。九行，行十五字。

七畫

宋己　南宋慶元間四川地區刻工。刻有《太平御覽》宋慶元五年成都府學刻本。十三行，行二十二至二十四字。

宋文　南宋紹定間江蘇吳縣地區刻工。刻有《吳郡志》宋紹定二年刻本。九行，行十八字。

宋元　南宋初期江西撫州地區刻工。刻有

《五代史記》南宋初撫州刻本。十二行，行二十二字。

宋正　南宋慶元间四川地區刻工。刻有

《太平御覽》宋慶元五年成都府學刻本。十三行，行二十二至二十四字不等。

宋圭　南宋紹興浙江地區刻工。刻有

《春秋經傳集解》十三行，行二十四字。

《春秋胡傳》宋嚴州本。十四行，行二十六字。

《東坡集》宋乾道刻本。十行，行二十字。

《後漢書集注》宋嘉定白鷺洲書院刻本。八行，行十六字。

《太平御覽》宋慶元五年成都府學刻本。十三行，行二十二至二十四字不等。

宋成小　南宋慶元间四川地區刻工。刻有

《太平御覽》宋慶元五年成都府學刻本。十三行，行二十二至二十四字不等。

宋全　南宋中期杭州地區刻工。刻有

《宋書》、《魏書》。均九行，行十八字。

宋先　南宋嘉定间浙江地區刻工。刻有

《愧郯錄》宋嘉定刻本。九行，行十七字。

宋宏　南宋绍興间湖北常德地區刻工。刻有《漢書注》宋绍興湖北提舉茶鹽司刻淳熙绍熙慶元修本。十四行，行二十六至二十九字。

宋求　南宋绍興间浙江绍興地區刻工。刻有《毛詩正義》宋绍興九年绍興府刻本。十五行，行二十四至二十六字。

宋邑　南宋中期杭州地區刻工。刻有《宋書》、《魏書》均九行，行十八字。

宋光　南宋中期杭州地區刻工。刻有《北齊書》九行，行十八字。

宋余　南宋绍興间浙江地區刻工。刻有《資治通鑑目錄》宋绍興二年两浙東路茶鹽刻本。行字不等。

宋庚　南宋慶元间四川地區刻工。刻有《太平御覽》宋慶元五年成都府學刻本。十三行，行二十二至二十四字不等。

宋阿己　南宋慶元间四川地區刻工。刻有《太平御覽》宋慶元五年成都府學刻本。十三行，行二十二至二十四字不等。

宋阿石　南宋慶元间四川地區刻工。刻有

《太平御覽》宋慶元五年成都府學刻本。十三行，行二十二至二十四字不等。

宋琉　南宋中期浙江地區刻工。刻有

《古史》十一行，行二十二字。

《資治通鑑綱目》宋浙刻本。八行，行十七字。

《大宋重修廣韻》宋杭州本。十行，行二十字。

宋林　南宋紹興間浙江地區刻工。刻有

《春秋經傳集解》宋杭州刻小字本。十三行，行二十四字。

《春秋傳》十四行，行二十六字。

《通鑑紀事本末》宋淳熙二年嚴陵郡庠刻本。十三行，行二十四至二十五字。

《文選注》宋紹興二十八年明州補修本。十行，行二十至二十二字。

宋昌　南宋紹興間浙江地區刻工。刻有

《春秋經傳集解》宋刻小字本。十三行，行二十四字。

《史記集解索隱》宋淳熙八年耿秉補刻本。十二行，行二十五字。

《陳書》九行，行十八字。

《通鑑纪事本末》宋淳熙二年嚴陵郡庠刻本。十三行，行二十五字。
《中興館閣録》九行，行十八字。
《東坡集》宋乾道刻本。十行，行二十字。

宋杲　南宋绍興间浙江地區刻工。刻有
《古三墳書》宋绍興十七年婺州州學刻本。十行，行十八字。
《居士集》宋绍興衢州刻本。七行，行十四字。
《三蘇文粹》十行，行十八字。
補刻有：
《新唐書》十四行，行二十四至二十七字。

宋祖　南宋乾道间浙江地區刻工。刻有
《古史》十一行，行二十二字。

宋彦　北宋治平間刻工。刻有
《類篇》八行，行十六字。

宋宥　南宋中期浙江地區刻工。刻有
《中興館閣録》九行，行十八字。

宋彦　南宋绍興间四川地區刻工。刻有
《魏書》九行，行十八字。
《蘇文忠公文集》宋眉山大字本。九行，行十五字。

宋庠　南宋初期浙江吴興地區刻工。刻有
《思溪圓覺藏》宋紹興二年王永從刻本。六行，行十七字。
補刻有：
《漢書注》北宋刻遞修本。十行，行十九字。

宋珍　南宋紹興間浙江寧波地區刻工。刻有
《文選注》宋紹興二十八年明州修補本。十行，行二十至二十二字。

宋茀　南宋中期浙江地區刻工。刻有
《程史》九行，行十八字。
《愧郯録》宋嘉定刻本。九行，行十八字。
《徐公文集》宋紹興十九年明州刻本。十行，行十九字。
補刻有：
《宋書》、《南齊書》、《陳書》、《魏書》、《北齊書》。均九行，行十八字。

宋俊　南宋慶元間江西地區刻工。刻有
《漢書集注》宋嘉定十七年白鷺洲書院刻本。八行，行十六字。
《後漢書注》宋嘉定白鷺洲書院刻本。八行，行十六字。

《後漢書注》宋嘉定元年一經堂刻本。八行，行十六字。

《本草衍義》宋淳熙十二年江西轉運司刻慶元元年重修本。十一行，行二十一字。

宋俅　南宋初期杭州地區刻工。刻有

《禮記注》十行，行十六、十七字。

《經典釋文》十一行，行十七字。

《資治通鑑》宋紹興三年兩浙東路茶鹽司刻本。十二行，行二十四字。

《資治通鑑目録》宋紹興三年兩浙東路茶鹽司刻本。行字不等。

補刻有：

《史記集解》北宋刻遞修本。十行，行十九字。

《漢書注》北宋刻遞修本。十行，行十九字。

宋益　南宋中期浙江地區刻工。刻有

《周禮疏》宋兩浙東路茶鹽司刻本。八行，行十五至十七字。

宋祥　南宋嘉定間浙江建德地區刻工。刻有

《愧郯録》宋嘉定刻本。九行，行十七字。

宋祩　南宋初期刻工。補刻有《史記集解》北宋刻遞修本。十行，行十九字。

宋范　南宋中期杭州地區刻工。補刻有《宋書》、《魏書》均九行，行十八字。

宋國英　南宋嘉定間江西吉安地區刻工。刻有《漢書集注》宋嘉定十七年白鷺洲書院刻本。八行，行十六字。

宋清　南宋乾道間江西贛州地區刻工。刻有《文選注》宋贛州州學刻本。九行，行十五字。

宋渦　北宋治平間刻工。刻有《類篇》八行，行十六字。

宋通　南宋浙江地區刻工。刻有《尚書正義》宋紹熙三年兩浙東路茶鹽司刻本。八行，行十九字。《春秋左傳正義》宋慶元六年紹興府刻本。八行，行十六字。《資治通鑑目錄》宋紹興二年兩浙東路茶鹽刻本。行字不等。《資治通鑑目》宋浙刻本。八行，行十七字。

《晦庵先生文集》宋淳祐五年刻本。十行，行十九字。

補版有：

《周禮疏》宋兩浙東路茶鹽司刻本。八行，行十五至十七字。

《經典釋文》十一行，行十七字。

《古史》十一行，行二十二字。

《梁書》、《南齊書》、《魏書》，均九行，行十八字。

《大唐六典注》宋紹興四年温州州學刻遞修本。十行，行二十字。

《世説新語》宋紹興八年嚴州刻本。十行，行二十字。

宋敏　南宋淳熙間江西地區刻工。刻有：

《呂氏家塾讀詩記》宋淳熙九年江西漕台刻本。九行，行十九字。

宋裕　南宋中期杭州地區刻工。刻有：

《揚子法言注》十行，行十八字。

宋宴　南宋紹興浙江地區刻工。刻有：

《史記集解》宋紹興淮南路轉運司刻本。九

行，行十六字。

《资治通鑑目録》宋绍興二年兩浙東路茶盐司刻本。行字不等。

《世説新語》宋绍興八年嚴州刻本。十行，行二十字。

《漢官儀》宋绍興九年臨安府刻本。十行，行十七字。

宋琳　南宋绍興间浙江地區刻工。刻有

《禮記正義》宋绍熙三年兩浙東路茶盐司刻本。八行，行十六字。

《春秋傳》宋嚴州本。十四行，行二十六字。

《梁書》、《南齊書》、《魏書》、《北齊書》，均九行，行十八字。

《通鑑紀事本末》宋淳熙二年嚴陵郡庠刻本。十三行，行二十四或二十五字。

《建康實録》宋绍興十八年荆湖北路安撫使司刻本。十一行，行二十字。

《歐公本末》九行，行十八字。

《荀子注》宋淳熙八年台州刻本。八行，行十六字。

《揚子法言注》十行，行十八字

《酒經》宋嚴州本。十行，行二十字。

《小畜外集》（湖北黄岡）十一行，行二十一字。

宋琚 南宋中期浙江地區刻工。刻有

《周禮正義》宋紹熙三年兩浙東路茶鹽司刻本。八行，行十九字。

《春秋經傳集解》八行，行十七字。

《春秋左傳正義》宋慶元六年紹興府刻本。八行，行十六字。

《資治通鑑綱目》八行，行十七字。

《大廣益會玉篇》十行，行二十字。

《大宋重修廣韻》十行，行二十字。

《古史》十一行，行二十字。

《通典》宋紹興間刻。十五行，行二十五至二十九字。

《律》附音義九行，行十八字。

《歷代故事》宋嘉定四年刻本。八行，行十六字。

《東觀餘論》九行，行二十字。

《太玄經集注》十行，行十七字。

《愧郯錄》宋嘉定鄭定刻本。九行，行十七字。

《麗澤論說集錄》宋嘉泰四年呂喬年刻本。十行，行二十字。

《東萊先生文集》宋嘉泰四年呂喬年刻本。十行，行二十字。

《攻媿先生文集》宋四明樓氏家刻本。十行，行十八字。

《晦庵先生文集》宋淳祐五年刻本。十行，行十九字。

補刻有：

《周禮疏》宋兩浙東路茶鹽司刻本。八行，行十五至十七字。

《春秋公羊傳疏》宋紹興刻宋元修本。十五行，行二十二至二十八字。

《後漢書注》宋紹興江南東路轉運司刻本。九行，行十六字。

《宋書》、《南齊書》、《陳書》、《魏書》、《北齊書》，均九行，行十八字。

《新唐書》十四行，行二十三至二十六字。

宋超　南宋紹興間湖北常德地區刻工。刻有
《漢書注》宋紹興湖北路提舉茶鹽司刻淳熙
紹熙慶元修本。十四行，行二十七至二十九
字。
宋貴　南宋初期浙江地區刻工。刻有
《吳志》十四行，行二十五字。
《中興館閣録》九行，行十八字。
宋道　南宋初期浙江地區刻工。刻有
《資治通鑑目録》宋紹興二年兩浙東路茶鹽
司刻本。書表式行字不等。
《資治通鑑》宋紹興三年兩浙東路茶鹽司刻
本。十二行，行二十四字。
《漢官儀》宋紹興九年臨安府刻本。十行，
行十八字。
《世説新語》宋紹興八年嚴州刻本。十行，
行二十字。
《杜工部集》十行，行十八至二十一字。
《文選注》宋紹興二十八年明州補修本。十
行，行二十至二十二字。
宋瑞　南宋淳熙間江西地區刻工。刻有

《漢書集注》宋嘉定十七年白鷺洲書院刻本。八行，行十六字。

《本草衍義》宋淳熙十二年江西轉運司刻慶元元年重修本。十一行，行二十一字。

宋瑞　南宋初期浙江地區刻工。刻有

《史記集解索隱》宋淳熙三年張杅桐川郡齋刻淳熙八年耿秉補修本。十二行，行二十五字。

《論衡》宋乾道三年紹興府刻本。十行，行二十至二十二字。

宋瑜　南宋紹熙間浙江地區刻工。刻有

《禮記正義》宋紹熙三年兩浙東路茶鹽司刻本。八行，行十六字。

《春秋左傳正義》宋慶元六年紹興府刻本。八行，行十六字。

《孟子注疏解經》宋嘉泰兩浙東路茶鹽司刻本。八行，行十六字。

《鮑氏國策》宋紹熙二年會稽郡齋刻本。十一行，行二十字。

《嘉泰普燈錄》宋嘉定四年淨慈寺刻本。十行，十八字。

《三蘇文粹》十行，行十八字。

宋端　南宋淳熙間刻工。刻有
《史記集解索隱》宋淳熙八年耿秉補修本。十二行，行二十五字。
《漢書集注》宋嘉定十七年白鷺洲書院刻本。八行，行十六字。
《論衡》宋乾道三年紹興府刻本。十行，行二十至二十二字。

宋榮　南宋初期浙江地區刻工。補刻有
《史記集解》北宋刻遞修本。十行，行十九字。
《漢書注》北宋刻遞修本。十行，行十九字。

宋華　南宋嘉定間杭州地區刻工。刻有
《渭南文集》宋嘉定十三年陸子遹刻本。十行，行十七字。

宋鼎　南宋淳熙間浙江建德地區刻工。刻有
《通鑑紀事本末》宋淳熙二年嚴陵郡庠刻本。十三行，行二十四或二十五字。

宋寧　南宋淳熙間浙江建德地區刻工。刻有
《通鑑紀事本末》宋淳熙二年嚴陵郡庠刻本。十三行，行二十四或二十五字。

宋蔡　南宋中期浙江地區刻工。刻有

《欧公本末》九行，行十八字。

宋鐣　南宋嘉定间江西吉安地區刻工。刻有《漢書注》宋嘉定元年建安蔡琪純父一經堂刻本。八行，行十六字。《後漢書注》宋嘉定白鷺洲書院刻本。八行，行十六字。

沈一　南宋中期杭州地區刻工。刻有《魏書》九行，行十八字。

沈三　南宋紹熙间四川眉山地區刻工。刻有《東都事略》十二行，行二十四字。

沈三　南宋嘉泰间安徽地區刻工。刻有《皇朝文鑑》宋嘉泰四年新安郡斎刻本。十行，行十九字。

沈于　南宋淳熙间江西撫州地區刻工。刻有《春秋公羊經傳解詁》宋淳熙撫州公使庫刻紹熙四年重修本。

沈文　南宋紹熙间浙江地區刻工。刻有《尚書正義》宋紹熙三年兩浙東路茶盐司刻本。八行，行十九字。《春秋左傳正義》宋慶元六年紹興府刻本。八行，行十六字。

《宋書》、《魏書》，均九行，行十八字。

《攻媿先生文集》十行，行十八字。

沈元　南宋紹興間刻工。刻有

《史記集解》宋紹興淮南路轉運司刻本。九行，行十六字。

《陶淵明集》宋紹興十年刻本。行款不詳。

沈中　南宋淳熙間浙江地區刻工。刻有

《古史》十一行，行二十二字。

《晦庵先生文集》宋淳祐五年刻本。十行，行十九字。

沈仁　北宋景祐間刻工。刻有

《漢書注》宋景祐二年刻。十行，行十九字

沈仁本　南宋後期杭州地區刻工。補刻有

《陳書》九行，行十八字。

沈仁舉　南宋紹熙間浙江地區刻工。

《論語注疏解經》宋紹熙兩浙東路茶鹽司刻本。八行，行十六字。

《皇朝文鑑》宋嘉泰四年新安郡齋刻本。十行，行十九字。

補刻有：

《陳書》、《魏書》、《周書》九行，行十八字。

沈允　南宋紹興間杭州地區刻工。刻有
《魏書》九行，行十八字。
《陶淵明集》宋紹興十年刻本。行數字數不詳。
沈升　南宋初期浙江地區刻工。刻有
《周易正義》宋紹興十五至二十一年刻本。
十五行，行二十六、二十七字。
《尚書正義》宋紹熙三年兩浙東路茶鹽司刻
本。八行，行十九字。
《儀禮疏》宋嚴州刻本。十五行，行二十七字。
沈正　南宋嘉泰間安徽地區刻工。刻有
《皇朝文鑑》宋嘉泰四年新安郡斋刻本。十
行，行十九字。
沈杞　南宋寶祐間浙江地區刻工。刻有
《通鑑紀事本末》宋寶祐五年趙與𥲅刻本。
十一行，行十九字。
沈仲　南宋乾道間江蘇江陰地區刻工。刻有
《宣和奉使高麗圖經》宋乾道三年澂江郡斋
刻本。九行，行十七字。
沈成　北宋景祐間杭州地區刻工。刻有
《史記集解》十行，行十九字。

《漢書注》十行，行十九字。

沈亨　南宋初期浙江地區刻工。刻有

《周易正義》宋紹興十五至二十一年刻本。十五行，行二十六、二十七字。

《周禮注》宋婺州市門巷唐宅刻本。十三行，行二十五字。

《廣韻》十行，行十五字。

《漢書注》南宋初年杭州刻本。十行，行十九字。

《漢書注》宋紹興江南東路轉運司刻本。九行，行十六字。

《隸韻》（德壽殿本）。

《翻譯名義集》五行，小字雙行二十字。

沈忻　南宋乾道間江蘇江陰地區刻工。刻有

《春秋經傳集解》宋江陰軍學刻本。十行，行十八至二十字。

《宣和奉使高麗圖經》宋乾道三年澂江郡齋刻本。九行，行十七字。

沈忭　南宋乾道間江蘇江陰地區刻工。刻有

《春秋經傳集解》宋江陰軍學刻本。十行，

行十八至二十字。

《宣和奉使高麗圖經》宋乾道三年澂江郡齋刻本。九行，行十七字。

沈祀　南宋嘉定間刻工。刻有

《呂氏鄉約附鄉儀》宋嘉定五年李大有刻本。七行，行十四字。

沈良　南宋中期浙江地區刻工。刻有

《桯史》九行，行十七字。

沈良玉　南宋中期江西九江地區刻工。刻有

《輿地廣記》宋九江郡齋刻嘉泰四年淳祐十年刻本。十三行，行二十四字。

沈秀　南宋乾道間浙江吳興地區刻工。刻有

《北山小集》十行，行二十字。

沈定　南宋浙江地區刻工。刻有

《春秋經傳集解》八行，行十七字。

《經典釋文》十一行，行十七字。

《說文解字》十行，行二十字。

《古史》十一行，行二十二字。

《後漢書注》宋紹興江南東路轉運司刻本。九行，行十六字。

《宋書》慶元六年。《南齊書》，《梁書》，
《魏書》。均九行，行十八字。
《律》附音義九行，行十八字。
《揚子法言注》八行，行十七字。
《世説新語》宋紹興八年嚴州刻本。十行，
行二十字。
《晦庵先生文集》宋淳祐五年刻本。十行，
行十九字。
補刻有：
《儀禮疏》嚴州本十五行，行二十七字。
《唐書》宋紹興刻宋元修本。十四行，行二
十四至二十七字。

沈宗　南宋紹興間浙江紹興地區刻工。刻有
《資治通鑑》宋紹興三年兩浙東路茶鹽司刻
本。十二行，行二十四字。

沈宗　南宋中期浙江地區刻工。刻有
《古史》十一行，行二十二字。
《通鑑紀事本末》宋淳祐五年趙與簒刻本。
十二行，行十九字。
補刻有：

《魏書》九行，行十八字。

沈珍　南宋紹興間南京地區刻工。刻有《漢書注》宋紹興江南東路轉運司刻本。九行，行十六字。

沈林　南宋乾道間江蘇江陰地區刻工。刻有《宣和奉使高麗圖經》宋乾道三年澂江郡齋刻本。九行，行十七字。

沈松　南宋中期浙江寧波地區刻工。刻有《攻媿先生文集》宋四明樓氏家刻本。十行，行十八字。

沈明　南宋初期杭州地區刻工。刻有《史記集解》十行，行十九字。

沈明　南宋紹興間湖北常德地區刻工。刻有《漢書注》宋紹興湖北提舉茶鹽司刻本。十四行，行二十六至二十九字。

沈昌　南宋浙江地區刻工。刻有《尚書正義》宋紹興三年兩浙東路茶鹽司刻本。八行，行十九字。

《漢書注》南宋初年杭州刻本。十行，行十九字。

《愧郯錄》宋嘉定间刻本。九行，行十七字。

《注東坡先生詩》宋嘉定六年淮東倉漕刻景定三年鄭羽補刻本。九行，行十六字。

補刻有：

《漢書注》宋绍興江南東路轉運司刻宋元遞修本。九行，行十六字。

《後漢書注》宋绍興江南東路轉運司刻宋元遞修本。九行，行十六字。

《宋書》、《陳書》、《魏書》均九行十八字。

沈昌祖　南宋後期浙江吳興地區刻工。刻有

《通鑑紀事本末》宋寶祐五年趙與篡刻本。十一行，行十九字。

沈昇　南宋初期杭州地區刻工。刻有

《周易正義》宋绍興十五至二十一年~~兩浙東路茶鹽司刻本~~。臨安刻本。十五行，行二十六、二十七字。

《漢書注》南宋初年杭州刻本。十行，行十九字。

《漢書注》宋绍興江南東路轉運司刻本。九行，行十六字。

《臨川先生文集》宋紹興二十一年兩浙西路轉運司王珏刻本。十二行，行二十字。

沈昊　南宋浙江紹興地區刻工。刻有

《尚書正義》宋紹熙三年兩浙東路茶鹽司刻本。八行，行十九字。

補刻有：

《南齊書》、《梁書》、《魏書》均九行，行十八字。

沈忠　南宋中期浙江地區刻工。刻有

《尚書正義》宋紹熙三年兩浙東路茶鹽司刻本。八行，行十九字。

《古史》十一行，行二十二字。

《資治通鑑綱目》宋浙刻大字本。八行，行十七字。

《律》附音義九行，行十八字。

《呂氏鄉約附鄉儀》宋嘉定五年刻本。七行，行十四字。

《太玄經集注》十行，行十七字。

《晦庵先生文集》宋淳祐五年刻本。十行，行十九字。

補刻有：
《經典釋文》十行，行十七字。
《宋書》、《陳書》、《魏書》均九行，行十八字。

沈承祖　南宋中期杭州地區刻工。刻有
《宋書》九行，行十八字。

沈祚　南宋初期浙江地區刻工。刻有
《北山小集》十行，行二十字。
補刻有：
《新唐書》十四行，行二十四至二十七字。

沈祖　南宋後期浙江地區刻工。刻有
《論語纂疏》九行，行二十字。
《通鑑紀事本末》宋淳祐五年趙與篡刻本。十一行，行十九字。
《咸淳臨安志》宋咸淳臨安府刻本。十行，行二十字。
補刻有：
《周禮疏》宋兩浙東路茶鹽司刻本。八行，行十五至十七字。
《陳書》、《魏書》均九行，行十八字。

沈亮　南宋绍興间浙江建德地區刻工。刻有《儀禮鄭注》宋绍興间嚴州刻本。十四行，行二十四、二十五字。

沈彦　南宋初期杭州地區刻工。刻有《周易正義》宋绍興十五至二十一年刻本。

沈彦　南宋慶元间浙江绍興地區刻工。刻有《春秋左傳正義》宋慶元六年绍興府刻本。八行，行十六字。

沈彦　南宋乾道间江西赣州地區刻工。刻有《文選注》宋赣州州學刻本。九行，行十五字。

沈祐　南宋绍興间杭州地區刻工。刻有《臨川先生文集》宋绍興二十一年两浙西路轉運司王珏刻本。十二行，行二十字。

沈洪　南宋乾道间江西地區刻工。刻有《樂全先生文集》十二行，行二十二字。

沈珍　南宋绍熙间浙江地區刻工。刻有《周易注疏》宋绍熙两浙東路茶鹽司刻本。八行，行十九字。《尚書正義》宋绍熙三年两浙東路茶鹽司刻本。八行，行十九字。

《禮記正義》宋紹熙三年兩浙東路茶鹽司刻本。八行，行十六字。
《論語注疏解經》宋紹熙兩浙東路茶鹽司刻本。八行，行十六字。
《古史》十一行，行二十二字。
《資治通鑑綱目》宋浙刻大字本。八行，行十七字。
《太玄經集注》十行，行十七字。
補刻有：
《説文解字》十行，行二十字。
《新唐書》十四行，行二十三至二十六字。
《宋書》、《南齊書》、《梁書》、《陳書》、《魏書》、《北齊書》均九行，行十八字。

沈思忠　南宋中期浙江地區刻工。刻有
《論語注疏解經》宋紹熙兩浙東路茶鹽司刻本。八行，行十六字。
《孟子注疏解經》宋嘉泰兩浙東路茶鹽司刻本。八行，行十六字。
《大廣益會玉篇》十行，行字不等。
《大宋重修廣韻》十行，行二十字。

《皇朝文鑑》宋嘉泰四年新安郡齋刻本。十行，行十九字。

補刻有：

《儀禮疏》十五行，行二十七字。

《梁書》、《陳書》、《魏書》均九行十八字。

沈思恭　南宋中期浙江地區刻工。刻有

《大廣益會玉篇》十行，行字不等。

《大宋重修廣韻》十行，行二十字。

《律》附音義九行，行十八字。

《愧郯録》宋嘉定刻本。九行，行十七字。

《晦庵先生文集》宋淳祐五刻本。十行，行十九字。

補刻有：

《儀禮疏》十五行，行二十七字。

《通典》宋紹興刻遞修本。十五行，行二十五至二十九字。

《梁書》九行，行十八字。

沈思衛　南宋嘉泰間安徽地區刻工。刻有

《皇朝文鑑》宋嘉泰四年新安郡齋刻本。十行，行十九字。

沈茂　南宋紹興間浙江地區刻工。刻有
《尚書正義》宋紹熙三年兩浙東路茶鹽司刻本。八行，行十九字。
《經典釋文》十行，行十七字。
《説文解字》十行，行二十字。
《古史》十一行，行二十二字。
《梁書》、《南齊書》、《魏書》均九行，行十八字。
沈信　北宋景祐間刻工。刻有
《漢書注》十行，行十九字。
沈祥　南宋浙江地區刻工。刻有
《尚書正義》宋紹熙三年兩浙東路茶鹽司刻本。八行，行十九字。
《説文解字》十行，行二十字。
《禮記正義》宋紹熙三年兩浙東路茶鹽司刻本。八行，行十六字。
《北山小集》十行，行二十字。
《皇朝文鑑》宋嘉泰四年新安郡齋刻本。十行，行十九字。
《楚辭集注》宋端平二年朱鑑刻本。十行，

行十八字。

補刻有：

《儀禮疏》宋嚴州本。十五行，行二十七字。

沈從　南宋紹興間福州地區刻工。刻有

《天聖廣燈錄》宋紹興十八年刻福州開元寺毗盧大藏本。六行，行十七字。

沈茶　南宋紹興間杭州地區刻工。刻有

《漢書注》南宋初年杭州刻本。十行，行十九字。

《漢書注》宋紹興江南東路轉運司刻本。九行，行十六字。

沈原　南宋紹興間浙江金華地區刻工。刻有

《古三墳書》宋紹興十七年婺州州學刻本。十行，行十八字。

沈能　南宋嘉定間浙江地區刻工。刻有

《桯史》九行，行十七字。

沈章　南宋紹興間浙江地區刻工。刻有

《藝文類聚》宋紹興間刻本。十三行，行二十七、二十八字。

《宋書》、《魏書》均九行，行十八字。

補刻有：

《新唐書》十四行，行二十四至二十七字。

《周禮疏》宋兩浙東路茶鹽司刻本。八行，行十五至十七字。

沈彬 南宋乾道間江蘇江陰地區刻工。刻有

《春秋經傳集解》宋江陰軍學刻本。十行，行十八至二十字。

沈教 南宋初期杭州地區刻工。刻有

《樂府詩集》宋紹興間刻。十三行，行二十三字。

沈常 南宋初期杭州地區刻工。刻有

《龍龕手鑑》十行，每行大字一約小字四。

沈華 南宋後期浙江寧波地區刻工。刻有

《四明志》宋紹定二年刻本。十行，行十八字。

《台州十類因革論》

沈紹 南宋紹興間浙江地區刻工。刻有

《龍龕手鑑》十行，每行大字一約小字四。

《資治通鑑》宋紹興三年兩浙東路茶鹽司刻本。十二行，行二十四字。

《徐公文集》宋紹興十九年明州刻本。十行，行十九字。

《文選注》宋紹興二十八年明州補修本。十

行，行二十至二十二字。

《文粹》宋紹興九年臨安府刻本。十五行，

行二十四至二十七字。

沈敏　南宋嘉定間浙江地區刻工。刻有

《愧郯録》宋嘉定刻本。九行，行十七字。

沈翔　南宋中期杭州地區刻工。補刻有

《魏書》九行，行十八字。

沈善　南宋紹興間浙江地區刻工。刻有

《臨川先生文集》宋紹興二十一年兩浙西路

轉運司王珏刻本。十二行，行二十字。

沈琮　南宋後期杭州地區刻工。刻有

《家禮》七行，行十六字。

沈森　南宋嘉定間浙江地區刻工。刻有

《呂氏鄉約》附鄉儀　宋嘉定五年刻本。七

行，行十四字。

沈貴　南宋乾道間江西贛州地區刻工。刻有

《文選注》宋贛州州學刻本。九行，行十六字。

沈貴　南宋紹興間浙江地區刻工。刻有

《禮記正義》宋紹熙三年兩浙東路茶鹽司刻
本。八行，行十六字。
《史記集解》十行，行十九字。
《新唐書》宋紹興刻本。十四行，行二十四
至二十七字。
補刻有：
《儀禮疏》十五行，行二十七字。
《國語解》十行，行二十字。

沈詵　北宋景祐間刻工。刻有
《漢書注》十行，行十九字。

沈誠（或署沈成）北宋景祐間刻工。刻有
《史記集解》十行，行十九字。
《漢書注》十行，行十九字。

沈源　南宋乾道間江蘇江陰地區刻工。刻有
《春秋經傳集解》宋江陰軍學刻本。十行，
行十八至二十字。

沈道　北宋治平間刻工。刻有
《類篇》八行，行十六字。

沈義　南宋紹興間杭州地區刻工。刻有
《周易正義》宋紹興十五至二十一年臨安刻

本。十五行，行二十六、二十七字。

沈椿　南宋中期杭州地區刻工。補刻有

《梁書》九行，行十八字。

沈瑞　南宋紹興間浙江地區刻工。刻有

《三國志注》十行，行十九字。

沈端　南宋紹興間浙江地區刻工。刻有

《禮記正義》宋紹熙三年兩浙東路茶鹽司刻

本。八行，行十六字。

《三國志注》十行，行十九字。

《管子注》十二行，行二十二至二十五字。

《元氏文集》宋乾道四年刻本。十三行，行

二十三字。

沈華　南宋後期浙江寧波地區刻工。刻有

《四明志》宋紹定二年刻本。十行，行十八字。

沈榮　南宋慶元間江西吉安地區刻工。刻有

《漢書集注》宋嘉定十六年白鷺洲書院刻本。

八行，行十六字。

《歐陽文忠公集》宋慶元二年周必大刻本。

十行，行十六字。

沈榮　南宋後期浙江吳興地區刻工。刻有

《通鑑紀事本末》宋寶祐五年趙與𥲅刻本。十一行，行十九字。

沈壽　南宋初期杭州地區刻工。刻有《周易正義》宋紹興十五至二十一年刻本。十五行，行二十六、二十七字。《後漢書注》宋紹興江南東路轉運司刻本。九行，行十六字。《宋書》、《陳書》、《魏書》、《梁書》均九行，行十八字。

沈纂　南宋嘉定間浙江建德地區刻工。刻有《歐公本末》九行，行十八字。《愧郯録》宋嘉定刻本。九行，行十七字。《桯史》九行，行十八字。

沈澄　南宋乾道間江蘇江陰地區刻工。刻有《春秋經傳集解》宋江陰軍學刻本。十行，行十八至二十字。

沈諒　南宋中期浙江地區刻工。補刻有《魏書》九行，行十八字。《新唐書》宋紹興刻。十四行，行二十四至二十七字。

沈璋	南宋绍熙间浙江绍兴地区刻工。刻有《周禮疏》宋两浙東路茶盐司刻本。八行，行十五至十七字。
沈暲	南宋中期杭州地区刻工。補刻有《南齊書》九行，行十八字。
沈禧	南宋绍興间杭州地区刻工。刻有《周易正義》宋绍興十五至二十一年刻本。十五行，行二十六、二十七字。
沈繹	南宋江西九江地区刻工。刻有《輿地廣記》宋九江郡斋刻嘉泰四年淳祐十年递修本。十三行，行二十四字。
沈禮	南宋中期浙江地区刻工。刻有《論語纂疏》九行，行二十字。
沈謙	南宋绍興间杭州地区刻工。刻有《周禮疏》宋两浙東路茶盐司刻本。八行，行十五至十七字。《梁書》九行，行十八字。
沈憓	南宋乾道间杭州地区刻工。刻有《東坡集》宋乾道刻本。十行，行二十字。
沈權	南宋绍興间杭州地区刻工。刻有

《梁書》九行，行十八字。

沈顯　北宋四川地區刻工。

《資治通鑑》北宋廣都費氏進修堂刻本。十一行，行十九字。

《資治通鑑》（鄂州覆龍爪本即南宋鄂州孟太師府三安撫位鵠山書院刻本）十一行，行十九字。

汪才　南宋慶元間江西吉安地區刻工。刻有

《歐陽文忠公集》宋慶元二年周必大刻本。十行，行十六字。

汪文　南宋紹興間浙江地區刻工。刻有

《舊唐書》宋紹興兩浙東路茶鹽司刻本。十四行，行二十五字。

《世說新語》宋紹興八年嚴州刻本。十行，行二十字。

汪中明　南宋後期吳興地區刻工。刻有

《通鑑紀事本末》宋寶祐五年趙與篡刻本。十一行，行十九字。

汪正　南宋紹興間四川眉山地區刻工。刻有

《東都事略》十二行，行二十四字。

汪世安　南宋中期湖北常德地區刻工。補刻有
《漢書注》宋紹興湖北提舉茶鹽司刻淳熙、
紹熙、慶元修本。十四行，行二十六至二十
九字。

汪安　南宋紹熙間四川眉山地區刻工。刻有
《東都事略》十二行，行二十四字。

汪宗成　南宋紹興間福建地區刻工。刻有
《資治通鑑》十一行，行二十一字。

汪宗茂　南宋紹興間福建地區刻工。刻有
《資治通鑑》十一行，行二十一字。

汪宜　南宋淳祐間安徽地區刻工。刻有
《儀禮要義》宋淳祐十二年魏克愚刻本。九
行，行十八字。
《致堂讀史管見》宋寶祐二年宛陵刻本。十
二行，行二十三字。

汪政　南宋初期杭州地區刻工。刻有
《尚書正義》十五行，行二十四字。

汪彥　南宋淳熙間浙江地區刻工。刻有
《武經七書》十行，行十九字。
補刻《史記集解》宋紹興淮南路轉運司刻遞

修本。九行，行十八字。

汪思　南宋紹興間福建地區刻工。刻有

《資治通鑑》十一行，行二十一字。

汪亮　南宋紹興間杭州地區刻工。刻有

《説文解字》十行，行二十字。

《後漢書注》宋紹興江南東路轉運司刻本。九行，行十六字。

《宋書》、《陳書》、《魏書》均九行，行十八字。

《國語解》十行，行二十字。

汪思中　南宋淳祐間安徽地區刻工。刻有

《儀禮要義》宋淳祐十二年魏克愚刻本。九行，行十八字。

《致堂讀史管見》宋寶祐二年宛陵刻本。十二行，行二十三字。

汪思恭　南宋紹興間福建地區刻工。刻有

《資治通鑑》十一行，行二十一字。

汪戩　南宋初期杭州地區刻工。刻有

《尚書正義》十五行，行二十四字。

汪惠　南宋後期浙江地區刻工。補刻有

《尚書正義》宋紹熙三年兩浙東路茶鹽司刻本。八行，行十九字。

《宋書》九行，行十八字。

汪惠老　南宋後期浙江地區刻工。補刻有

《史記集解》十行，行十九字。

《後漢書注》宋紹興江南東路轉運司刻本。九行，行十六字。

《三國志注》。十行，行十九字。

《宋書》、《魏書》均九行，行十八字。

汪靖　南宋初期南京地區刻工。刻有

《史記集解》宋紹興淮南路轉運司刻本。九行，行十六字。

《青山集》十行，行二十字。

汪諒　南宋紹興間杭州地區刻工。刻有

《史記集解》十行，行十九字。

汪諒　南宋慶元間江西吉安地區刻工。刻有

《歐陽文忠公集》宋慶元二年周必大刻本。十行，行十六字。

沅大　南宋後期刻工。刻有

《近思錄集解》八行，行十八字。

良富　南宋後期浙江地區刻工。補刻有
　《尚書正義》宋紹熙三年兩浙東路茶鹽司刻本。八行，行十九字。
　《春秋左傳正義》宋慶元六年紹興府刻本。八行，行十六字。
　《國語解》十行，二十字。

良祥　南宋中期刻工。刻有
　《朱文公校昌黎先生集》宋朱熹注刻大字本。七行，行十五字。

言人　南宋慶元間江西吉安地區刻工。刻有
　《歐陽文忠公集》宋慶元二年周必大刻本。十行，行十六字。

言清　南宋初期南京地區刻工。刻有
　《杜工部集》宋建康府學刻本。十行，行二十字。

言有　南宋紹熙間四川眉山地區刻工。刻有
　《東都事略》十二行，行二十四字。

況天祐　南宋中期江西吉安地區刻工。刻有
　《甲申雜記》十行，行十九字。
　《聞見近録》十行，行十九字。

《文苑英華》宋嘉泰元年至四年周必大刻本。十三行，行二十二字。

《歐陽文忠公集》宋慶元二年周必大刻本。十行，行十六字。

況鴻　南宋淳熙間江西撫州地區刻工。刻有《春秋經傳集解》宋撫州公使庫刻本。十行，行十六字。

辛彬　南宋紹興間湖北黄岡地區刻工。刻有《集古文韻》宋紹興十五年齊安郡斋刻本。八行，行字不等。

辛豪　南宋後期江西吉安地區刻工。刻有《慈溪黄氏日抄分類》十行，行二十字。

祁三　南宋紹熙間四川眉山地區刻工。刻有《東都事略》十二行，行二十四字。

李二　南宋咸淳間江蘇鎮江地區刻工。刻有《説苑》宋咸淳元年鎮江府學刻本。九行，行十八字。

李二　南宋後期四川地區刻工。刻有《六家文選》宋蜀中廣都裴宅刻本。十一行，行十八字。

李十娘　北宋嘉祐间女刻工。刻有《新唐書》十四行，行二十三至二十六字。

李儿　南宋淳熙间安徽貴池地區刻工。刻有《史記集解索隱》宋淳熙三年張杅桐川郡斋刻淳熙八年耿秉補修本。十二行，行二十五字。

李三　南宋淳熙间江西地區刻工。刻有《呂氏家塾讀詩記》宋淳熙九年江西漕台刻本。九行，行十九字。《禮記注》宋淳熙四年撫州公使庫刻本。十行，行十六字。《春秋經傳集解》宋撫州公使庫刻本。十行，行十六字。

李三郎　南宋後期江西地區刻工。刻有《記纂淵海》十三行，行二十二字。

李士通　南宋中期杭州地區刻工。刻有《妙法蓮華經》六行，行十七字。

李士聰　南宋淳熙间江蘇鎮江地區刻工。刻有《新定三禮圖集注》宋淳熙二年鎮江府学刻本。十六行，行二十六、二十七字。

李大　南宋初期江西地區刻工。刻有

《輿地廣記》宋九江郡斋刻．嘉泰四年．淳祐十年修本。十三行，行二十四字。

《備急千金要方》十三行，行二十三字。

《龍川志略》十一行，行二十二、二十三字。

李大有　南宋乾道間江西地區刻工。刻有

《龍川志略》十一行，行二十二、二十三字。

李大亨　南宋淳熙間江西地區刻工。刻有

《春秋經傳集解》宋撫州公使庫刻本。十行，行十六字。

《春秋公羊經傳解詁》宋淳熙撫州公使庫刻，紹熙四年重修本。十行，行十六字。

《春秋公羊傳釋文》十行，行十八、十九字。

李才　南宋初期浙江金華地區刻工。刻有

《周禮注》宋婺州市門巷唐宅刻本。十三行，行二十五字。

李才　南宋初期浙江地區刻工。刻有

《宋書》、《魏書》、《北齊書》均九行，行十八字。

《諸史提要》宋乾道紹興府刻本。九行，行十四字。

李才　南宋中期江西地區刻工。刻有《昌黎先生集》宋江西刻本。十一行，行二十字。

李才　南宋淳祐間浙江地區刻工。刻有《晦庵先生文集》宋淳祐五年刻本。十行，行十九字。《大方廣佛華嚴經》宋寶祐三年江陵府先鋒隘李安檜刻本。五行，行十七字。

李上　南宋乾道間四川文邑地區刻工。刻有《南華真經注》宋蜀中安仁趙諫議宅刻本。九行，行十五字。

李山　南宋慶元間四川地區刻工。刻有《太平御覽》宋慶元五年成都府學刻本。十三行，行二十二至二十四字。

李千　南宋嘉定間福建地區刻工。刻有《資治通鑑綱目》宋嘉定十二年温陵郡斋刻本。八行，行十七字。《資治通鑑綱目》宋浙刻大字本。八行，行十七字。

李子允　南宋端平間江西吉安地區刻工。刻有

《誠斋集》宋端平二年刻本。十行，行十六字。

補刻《李太白文集》十一行，行二十字。

李子章　南宋淳熙间江西撫州地區刻工。刻有

《周易注》宋淳熙间撫州公使庫刻本。十行，行十六字。

李元　南宋初期杭州地區刻工。刻有

《史記集解》宋淳熙三年張杅桐川郡斋刻，淳熙八年耿秉補修本。十二行，行二十五字。

《魏書》九行，行十八字。

《通鑑紀事本末》宋淳熙二年嚴陵郡斋刻本。十三行，行二十四或二十五字。

《藝文類聚》宋紹興嚴州刻本。十四行，行二十七、二十八字。

《備急千金要方》十三行，行二十三字。

《東坡集》宋乾道刻本。十行二十字。

《資治通鑑綱目》宋浙刻本。八行，行十七字。

《資治通鑑綱目》宋嘉定十二年温陵郡斋刻本。八行，行十七字。

~~《資治通鑑綱目》宋嘉定十二年温陵郡斋刻本。八行，行十七字。~~

李元明　南宋乾道间福建建甌地區刻工。刻有《周禮注》宋乾道建陽刻本。十行，行十九字。

李天　南宋紹興间浙江建德地區刻工。刻有《藝文類聚》宋紹興间刻本。十四行，行二十七、二十八字。

李木　南宋初期刻工。刻有《輿地廣記》宋九江郡斋刻嘉泰四年、淳祐十年遞修本。十三行，行二十四字。《孔氏六帖》宋乾道二年泉南郡庠刻本。十二行，行十八、十九字。

李五　南宋嘉泰间安徽地區刻工。刻有《皇朝文鑑》宋嘉泰四年新安郡斋刻本。十行，行十九字。補刻有《魏書》九行，行十八字。

李中　南宋乾道间浙江地區刻工。刻有《三國志注》十行，行十八、十九字。《備急千金要方》十三行，行二十三字。《聖宋文選全集》宋乾道刻本。十六行，行二十六字。《皇朝文鑑》宋嘉泰四年新安郡斋刻本。十行，十九字。

補刻有：

《儀禮疏》十五行，行二十七字。

李文　北宋天聖間刻工。刻有

《故唐律疏議》九行，行十八字。

李公正　南宋中期浙江地區刻工。補刻有

《尚書正義》宋紹熙三年兩浙東路茶鹽司刻本。八行，行十九字。

《宋書》九行，行十八字。

李仍　南宋咸淳間福建地區刻工。刻有

《張子語録》宋福建漕治刻本。十行，行十八字。

《龜山語録》宋福建漕治刻本。十行，行十八字。

李仁　南宋紹熙間浙江地區刻工。刻有

《禮記正義》宋紹熙三年兩浙東路茶鹽司刻本。八行，行十七字。

《鮑氏國策校注》宋紹熙二年會稽郡齋刻本十一行，行二十字。

《愧郯録》宋嘉定刻本。九行，行十七字。

《皇朝文鑑》宋嘉泰四年新安郡齋刻本。十行，行十九字。

李仁　南宋咸淳间杭州地區刻工。刻有

《昌黎先生集》宋咸淳廖氏世綵堂刻本。九行，行十七字。

《東漢會要》宋寶慶二年建寧郡齋刻本。十一行，行二十字。

李仁　南宋淳熙间江西撫州地區刻工。刻有

《周易注》宋淳熙撫州公使庫刻本。十行，行十六字。

《四朝名臣言行錄》十一行，行二十一字。

《王荆公唐百家詩選》宋撫州刻本。十行，行十八字。

補刻有：

《孟東野詩集》十一行，行十六字。

《資治通鑑考異》十行，行二十二字。

李卞　南宋淳熙间安徽貴池地區刻工。刻有

《昌黎先生集考異》宋紹定二年張洽刻本。十行，行二十字。

《文選注》宋淳熙八年池陽郡齋刻本。十行，行二十一字。

李文　南宋紹興間杭州地區刻工。刻有《韻補》六行，小字行二十八字，大字一當小字二。

《春秋經傳集解》十三行，行二十四字。

《漢書注》南宋初杭州刻本。十行，行十九字。

《漢書注》宋紹興江南東路轉運司刻本。九行，行十六字。

《魏書》九行，行十八字。

《諸史提要》宋乾道紹興府刻本。九行，行十四字。

《論衡》宋乾道三年紹興府刻本。十行，行二十至二十二字。

《武經龜鑑》十二行，行二十二字。

《元氏長慶集》十三行，行二十三字。

《樂府詩集》宋紹興間刻本。十三行，行二十三字。

《資治通鑑綱目》宋浙刻大字本。八行，行十七字。

《資治通鑑綱目》宋嘉定十二年溫陵郡齋刻

刻本。八行，行十七字。

補刻有：

《儀禮疏》十五行，行二十七字。

《新唐書》十四行，行二十四至二十七字。

李文　南宋咸淳间杭州地區刻工。刻有

《昌黎先生集》宋咸淳廖氏世綵堂刻本。九行，行十七字。

《河東先生集》宋咸淳廖氏世綵堂刻本。九行，行十七字。

李文　南宋端平间江西吉安地區刻工。刻有

《誠齋集》宋端平二年刻本。十行，行十六字。

李方　南宋中期刻工。刻有

《梅亭先生四六標準》十行，行十九字。

李升文　南宋後期浙江地區刻工。刻有

《論語纂疏》九行，行十二字。

《咸淳臨安志》宋咸淳臨安府刻本。十行，行二十字。

李允　南宋初期浙江紹興地區刻工。刻有

《資治通鑑》宋紹興三年兩浙東路茶鹽司刻本。十二行，行二十四字。

李允　南宋中期浙江地區刻工。刻有

《春秋左傳正義》宋慶元六年紹興府刻本。

八行，行十六字。

《律》附音義九行，行十八字。

《晦庵先生文集》宋淳祐五年刻本。十行，

行十九字。

補刻有：

《後漢書注》九行，行十六字。

《宋書》、《南齊書》、《魏書》均九行，

行十八字。

李允　南宋江西地區刻工。刻有

《漢書集注》宋嘉定十七年白鷺洲書院刻本。

八行，行十六字。

《後漢書注》宋嘉定白鷺洲書院刻本。八行，

行十六字。

《本草衍義》宋淳熙十二年江西轉運司刻慶

元元年重修本。十一行，行二十一字。

《文選注》宋贛州刻本。九行，行十五字。

李允　南宋嘉定間福建建甌地區刻工。刻有

《後漢書注》宋嘉定元年建安蔡琪一經堂刻

本。八行，行十六字。

李平　南宋紹興間刻工。刻有

《備急千金要方》十三行，行二十三字。

《孔氏六帖》宋乾道二年泉南郡庠刻本。十二行，行十八、十九字。

《溫國文正司馬公文集》宋紹興間刻本。十二行，行二十字。

李正　南宋紹興間杭州地區刻工。刻有

《周易正義》宋紹興十五至二十一年臨安刻本。十五行，行二十六、二十七字。

《宋書》、《梁書》、《陳書》、《魏書》、《北齊書》、《周書》均九行，行十八字。

《資治通鑑》宋紹興三年兩浙東路茶鹽司刻本。十二行，行二十四字。

《通典》宋紹興間刻。十五行，行二十五至二十九字。

《備急千金要方》十三行，行二十三字。

《世說新語》宋紹興八年嚴州刻本。十行，行二十字。

《揚子法言注》十行，行十八字。

李正　南宋淳熙间安徽地区刻工。刻有

《史記集解索隱》宋淳熙三年張杅桐川郡齋刻淳熙八年耿秉補刻本。十二行，行二十五字。

《晉書》宋嘉泰四年至開禧元年秋浦郡斋刻本。九行，行十六字。

李正　南宋嘉定间江西吉安地区刻工。刻有

《漢書集注》宋嘉定十七年白鷺洲書院刻本。八行，行十六字。

李正　南宋紹熙间四川眉山地区刻工。刻有

《東都事畧》十二行，行二十四字。

《新刊經進詳注昌黎先生文集》宋眉山刻本。十行，行十八字。

李正昌　北宋浙江地区刻工。刻有

《大廣益會玉篇》十行，行二十字。

李玉　南宋紹興间浙江地区刻工。

《楊子法言注》十行，行十八字。

《世說新語》宋紹興八年嚴陵郡斋刻本。十行，行二十字。

李玉　南宋紹熙间四川眉山地区刻工。刻有

《東都事畧》十二行，行二十四字。

李玉　金崇慶河北寧晉地區刻工。刻有《崇慶新雕改并五音集韻》金崇慶元年浚川荊珍刻本。十三行，小字約四十一字。

李玉三　北宋嘉祐間刻工。刻有《新唐書》十四行，行二十三至二十六字。

李古　南宋紹興間杭州地區刻工。刻有《樂府詩集》宋紹興間刻。十三行，行二十三字。

李世文　南宋淳熙間江西地區刻工。刻有《呂氏家塾讀詩記》宋淳熙九年江西漕台刻本。九行，行十九字。《樂全先生文集》十二行，行二十二字。

李世父　南宋嘉定間江西吉安地區刻工。刻有《漢書集注》宋嘉定十七年白鷺洲書院刻本。八行，行十六字。

李石　南宋紹興間杭州地區刻工。刻有《漢官儀》宋紹興九年臨安府刻本。十行，行十七字。

李右　南宋慶元間江西吉安地區刻工。刻有《歐陽文忠公集》宋慶元二年周必大刻本。

十行，行十六字。

李可　南宋端平间刻工。刻有
《楚辭集注》宋端平二年朱鑑刻本。九行，
十八字。

李四　南宋乾道间江西地區刻工。刻有
《樂全先生文集》十二行，行二十二字。

李四　南宋咸淳间江蘇鎮江地區刻工。刻有
《説苑》宋咸淳元年鎮江府學刻本。九行，行
十八字。

李四　南宋慶元间江西吉安地區刻工。刻有
《歐陽文忠公集》宋慶元二年周必大刻本。
十行，行十六字。

李仝　南宋淳熙间安徽地區刻工。刻有
《文選注》宋淳熙三年張杅桐川郡斋刻淳熙
八年耿秉補刻本。十行，行二十一字。
《昌黎先生集考異》宋紹定二年張洽刻本。
十行，行二十字。
《楚辭集注》宋端平二年朱鑑刻本。九行，
行十八字。

李付　南宋初期浙江地區刻工。刻有

《南華真經注疏》八行，行十五字。

李生　南宋紹興間杭州地區刻工。刻有

《龍龕手鑑》十行，行大字一約小字四。

李生　南宋中期杭州地區刻工。刻有

《方泉先生詩集》陳道人書籍鋪刻本。

《記纂淵海》十三行，行二十二字。

李生　南宋嘉定間福建地區刻工。刻有

《西漢會要》宋嘉定建寧郡齋刻本。十一行，

行二十字。

李生　南宋紹興間福州地區刻工。刻有

《續高僧傳》宋紹興十八年刻福州開元寺毗

盧大藏本。六行，行十七字。

李生　南宋紹熙間四川眉山地區刻工。刻有

《東都事略》十二行，行二十四字。

李用　南宋紹興間浙江地區刻工。刻有

《禮記正義》宋紹熙三年兩浙東路茶鹽刻本。

八行，行十六字。

《論語注疏解經》宋紹熙兩浙東路茶鹽司刻本。

八行，行十六字。

《孟子注疏解經》宋嘉泰兩浙東路茶鹽司刻

本。八行，行十六字。

《史記集解》宋紹興淮南路轉運司刻本。九行，行十六字。

《後漢書注》宋紹興江南東路轉運司刻本。九行，行十六字。

李閏　南宋寶祐湖北地區刻工。刻有

《大方廣佛華嚴經》宋寶祐三年江陵府先鋒隘李安檜刻本。五行，行十七字。

李立　南宋淳熙間江西地區刻工。刻有

《五朝名臣言行錄》宋淳熙刻本。十行，行十七字。

李玄　南宋紹興間杭州地區刻工。刻有

《後漢書注》南宋初年杭州刻本。十行，行十九字。

《後漢書注》宋紹興江南東路轉運司刻本。九行，行十六字。

李永　北宋治平間刻工。刻有

《類篇》八行，行十六字。

李加　北宋嘉祐間刻工。刻有

《唐書直筆》十四行，行二十五字。

李嘉謀　北宋嘉祐间刻工。刻有

《唐書直筆新例》十四行，行二十五字。

李圭　南宋绍興间浙江地區刻工。刻有

《周易正義》宋绍興十五年至二十一年刻本。十五行，行二十六、二十七字。

《資治通鑑》宋绍興三年兩浙東路茶盐司刻本。十二行，行二十四字。

李圭　南宋中期江西地區刻工。刻有

《漢書集注》宋嘉定十七年白鷺洲書院刻本。八行，行十六字。

《後漢書注》宋嘉定元年建安蔡琪純父一經堂刻本。八行，行十六字。

《資治通鑑考異》十行，行二十二字。

《本草衍義》宋淳熙十二年江西轉運司刻慶元元年重修本。十一行，行二十一字。

李育　北宋治平間刻工。刻有

《類篇》八行，行十六字。

李伋　北宋嘉祐间刻工。刻有

《新唐書》十四行，行二十三至二十六字。

李存讓　遼統和间北京地區刻工。刻有

《稱讚大乘功德經》遼統和二十一刻契丹藏本。二十八行，行十六至十七字。

李成　南宋初期浙江地區刻工。刻有

《禮記正義》宋紹熙三年兩浙東路茶鹽司刻本。八行，行十六字。

《史記集解》宋紹興淮南路轉運司刻本。九行，行十六字。

《南齊書》、《魏書》、《周書》均九行，行十八字。

《通典》宋紹興間刻。十五行，行二十五至二十九字。

《白氏六帖事類集》十三行，行二十四至二十七字。

《律》附音義九行，行十八字。

《晦庵先生文集》宋淳祐五年刻。十行，行十九字。

補刻有《儀禮疏》十五行，行二十七字。

李光祖　南宋紹興間浙江紹興地區刻工。刻有

《禮記正義》宋紹熙三年兩浙東路茶鹽司刻本。八行，行十六字。

　《春秋左傳正義》宋慶元六年紹興府刻本。八行，行十六字。

李廷　南宋嘉定間福建泉州地區刻工。刻有《資治通鑑綱目》宋嘉定十二年溫陵郡齋刻本。八行，行十七字。

李早　南宋初期江西贛州地區刻工。刻有《文選注》宋贛州州學刻本。九行，行十五字。

李光　南宋紹興間福州地區刻工。刻有《續高僧傳》宋紹興十八年刻福州開元寺毗盧大藏本。六行，行十七字。

李合　南宋嘉定間福建泉州地區刻工。刻有《資治通鑑綱目》宋嘉定十二年溫陵郡齋刻本。八行，行十七字。《資治通鑑目》宋浙刻大字本。八行，行十七字。

李仲　南宋中期浙江地區刻工。刻有《尚書正義》宋紹熙三年兩浙東路茶鹽司刻本。八行，行十九字。《資治通鑑綱目》宋浙刻大字本。八行，行十七字。

補刻有：
《周禮疏》宋兩浙東路茶鹽司刻本。八行，
十五至十七字。
《春秋公羊疏》十五行，行二十三至二十八字。
《經典釋文》十一行，行十七字。
《説文解字》十行，行二十字。
《爾雅疏》十五行，行二十一字。
《古史》十一行，行二十二字。
《漢書注》宋紹興江南東路轉運司刻本。九
行，行十六字。
《宋書》、《南齊書》、《梁書》、《陳書》、
《魏書》均九行，行十八字。

李安　南宋嘉定間安徽地區刻工。刻有
《三國志注》十行，行十八、十九字。
《曹子建文集》宋嘉定六年刻本。八行，行
十五字。

李秀　南宋初期浙江地區刻工。刻有
《周易注疏》宋兩浙東路茶鹽司刻本。八行，
行十九字。
《史記集解》宋紹興淮南路轉運司刻本。九

行，行十六字。

《後漢書注》宋紹興江南東路轉運司刻本。九行，行十六字。

《新重雕校戰國策》宋紹興刻本。十一行，行二十字。

《孔氏六帖》宋乾道二年泉南郡庠刻本。十二行，行十八、十九字。

李何　南宋淳熙間浙江地區刻工。刻有

《爾雅注》八行，行十六字。

李攸　北宋嘉祐間刻工。刻有

《新唐書》十四行，行二十三至二十六字。

李仲　北宋嘉祐間刻工。刻有

《新唐書》十四行，行二十三至二十六字。

李亨　南宋紹興間浙江地區刻工。刻有

《白氏文集》十三行，行二十二至二十六字。

李春川　南宋紹興間浙江紹興地區刻工。刻有

《資治通鑑》宋紹興三年兩浙東路茶鹽司公使庫刻本。十二行，行二十四字。

李辛　南宋乾道間江西地區刻工。刻有

《五朝名臣言行録》十行，行十七字。

《普濟本事方》八行，行十六字。

李定　南宋淳祐間福州地區刻工。刻有

《國朝諸臣奏議》宋淳祐十年史季温福州刻本。十一行，行二十二字。

李完　北宋宣和間福州地區刻工。刻有

《法苑珠林》福州開元寺毗盧大藏本。六行，行十七字。

李宗　南宋紹熙間浙江紹興地區刻工。刻有

《尚書正義》宋紹熙三年兩浙東路茶鹽司刻本。八行，行十九字。

李良　南宋紹興間浙江地區刻工。刻有

《禮記正義》宋紹熙三年兩浙東路茶鹽司刻本。八行，行十六字。

《龍龕手鑑》十行，小字雙行不等。

《史記集解索隱》宋淳熙三年張杅桐川郡齋刻本淳熙八年耿秉補修本。十二行，行二十五字。

《陳書》、《魏書》均九行，行十八字。

補刻有《新唐書》十四行，行二十四至二十七字。

《文選注》宋紹興二十八年明州補修本。十行，行二十至二十二字。

李妙　南宋紹興間江西地區刻工。刻有
《温國文正司馬公文集》宋紹興刻本。十二行，行二十字。

李政　南宋初期浙江吴興地區刻工。刻有
《新唐書》宋紹興刻本。十四行，行二十三至二十六字。
《思溪藏》六行，行十七字。

李林　南宋乾道間刻工。刻有
《詩準》十一行，行十八字。
《唐柳先生文集》宋乾道元年永州零陵郡庠刻本。九行，行十八字。
《北山小集》十行，行二十字。
《五臣標注諸家文選》九行，行十九字。

李林明　南宋紹熙間浙江地區刻工。刻有
《論語注疏解經》宋紹熙兩浙東路茶鹽司刻本。八行，行十六字。
《孟子注疏解經》宋嘉泰兩浙東路茶鹽司刻本。八行，行十六字。

李枚　南宋紹興间浙江地區刻工。刻有《史記集解》十行，行十九字。

李庚　南宋中期浙江地區刻工。補刻有《儀禮疏》十五行，行二十七字。《後漢書注》宋紹興江南東路茶鹽司刻，九行，行十六字。《宋書》、《魏書》（慶元六年補）均九行，行十八字。《國語解》十行，行二十字。

李松　南宋紹興间浙江地區刻工。刻有《臨川先生文集》宋紹興二十一年兩浙西路轉運司王珏刻本，十二行，行二十字。《北山小集》十行，行二十字。《三蘇先生文集》宋乾道王宅桂堂刻本，十四行，行二十六字。補刻有《新唐書》十四行，行二十三至二十六字。

李芳　南宋紹興南宋地區刻工。刻有《後漢書注》宋紹興江南東路轉運司本，九行，行十六字。

李堯夫　南宋嘉定间江西吉安地區刻工。刻有《漢書集注》宋嘉定十七年白鷺洲書院刻本。八行，行十六字。

李若川　南宋紹興间浙江吳興地區刻工。刻有《新唐書》宋紹興刻本。十四行，行二十四至二十七字。

李茂　南宋紹興间浙江地區刻工。刻有《尚書正義》宋紹熙三年兩浙東路茶鹽司刻本。八行，行十九字。《禮記正義》宋紹熙三年兩浙東路茶鹽司刻本。八行，行十六字。《宋書》、《南齊書》、《魏書》九行十八字。《建康實錄》宋紹興十八年荆湖北路安撫使司本。十一行，行二十字。

李杰　南宋嘉定间江西吉安地區刻工。刻有《漢書集注》宋嘉定十七年白鷺洲書院刻本。八行，行十六字。

李其　南宋紹熙间浙江紹興地區刻工。刻有《尚書正義》宋紹熙三年兩浙東路茶鹽司刻本。八行，行十九字。

李奇　南宋慶元间江西吉安地區刻工。刻有《歐陽文忠公集》宋慶元二年周必大刻本。十行，行十六字。

李奇　南宋中期四川地區刻工。刻有《劉夢得文集》宋蜀刻本。十行，行十八字。

李奇　南宋後期江蘇蘇州地區刻工。刻有《磧沙藏》宋平江府磧沙延聖院募刻本。六行，行十七字。

李阿順　南宋慶元间四川地區刻工。刻有《太平御覽》宋慶元五年成都府學刻本。十三行，行二十二至二十四字。

李明　北宋治平間刻工。刻有《類篇》八行，行十六字。

李明　南宋紹興间浙江衢州地區刻工。刻有《居士集》宋紹興衢州刻本。七行，行十四字。

李岩（或署李岜）南宋嘉泰间浙江地區刻工。《東觀餘論》十行，行二十字。《麗澤論語集録》宋嘉泰四年吕喬年刻本。十行，行二十字。《注東坡先生詩》宋嘉泰淮東倉司刻。九行，行十六字。

《東萊呂太史集》宋嘉泰四年呂喬年刻本。十行，行二十字。

李忠　南宋紹興間杭州地區刻工。刻有

《周禮疏》宋兩浙東路茶鹽司刻本。八行，行十五至十七字。

《尚書正義》宋紹熙三年兩浙東路茶鹽司刻本。八行，行十九字。

《禮記正義》宋紹熙三年兩浙東路茶鹽司刻本。八行，行十六字。

《春秋左傳正義》宋慶元六年紹興府刻本。八行，行十六字。

《史記集解》十行，行十九字。

《三國志注》十行，行十八、十九字。

《南史》九行，行十八字。

《資治通鑑考異》十行，行二十二字。

《通鑑紀事本末》宋淳熙二年嚴陵郡庠刻本。十三行，行二十四或二十五字。

《呂氏家塾讀詩記》宋淳熙九年尤延之刻本。十二行，行二十二字。

《歐公本末》宋嘉定五年刻本。九行，行十

十八字。
《荀子注》宋淳熙八年台州刻本。八行，行十六字。
《揚子法言》唐仲友本。八行，行十六字。
《武經七書》十行，行二十字。
《酒經》宋嚴州刻本。十行，行十八字。
《玉堂類稿》十行，行十九、二十字。
《陶淵明集》宋紹興十年刻本。
《東坡集》宋乾道刻本。十行，行二十字。
《東萊先生詩集》宋乾道刻本。十一行，行二十字。
《新刊劍南詩藁》宋淳熙十四年嚴州郡齋刻本。十行，行二十字。
《古文苑》宋嚴州刻本。十行，行十八字。
《文選注》宋刻宋紹興二十八年明州補修本。十行，行二十至二十二字。
《皇朝文鑑》宋嘉泰四年新安郡齋刻本。十行，行十九字。
《聖宋文選全集》十六行，行二十八字。
補版有：

《梁書》、《陳書》、《南齊書》、《魏書》、
均九行十八字。
《新唐書》宋紹興刻本。十四行，行二十四
至二十七字。
《外臺秘要》宋紹興兩浙東路茶鹽司刻。十
三行，行二十四至二十五字。

李杲　南宋淳熙間江西地區刻工。刻有
《詩集傳》宋淳熙八年撫州公使庫刻本。十
行，行十九字。
《禮記注》宋淳熙四年撫州公使庫刻本。十
行，行十六字。
《春秋經傳集解》宋撫州公使庫刻本。十行
行十六字。
《春秋公羊傳解詁》宋淳熙撫州公使庫刻紹
熙四年重修本。十行，行十六字。
《新唐書》宋紹興刻本。十四行，行二十四
至二十七字。

李旻　南宋初期南京地區刻工。刻有
《後漢書注》宋紹興江南東路轉運司刻本。
九行，行十六字。

李昌　南宋绍興间杭州地區刻工。刻有

《尚書正義》宋绍興三年兩浙東路茶盐司刻本。八行，行十九字。

《韻補》六行，小字每行十八字，大字一當小字二。

《宋書》、《南齊書》、《魏書》均九行，行十八字。

《鮑氏戰國策校注》宋绍興二年會稽郡齋刻本。十一行，行二十字。

《諸史提要》宋乾道绍興府刻本。九行，行十四字。

《論衡》十行，行二十字。

《元氏長慶集》宋乾道四年刻本。十三行，行二十三字。

《文選注》宋贛州州學刻本。九行，行十五字。

《聖宋文選全集》宋乾道刻本。十六行，行二十八字。

《苕溪漁隱叢話》後集十一行，行二十二字。

李昇　南宋绍興间杭州地區刻工。刻有

《周易正義》宋绍興十五至二十一年刻本。

十五行，行二十五字。

《春秋經傳集解》八行，行十七字。

《漢書注》宋紹興江南東路轉運司刻本。九行，行十六字。

《漢書注》南宋初杭州刻本。十行，行十九字。

《後漢書注》南宋初杭州刻本。十行，行十九字

《後漢書注》宋紹興江南東路轉運司刻本。九行，行十六字。

《北齊書》九行，行十八字。

《唐書》宋紹興兩浙東路茶鹽司刻本。十四行，行二十五、二十六字。

《沖虛至德真經注》十四行，行二十五、二十六字。

李和　北宋治平間刻工。刻有

《類篇》八行，行十六字。

李和　南宋淳祐間浙江地區刻工。刻有

《晦庵先生文集》宋淳祐五年刻本。十行，行十九字。

李彪　南宋慶元間浙江紹興地區刻工。刻有

《春秋左傳正義》宋慶元六年紹興府刻本。八行，行十六字。

李侊　約宋四川地區刻工。

《資治通鑑》覆龍爪本。即南宋鄂州孟太師府三安撫位鵠山書院刻本。十一行，行十九字。

李佃　南宋紹興建德地區刻工。刻有

《世說新語》宋紹興八年嚴州刻本。十行，行二十字。

李岳　南宋紹興間杭州地區刻工。刻有

《樂府詩集》宋紹興刻本。十三行，行二十三字。

補刻有《儀禮疏》十五行，行二十七字。

李周　南宋咸淳間江蘇鎮江地區刻工。刻有

《說苑》宋咸淳元年鎮江府學刻本。九行，行十八字。

李秀　南宋初期浙江地區刻工。刻有

《周易注疏》宋紹興兩浙東路茶鹽司刻本。八行，行十九字。

《史記集解》宋紹興淮南路轉運司刻本。九行，行十六字。

《後漢書注》宋绍興江南東路轉運司刻本。九行，行十六字。
《後漢書注》南宋初杭州刻本。十行，行十九字。
《戰國策注》宋绍興刻本。十一行，行二十字。
《續高僧傳》宋绍興十八年刻福州開元寺毗盧大藏本。六行，行十七字。
《天聖廣燈録》宋绍興十八年刻福州開元寺毗盧大藏本。

李建　南宋绍興間湖北常德地區刻工。刻有
《漢書注》宋绍興湖北提舉茶鹽司刻淳熙、绍熙、慶元修本。十四行，行二十六至二十九字。

李建　南宋嘉定間福建泉州地區刻工。刻有
《資治通鑑目》宋嘉定十二年温陵郡齋刻本。八行，行十七字。

李珏　南宋乾道間江西地區刻工。刻有
《豫章先生文集》宋乾道刻本。九行，行十八字。

李珏　南宋咸淳間浙江地區刻工。刻有
《百川學海》宋咸淳刻本。十二行，行二十字。

李俊　南宋紹興間杭州地區刻工。刻有

《禮記正義》宋紹熙三年兩浙東路茶鹽司刻本。八行，行十六字。

《漢書注》南宋初杭州刻本。十行，行十九字。

《漢書注》宋紹興江南東路轉運司刻本。九行，行十六字。

《楚辭集注》十行，行十八字。

補刻《儀禮疏》十五行，行二十七字。

李保　南宋淳熙間刻工。刻有

《新刊唐昌黎先生論語筆解》十行，行十七字。

《吳志》十四行，行二十五字。

《天聖廣燈錄》宋紹興十八年刻福州開元寺毗盧大藏本。

李信　南宋紹熙間浙江地區刻工。刻有

《禮記正義》宋紹熙三年兩浙東路茶鹽司刻本。八行，行十六字。

《春秋左傳正義》宋慶元六年紹興府刻本。八行，行十六字。

《孟子注疏解經》宋嘉泰兩浙東路茶鹽司刻

本。八行，行十六字。
《中興館閣錄》九行，行十八字。
《揚子法言注》十行，行十六字。
《麗澤論說集錄》宋嘉泰四年吕喬年刻本。十行，行二十字。
《嘉泰普燈錄》宋嘉定四年淨慈寺刻本。八行，行十五字。
《南華真經注疏》八行，行十五字。
《注東坡先生詩》宋嘉泰年淮東倉曹刻景定三年鄭羽補刻本。九行，行十六字。
《東萊吕太史文集》宋嘉泰四年吕喬年刻本。十行，行二十字。

李信　南宋淳祐間江西上饒地區刻工。刻有
《朱文公訂正門人蔡九峰書集傳》宋淳祐十年吕遇龍上饒郡學刻本。十行，行十八字。

李虎　南宋乾道間江西地區刻工。刻有
《樂全先生文集》十二行，行二十二字。
《文選注》宋贛州州學刻本。九行，行十五字。
《文選注》宋淳熙八年池陽郡齋刻，紹熙三年重刻本。十行，行二十一字。

李孝　南宋绍興间浙江地區刻工。刻有《論語注疏解經》宋绍熙两浙東路茶盐司刻本。八行，行十六字。《孟子注疏解經》宋嘉泰两浙東路茶盐司刻本。八行，行十六字。《史記集解》宋绍興淮南路轉運司刻本。九行，行十六字。《後漢書注》南宋初杭州刻本。十行，行十九字。《後漢書注》宋绍興江南東路轉運司刻本。九行，行十六字。《戰國策注》宋绍興刻本。十一行，行二十字。《山海經傳》宋淳熙七年池陽郡齋刻本。十行，行二十一字。《藝文類聚》宋绍興嚴州刻本。十四行，行二十七、二十八字。《白氏文集》十三行，行二十二至二十六字。《臨川先生文集》宋绍興二十一年两浙西路轉運司王珏刻本。十二行，行二十字。

《文選注》宋淳熙八年池陽郡斋刻本。十行，行二十一字。

李彥　南宋嘉泰间安徽地区刻工。刻有

《皇朝文鑑》宋嘉泰四年新安郡斋刻本。十行，行十九字。

李彥　南宋四川地区刻工。刻有

《後山詩注》宋蜀刻本。十三行，行二十四字。

李彥才　南宋淳熙间江西地区刻工。刻有

《呂氏家塾讀詩記》宋淳熙九年江西漕台刻本。九行，行十九字。

李度　南宋绍興间杭州地区刻工。刻有

《漢書注》南宋初杭州刻本。十行，行十九字。

《漢書注》宋绍興江南東路轉運司刻本。九行，行十六字。

《注心賦》~~宋绍興江南東路轉司刻本。~~八行，行十五字。

《揚子法言注》十行，行十八字。

《樂府詩集》十三行，行二十三字。

李洪智　金皇統间刻工。

《趙城藏》金皇統九年至大定十三年刻。每

版二十三行，行十四字。

李宜　南宋咸淳間福建地區刻工。刻有《龜山先生語錄》宋福建漕治刻本。十行，行十八字。

李洽　南宋嘉定間浙江地區刻工。刻有《資治通鑑綱目》宋浙刻大字本。八行，行十七字。

《資治通鑑綱目》宋嘉定十二年温陵郡斋刻本。八行，行十七字。

李洵　北宋景祐間刻工。刻有《儀禮疏》十五行，行二十七字。

李祐　南宋紹興間刻工。刻有《史記集解索隱》宋淳熙三年張杅桐川郡斋刻淳熙八年耿秉補刻本。十二行，行二十五字。

《魏書》九行，行十八字。

《漢隸字源》宋嘉定五年刻本。五行，碑目九行，行十九字。

李祖訓　南宋紹興間湖北常德地區刻工。刻有《漢書注》宋紹興湖北提舉茶鹽司刻淳熙、紹熙、慶元修本。十四行，行二十六至二十九字

李訓　南宋绍興间浙江绍興地區刻工。刻有《尚書正義》宋绍興三年兩浙東路茶盐司刻本，八行，行十九字。

李時　南宋绍興间浙江杭州地區刻工。刻有《周易正義》宋绍興十五至二十一年刻本。十五行，行十六、十七字。《宋書》、《魏書》均九行，行十八字。《東坡集》宋乾道刻本。十行，行二十字。補刻有《新唐書》宋绍興刻本。十四行，行二十七字。

李連　南宋乾道间浙江地區刻工。刻有《唐鑑》十二行，行二十三字。

李珪　南宋绍興间浙江寧波地區刻工。刻有《文選注》宋绍興二十八年明州補修本。十行，行二十字至二十二字。

李格　南宋绍興间湖北地區刻工。刻有《漢書注》宋绍興湖北提舉茶盐司刻淳熙、绍熙、慶元修本。十四行，行二十六至二十九字。

李恂　南宋绍興间杭州地區刻工。刻有

《史記集解》宋紹興淮南路轉運司刻本。九行，行十六字。

《後漢書注》南宋初杭州刻本。十行，行十九字。

《後漢書注》宋紹興江南東路轉運司刻本。九行，行十六字。

《三國志注》十行，行十九字。

《資治通鑑》宋紹興三年兩浙東路茶鹽司公使庫刻本。十二行，行二十四字。

《通典》宋紹興刻本。十五行，行二十五至二十九字。

《周易正義》宋紹興十五至二十一年刻本。十五行，行二十五、二十六字。

《揚子法言注》十行，行十八字。

《管子注》十二行，行二十二至二十五字。

~~《藝文類聚》~~

《世說新語》宋紹興八年嚴州刻本。十行，行二十字。

《白氏文集》十三行，行二十二至二十九字。

《參寥子詩集》十二行，行二十四字。

《東坡集》宋乾道刻本。十行，行二十字。

《樂府詩集》宋绍興间刻本。十三行，行二十三字。

補刻有《儀禮疏》十五行，行二十七字。

李珍　北宋治平間刻工。刻有

《類篇》八行，行十六字。

李珍　宋乾道间刻工。刻有

《史記集解索隱》宋淳熙三年張杅桐川郡斋刻淳熙八年耿秉補刻本。十二行，行二十五字。

《歐公本末》宋嘉定四年刻本。九行，行十八字。

《觀史類编》九行，行十八字。

《玉堂類稿》十行，行十九、二十字。

《孔氏六帖》宋乾道二年泉州刻本。十二行，行二十四字。

《南華真經注》宋蜀中安仁趙諫議宅刻本。九行，行十五字。

《聖宋文選全集》宋乾道刻本。十六行，行二十八字。

《迂斋標注諸家文選》九行，行十九字。

李春　南宋嘉泰间安徽地區刻工。刻有

《晉書》宋嘉泰四年至開禧元年秋浦郡齋刻本。

李春　南宋中期刻工。刻有

《集韻》（湖南長沙）十行，大小字不等。

《寒山子詩》十一行，行十八字。

《友林乙稿》宋嘉定刻本。八行，行十六字。

李春祥　南宋後期江西吉安地區刻工。刻有

《慈溪黄氏日抄分類》十行，行二十字。

李政　南宋紹興間杭州地區刻工。刻有

《周易正義》宋紹興十五至二十一年刻本。十五行，行二十五、二十六字。

《宋書》、《陳書》、《魏書》、《北齊書》均九行，行十八字。

《大唐六典注》宋紹興四年溫州州學刻。十行，行二十字。

《東坡集》宋乾道刻本。十行，行二十字。

李奎　南宋咸淳間杭州地區刻工。刻有

《河東先生集》宋咸淳廖氏世綵堂刻本。九行，行十七字。

李英　南宋淳熙間安徽廣德地區刻工。刻有

《史記集解索隱》宋淳熙三年張杅桐川郡齋

刻淳熙八年耿秉補刻本。十二行，行二十五字。

李嵩　南宋初期浙江地區刻工。刻有

《尚書正義》宋紹熙三年兩浙東路茶鹽司刻本，八行，行十九字。

《春秋左傳正義》宋慶元六年紹興府刻本。八行，行十六字。

《經典釋文》十一行，行十七字。

《史記集解》宋紹興江南東路轉運司刻本。九行，行十六字。

《漢書注》宋紹興江南東路轉運司刻本。九行，行十六字。

《後漢書注》宋紹興江南東路轉運司刻本。九行，行十六字。

《南齊書》、《梁書》、《陳書》、《魏書》均九行，行十八字。

《律》附音義九行，行十八字。

李昱　南宋中期杭州地區刻工。刻有

《春秋經傳集解》八行，行十七字。

《吳志》十四行，行二十五字。

《重廣補注黃帝內經素問》十行，行二十字。

補版有：

《儀禮疏》十五行，行二十七字。

《外臺秘要》宋紹興兩浙東路茶鹽司刻本。

十三行，行二十四至二十五字。

李界　南宋紹興間南京地區刻工。刻有

《後漢書注》宋紹興江南東路茶鹽司刻本。

九行，行十六字。

李思　南宋嘉泰間浙江建德地區刻工。刻有

《東萊呂太史文集》宋嘉泰四年呂喬年刻本。

十行，行二十字。

李思義　南宋咸淳間江蘇鎮江地區刻工。刻有

《説苑》宋咸淳元年鎮江府學刻本。九行，

行十八字。

補版有：

《麗澤論説集録》宋嘉泰四年呂喬年刻本。

十行，行二十字。

《東萊呂太史文集》宋嘉泰四年呂喬年刻本。

十行，行二十字。

李思忠　南宋中期杭州地區刻工。刻有

《武經七書》十行，行二十字。

《嘉泰普燈録》宋嘉定四年淨慈寺刻本。十行，行二十字。

補刻有《宋書》、《南齊書》、《陳書》、《魏書》均九行，行十八字。

李君貴　南宋嘉泰間浙江建德地區刻工。刻有《麗澤論説集録》宋嘉泰四年呂喬年刻本。十行，行二十字。

李君賢　南宋嘉泰間浙江建德地區刻工。刻有《東萊呂太史文集》宋嘉泰四年呂喬年刻本。十行，行二十字。

李洪　南宋中期杭州地區刻工。刻有《揚子法言注》十行，行十八字。

李恭　南宋淳祐間浙江地區刻工。刻有《晦庵先生文集》宋淳祐五年刻本。十行，行十九字。

李原　南宋紹興間刻工。

《備急千金要方》十三行，行二十三字。

《孔氏六帖》宋乾道二年刻本。十二行，行二十四字。

李恩　南宋咸淳間江蘇鎮江地區刻工。刻有

《説苑》宋咸淳元年鎮江府學刻本。九行，行十八字。

李倚　南宋紹興間浙江地區刻工。刻有

《禮記正義》宋紹興間年兩浙東路茶鹽司刻本。八行，行十六字。

《春秋左傳正義》宋慶元六年紹興府刻本。八行，行十六字。

《大廣益會玉篇》十行，行字不等。

《大宋重修廣韻》十行，行二十字。

《揚子法言注》十行，行十八字。

《嘉泰普燈錄》宋嘉定四年净慈寺刻本。十行，行二十字。

李信　南宋嘉定間杭州地區刻工。刻有

《嘉泰普燈錄》宋嘉定四年净慈寺刻本。十行，行二十字。

李信　南宋中期浙江地區刻工。刻有

《尚書正義》宋紹興三年兩浙江東路茶鹽司刻本。八行，行十九字。

《春秋左傳正義》宋慶元六年紹興府刻本。八行，行十六字。

《大廣益會玉篇》十行，行字不等。
《大宋重修廣韻》十行，行二十字。
《律》附音義九行，行十八字。
《揚子法言注》十行，行十八字。
《晦庵先生文集》宋淳祐五年刻本。十行，行十九字。
補刻有《後漢書注》宋紹興江南東路轉運司刻本。九行，行十六字。
《南齊書》、《魏書》、《北齊書》。均九行，行十八字。
《通典》十五行，行二十五至二十九字。

李師正　南宋中期杭州地區刻工。刻有
《禮記正義》宋紹熙三年兩浙東路茶鹽司刻本。八行，行十六字。
《春秋左傳正義》宋慶元六年紹興府刻本。八行，行十六字。
《嘉泰普燈録》宋嘉定四年淨慈寺刻本。十行，行二十字。
《東坡集》宋乾道間刻本。十行，行二十字。
補刻有：

《宋書》、《魏書》、《北齊書》，均九行，行十八字。

李師信　南宋初期間杭州地區刻工。刻有

《東坡集》宋乾道間刻本。十行，行二十字。

李師順　南宋淳熙間杭州地區刻工。

《春秋經傳集解》十三行，行二十四字。

《史記集解索隱》宋淳熙八年耿秉補刻本。十二行，行二十五字。

《東坡集》宋乾道間刻本。十行，行二十字。

《新刊劍南詩藁》宋淳熙十四年嚴州郡齋刻本。十二行，行二十字。

補刻有：

《宋書》、《魏書》、《北齊書》均九行，行十八字。

李舉　南宋淳熙間江西地區刻工。刻有

李舉　南宋紹興間湖北地區刻工。刻有

《集古文韻》宋紹興十五年齊安郡學刻本。八行，行字不等。

《呂氏家塾讀詩記》宋淳熙九年江西漕台刻本。九行，行十九字。

《王荆公唐百家詩選》十行，行十八字。

李徐 南宋紹興杭州地區刻工。刻有《經典釋文》十一行，行十七字。

李郭 南宋慶元間四川地區刻工。刻有《太平御覽》宋慶元五年成都府學刻本。十三行，行二十二至二十四字。

李高 南宋淳熙間江西地區刻工。刻有《呂氏家塾讀詩記》宋淳熙九年江西漕台刻本。九行，行十九字。《禮記注》宋淳熙四年撫州公使庫刻本。十行，行十六字。《春秋經傳集解》宋淳熙撫州公使庫刻本。十行，行十六字。《備急千金要方》十三行，行二十三字。

李涼 南宋淳熙間四川地區刻工。刻有《孟東野詩集》十一行，行二十六字。

李涓 南宋紹熙間浙江地區刻工。刻有《禮記正義》宋紹熙三年兩浙東路茶鹽司刻本。八行，行十六字。《春秋左傳正義》宋慶元六年紹興府刻本。八行，行十六字。

《集韻》（明州本），十一行，行二十三字。

《愧郯錄》宋嘉定刻本。九行，行十七字。

補刻有：

《陶淵明集》十行，行十六字。

《文選注》宋紹興二十八年明州修補本。十行，行二十至二十二字。

李浩　南宋初期湖北地區刻工。刻有

《花間集》宋鄂州公使庫刻本。十行，行十七、十八字。

李憑　南宋嘉定間浙江地區刻工。刻有

《資治通鑑綱目》宋浙刻大字本。八行，行十七字。

《資治通鑑綱目》宋嘉定十二年溫陵郡齋刻本。八行，行十七字。

李粉　南宋淳熙間長沙地區刻工。刻有

《集韻》十行，大字三當小字四。

李益　南宋浙江地區刻工。

《史記集解索隱》宋淳熙三年張杅桐川郡齋刻淳熙八年耿秉補刻本。十二行，行二十五字。

《新唐書》宋紹興刻本。十四行，行二十四

至二十七字。
《中興館閣録》九行，行十八字。
李詳　南宋初期杭州地區刻工。刻有
《周禮疏》宋兩浙東路茶鹽司刻本。八行，行十五至十七字。
《春秋左傳正義》宋慶元六年紹興府刻本。八行，行十六字。
《春秋公羊疏》宋紹興間刻，十五行，行二十三至二十八字。
《説文解字》十行，行二十字。
《爾雅疏》十五行，行二十一字。
《爾雅注》十行，行二十字。
《後漢書注》宋紹興江南東路轉運司刻本。九行，行十六字。
《國語解》十行，行二十字。
《備急總効方》宋紹興二十四年刻本。十行，行十六字。
《臨川先生文集》宋紹興二十一年兩浙西路轉運司王珏刻本。十二行，行二十字。
《東萊先生詩集》十一行，行二十字。

補刻有《儀禮疏》十五行，行二十七字。

李祥夫　南宋後期江西地區刻工。刻有
《隋書》九行，行十九至二十二字。

李通　南宋初期浙江地區刻工。刻有
《禮記正義》宋紹熙三年兩浙東路茶鹽司刻本。八行，行十六字。
《三國志注》十行，行十八、十九字。

李頊　南宋慶元間四川地區刻工。刻有
《太平御覽》宋慶元五年成都府學刻本。十三行，行二十二至二十四字。

李捷遇　北宋治平間刻工。刻有
《類篇》八行，行十六字。

李詰　南宋淳祐間浙江地區刻工。刻有
《晦庵先生文集》宋淳祐五年刻本。十行，行十九字。

李彬　南宋淳熙間江西地區刻工。刻有
《詩集傳》宋淳熙七年筠州公使庫刻本。十行，行十九字。

李彬　南宋嘉泰間浙江地區刻工。刻有
《麗澤論說集錄》宋嘉泰四年呂喬年刻本。

十行，行二十字。

《東萊呂太史文集》宋嘉泰四年呂喬年刻本。十行，行二十字。

補刻有《新唐書》十四行，行二十四至二十七字。

李碩　南宋紹興間浙江地區刻工。刻有

《周易注疏》宋紹熙兩浙東路茶鹽司刻本。八行，行十九字。

《春秋經傳集解》八行，行十七字。

《後漢書注》南宋初杭州刻本。十行，行十九字。

《後漢書注》宋紹興江南東路轉運司刻本。九行，行十六字。

《新雕重校戰國策》宋紹興刻本。十一行，行二十字。

《外臺秘要》宋紹興兩浙東路茶鹽司刻本。十三行，行二十四字。

《景德傳燈録》宋臨安刻本。十一行，行二十字。

補刻有《儀禮疏》十五行，行二十七字。

李咸　南宋淳熙間江西地區刻工。刻有

《五朝名臣言行録》、《三朝名臣言行録》。

宋淳熙刻本。十行，行十七字。

李彪　南宋紹興間安徽舒城地區刻工。刻有

《王文公文集》宋紹興龍舒本。十行，行十七字。

李華　北宋嘉祐間刻工。刻有

《新唐書》十四行，行二十三至二十六字。

~~《新唐書》宋紹興刻宋元遞修本。十四行，行二十三至二十六字。~~

李畢　北宋景祐間刻工。刻有

《儀禮疏》十五行，行二十七字。

李寂　南宋初期浙江吳興地區刻工。刻有

《新唐書》宋紹興刻宋元遞修本。十四行，行二十三字至二十七字。

《北山小集》十行，行二十字。

李棠　南宋乾道間江西地區刻工。刻有

《樂全先生文集》十二行，行二十二字。

李敏　南宋初期浙江吳興地區刻工。刻有

《新唐書》宋紹興刻本。十四行，行二十三至二十六字。

《思溪藏》宋紹興二年王永從刻本。每開六

行，行十七字。

李儔　南宋乾道間江西贛州地區刻工。刻有《豫章先生文集》贛州州學本。九行十八字。

李偉　南宋乾道間江西地區刻工。刻有《樂全先生文集》宋乾道刻本。十二行，行二十二字。

李紹　南宋淳熙間浙江地區刻工。刻有《南史》九行，行十八字。

李章　南宋初期南京地區刻工。刻有《漢書注》宋紹興江南東路轉運司刻本。九行，行十六字。

《後漢書注》宋紹興江南東路轉運司刻本。九行，行十六字。

《史記集解》宋紹興淮南路轉運司刻本。九行，行十六字。

《漢書注》宋紹興淮南路轉運司刻本。九行，行十六字。

《後漢書注》宋紹興淮南路轉運司刻本。九行，行十六字。

《青山集》十行，行二十字。

李章　南宋淳熙间江西撫州地區刻工。刻有
《周易注》宋淳熙撫州公使庫刻本。十行，
行十六字。
《樂全先生文集》十一行，行二十二字。

李清　南宋紹興间浙江地區刻工。刻有
《後漢書注》宋紹興江南東路轉運司刻本。
九行，行十六字。
《文選注》宋紹興二十八年明州修補本。十
行，行二十至二十二字。

李宿　北宋景祐间刻工。刻有
《儀禮疏》十五行，行二十七字。

李琪　南宋淳祐间浙江地區刻工。刻有
《晦庵先生文集》宋淳祐五年刻本。十行，
行十九字。

李琦　南宋初期刻工。刻有
《成唯識論述記科文》每葉二十七，字數不等

李璞　南宋咸淳间杭州地區刻工。刻有
《昌黎先生集》宋咸淳廖氏世綵堂刻本。九
行，行十七字。

李惠堂　南宋淳祐间山西臨汾地區刻工。刻有

《雲笈七籤》蒙古乃馬真后稱制三年（1243）宋德方本。

李森　南宋嘉定间刻工。刻有《古今注》（丁黼本）十行，行十五字。

李嵓　南宋嘉泰间浙江地區刻工。刻有《注東坡先生詩》宋嘉泰淮東倉曹刻，景定三年鄭羽補刻本。九行，行十六字。《東萊吕太史文集》宋嘉泰四年吕喬年刻本。十行，行二十字。

李雲　南宋紹熙间四川眉山地區刻工。刻有《東都事略》十二行，行二十四字。

李棣　南宋初期四川地區刻工。刻有《李衛公文集》十行，行十八字。

李植　南宋紹興间温州地區刻工。刻有《大唐六典注》宋紹興四年温州州學刻本。十行，行二十字。

李琮　南宋紹熙间浙江紹興地區刻工。刻有《周禮疏》宋紹熙兩浙東路茶盐司刻本。八行，行十五至十七字。

李棠　南宋初期浙江地區刻工。刻有

《周易注疏》宋紹熙兩浙東路茶鹽司刻本。八行，行十九字。

《後漢書注》南宋初杭州刻本。十行，行十九字。

《後漢書注》宋紹興江南東路轉運司刻本。九行，行十六字。

《國語解》十行，行二十字。

《新雕重校戰國策》宋紹興刻本。十一行，行二十字。

《劉賓客文集》宋紹興八年嚴州刻本。十三行，行二十二字。

李貴　南宋紹興間浙江地區刻工。刻有

《臨川先生文集》宋紹興二十一年兩浙西轉運司王珏刻本。十二行，行二十字。

李貴　南宋淳熙間刻工。刻有

《皇朝仕學規範》十二行，行二十五字。

李景　南宋紹興間杭州地區刻工。刻有

《漢書注》南宋初杭州刻本。十行，行十九字。

《漢書注》宋紹興淮南路轉運司刻本。九行，行十六字。

李景山　南宋慶元間江西吉安地區刻工。刻有《歐陽文忠公集》宋慶元二年周必大刻本。十行，十六字。

李景從　南宋嘉定間江西吉安地區刻工。刻有《漢書集注》宋嘉定十七年白鷺洲書院刻本。八行，行十六字。

李景漢　南宋嘉定間江西吉安地區刻工。刻有《漢書集注》宋嘉定十七年白鷺洲書院刻本。八行，行十六字。

李進　南宋初期刻工。刻有《楚辭集注》十行，行十八字。

李錢　南宋淳熙間安徽廣德地區刻工。刻有《史記集解索隱》宋淳熙三年張杅桐川郡齋刻淳熙八年耿秉補刻本。十二行，行二十五字。

李順　南宋紹興間浙江吳興地區刻工。刻有《新唐書》宋紹興刻本。十四行，行二十三至二十六字。

李勝　南宋紹興間安徽舒城地區刻工。刻有《太平聖惠方》宋淮南路轉運司刻本。

李傑　南宋初期刻工。補刻有

《吴志》十四行，行二十五字。

李嵩　南宋嘉定间福建地区刻工。刻有《資治通鑑纲目》宋嘉定十二年温陵郡斋刻本。八行，行十七字。《資治通鑑纲目》宋浙刻大字本。八行，行十七字。

李善　南宋嘉泰间安徽地区刻工。刻有《皇朝文鑑》宋嘉泰四年新安郡斋刻本。十行，行十九字。

李斌　南宋绍熙间浙江绍興地区刻本。刻有《春秋左傳正義》宋慶元六年绍興府刻本。八行，行十六字。《論語注疏解经》宋绍熙两浙東路茶鹽司刻本。八行，行十六字。《孟子注疏解经》宋嘉泰两浙東路茶鹽司刻本。八行，行十六字。

李寔　南宋初期杭州地区刻工。刻有《周易注疏》宋绍熙两浙東路茶鹽司刻本。八行，行十九字。《尚書正義》宋绍熙三年两浙東路茶鹽司刻本。八行，行十六字。

《周禮疏》宋紹熙兩浙東路茶鹽司刻本。八行，行十五至十七字。

《廣韻》宋紹興刻本。十行，行二十字。

李彝　南宋中期浙江地區刻工。刻有

《資治通鑑考異》十行，行二十二字。

李義　南宋咸淳間江蘇鎮江地區刻工。刻有

《說苑》宋咸淳元年鎮江府學刻本。九行，十八字。

李瀀　南宋初期杭州地區刻工。刻有

《春秋經傳集解》十三行，行二十四字。

《武經龜鑑》十二行，行二十二字。

李詢　南宋紹興間杭州地區刻工。刻有

《周易正義》宋紹興十五至二十一年刻本。十五行，行二十六、二十七字。

《尚書正義》宋紹熙三年兩浙東路茶鹽司刻本。八行，行十九字。

《周禮疏》宋紹熙兩浙東路茶鹽司刻本。八行，行十五至十七字。

《漢書注》南宋初年杭州刻本。十行，行十九字。

《漢書注》宋紹興江南路轉運司刻本。九行，行十六字。

《陳書》九行，行十八字。

《揚子法言注》十行，行十八字。

《武經七書》十行，行二十字。

《武經龜鑑》十二行，行二十二字。

《元氏長慶集》宋乾道四年刻本。十三行，行二十三字。

《東坡集》宋乾道刻本。十行，行二十字。

《參寥子詩集》十一行，行二十四字。

《大唐六典注》宋紹興四年溫州州學刻本。十四行，行二十字。

補刻有《新唐書》十四行，行二十四至二十七字。

李詳　北宋景祐間刻工。刻有

《儀禮疏》十五行，行二十七字。

李發　南宋後期福建地區刻工。刻有

《漢書注》宋福唐郡庠刻本。十行，行十九字。

李椿（或署李春）南宋淳熙間杭州地區刻工。刻有

《集韻》十行，行大字三當小字四。小字雙

行二十九至三十一字。

《後漢書注》南宋初杭州刻本。十行，行十九字。

《後漢書注》宋紹興江南路轉運司刻本。九行，行十六字。

《晉書》宋嘉泰四年至開禧元年秋浦郡齋刻本。九行，行十六字。

《東觀餘論》九行，行十八字。

《寒山子詩集》十一行，行十八字。

《友林乙稿》八行，行十六字。

李嵩　南宋乾道間浙江吳興地區刻工。刻有

《北山小集》十行，行二十字。

《文選注》宋淳熙八年池陽郡齋刻本。十行，行二十一字

李新　南宋紹興間江西地區刻工。刻有

《呂氏家塾讀詩記》宋淳熙九年江西漕台刻本。九行，行十九字。

《文選注》宋贛州州學刻本。九行，行十五字。

李福　南宋初期刻工。刻有

《楚辭集注》八行，行十八字。

李慶　南宋紹興間杭州地區刻工。刻有《漢書注》宋紹興江南東路轉運司刻本。九行，行十六字。《後漢書注》宋紹興江南東路轉運司刻本。九行，行十六字。《莊子南華真經注疏》八行，行十五字。

李慶翁　南宋嘉定間江西吉安地區刻工。刻有《漢書集注》宋嘉定十七年白鷺洲書院刻本。八行，行十六字。

李端　南宋初期江西贛州地區刻工。刻有《文選注》宋乾道贛州州學刻本。九行，行十五字。

李廣　南宋淳熙間杭州地區刻工。刻有《景德傳燈録》十一行，行二十字。

李榮　南宋淳祐間刻工。刻有《大方廣佛華嚴經》宋寶祐三年江陵府先鋒臨李安檜刻本。五行，行十七字。《晦庵先生朱文公文集》宋福建刻本。十行，行十八字。補刻《水經注》十一行，行二十字。

李養 南宋嘉定间浙江地区刻工。刻有

《資治通鑑綱目》宋浙刻大字本。八行，行十七字。

《資治通鑑綱目》宋嘉定十二年溫陵郡斋刻本。八行，行十七字。

李瑋 南宋初期南京地区刻工。刻有

《後漢書注》宋紹興江南東路轉運司刻本。九行，行十六字。

《後漢書注》南宋初杭州刻本。十行，行十九字。

《青山集》十行，行二十字。

李德 南宋中期杭州地区刻工。刻有

《大廣益會玉篇》十行，行字不等。

《嘉泰普燈錄》宋嘉定四年淨慈寺刻本。十行，行二十字。

李德 南宋紹興间杭州地区刻工。刻有

《白氏六帖事類集》十三行，行二十四至二十七字。

李德正 南宋淳熙间浙江建德地区刻工。刻有

《通鑑紀事本末》宋淳熙二年嚴陵郡庠刻本。十三行，行二十四或二十五字。

李遲 南宋後期浙江寧波地区刻工。刻有

《四明續志》宋開慶元年刻本。十行，行十八字。

李樊 南宋初期杭州地區刻工。刻有《樂府詩集》十三行，行二十三至二十四字。

李澄 南宋紹興間杭州地區刻工。刻有《宋書》、《魏書》均九行，行十八字。

李寶 南宋紹熙間浙江紹興地區刻工。刻有《周易注疏》宋紹熙兩浙東路茶鹽司刻本。八行，行十九字。

李潮 南宋紹興間浙江溫州地區刻工。刻有《大唐六典注》宋紹興四年溫州州學刻本。十行，行二十字。

李諒 南宋初期浙江地區刻工。刻有《周禮疏》宋紹熙兩浙東路茶鹽司刻本。八行，行十五至十七字。

《春秋左傳正義》宋慶元六年紹興府刻本。八行，行十六字。

《宋書》、《梁書》、《北齊書》均九行，行十八字

李諒 南宋中期江西地區刻工。刻有

《孟東野詩集》十一行，行十六字。

李遷　南宋嘉定間福建泉州地區刻工。刻有

《資治通鑑綱目》宋嘉定十二年溫陵郡齋刻本。八行，行十七字。

《資治通鑑綱目》宋浙刻大字本。八行，行十七字。

李澤　南宋紹興間浙江地區刻工。刻有

《鮑氏國策》宋紹興二年會稽郡齋刻本。十一行，行二十字。

《大唐六典注》宋紹興四年溫州州學刻本。十行，行二十字。

李憲　南宋初期杭州地區刻工。刻有

《尚書正義》宋紹興三年兩浙東路茶鹽司刻本。八行，行十九字。

《周禮疏》宋紹興兩浙東路茶鹽司刻本。八行，行十五至十七字。

《禮記正義》宋紹興三年兩浙東路茶鹽司刻本。八行，行十六字。

《春秋經傳集解》十三行，行二十四字。

《廣韻》宋刻巾箱本。十行，行十五字。

《韻補》六行，小字每行十八字。

《史記集解索隱》宋淳熙三年張杅桐川郡齋刻淳熙八年耿秉補刻本。十二行，行二十五字。

《漢書注》南宋初杭州刻本。十行，行十九字。

《漢書注》宋紹興江南東路茶鹽司刻本。九行，行十六字。

《陳書》、《魏書》均九行，行十八字。

《論衡》宋乾道三年紹興府刻本。十行，行二十至二十二字。

《武經龜鑑》十二行，行二十二字。

《元氏長慶集》宋乾道四年刻本。十三行，行二十三字。

《東坡集》宋乾道刻本。十行，行二十字。

《淮海集》宋乾道八年高郵軍學刻紹熙三年謝雩重修本。十行，行二十一字。

《東萊先生詩集》宋乾道杭州刻本。十一行，行二十字。

李證　南宋乾道間杭州地區刻工。刻有

《史記集解索隱》宋淳熙三年張杅桐川郡齋刻淳熙八年耿秉補刻本。十二行，行二十五字。

《東坡集》宋乾道刻本。十行，行二十字。

李謀　北宋嘉祐间刻工。刻有《新唐書》十四行，行二十二至二十六字。

李機　南宋嘉定间福建建甌地區刻工。刻有《育德堂集》宋嘉定建寧府刻本。九行，行十八字。

李颖　南宋紹興间浙江地區刻工。刻有《經典釋文》十二行，行十七字。《荀子》宋淳熙八年台州刻本。八行，行十六字。

李壽　南宋初期四川地區刻工。刻有《李衛公文集》十行，行十八字。

李興　北宋景祐间刻工。刻有《儀禮疏》十五行，行二十七字。

李興　南宋江西地區刻工。刻有《普濟本事方》八行，行十六字

李應祥　南宋後期江西吉安地區刻工。刻有《慈溪黄氏日抄分類》十行，行二十字。

李懋　南宋紹興间杭州地區刻工。刻有《漢書注》宋紹興江南東路轉運司刻本。九行，行十六字。

《後漢書注》南宋初杭州刻本。十行，行十九字。
《三國志注》十行，行十八、十九字。
《通典》十五行，行二十五至二十九字。
《管子注》十二行，行二十二至二十五字。
《白氏文集》十三行，行二十二至二十六字。
《樂府詩集》宋紹興刻本。十三行，行二十三或二十四字。

李璹　南宋淳熙間浙江地區刻工。刻有
《漢書注》宋紹興江南東路轉運司刻本。九行，行十六字。
《妙法蓮華經》每開五行，行十四字。

李檮　南宋紹興間杭州地區刻工。刻有
《後漢書注》南宋初杭州刻本。十行，行十九字。
《後漢書注》宋紹興江南東路轉司刻本。九行，行十六字。

李寶　南宋中期江西贛州地區刻工。補刻有
《文選注》宋乾道贛州州學刻本。九行，行十五字。

李權　北宋景祐間刻工。刻有
《儀禮疏》十五行，行二十七字。

李贇　南宋紹興間福州地區刻工。刻有
《續高僧傳》宋紹興十八年刻福州開元寺毗盧大藏本。六行，行十七字。
《天聖廣燈錄》宋紹興十八年刻福州開元寺毗盧大藏本。六行，行十七字。

李櫝　南宋初期四川地區刻工。刻有
《李衛公文集》十行，行十八字。

李瓘　南宋慶元間四川地區刻工。刻有
《太平御覽》宋慶元成都府學刻本。十三行，行二十二至二十四字。

李顯　南宋紹興間浙江地區刻工。刻有
《重廣補注黄帝内經素問》十行，行二十字。
《景德傳燈錄》宋紹興台州刻本。十五行，行二十六至三十字。
《文選注》宋紹興二十八年明州補修本。十行，行二十至二十二字。

李巖　南宋嘉泰間浙江建德地區刻工。刻有
《東觀餘論》~~宋嘉泰四年~~九行，行十八字。
《東萊呂太史文集》宋嘉泰四年呂喬年刻本。十行，行二十字。

杜才　南宋乾道間福建長汀地區刻工。刻有《錢塘韋先生文集》宋乾道臨汀刻本。十行，行二十字。

杜太　南宋紹興間江西上饒地區刻工。刻有《重廣眉山三蘇先生文集》宋紹興三十年饒州德興縣銀山莊谿董應夢集古堂刻本。十二行，行二十七字。

杜仁　南宋乾道間福建長汀地區刻工。刻有《錢塘韋先生文集》宋乾道臨汀刻本。十行，行二十字。

杜良　南宋中期湖北常德地區刻工。補刻有《漢書注》宋紹興湖北路提舉茶鹽司刻淳熙、紹熙、慶元修本。十四行，行二十六至二十九字。

杜良臣　南宋紹興間杭州地區刻工。刻有《周書》九行，行十八字。

杜良買　南宋紹興間湖北常德地區刻工。刻有《漢書注》宋紹興湖北提舉茶鹽司刻淳熙、紹熙、慶元修本。十四行，行二十六至二十九字。

杜良賢　南宋中期湖北常德地區刻工。補刻有《漢書注》宋紹興湖北提舉茶鹽司刻淳熙、紹熙、慶元修本。十四行，行二十六至二十九字。

杜奇　南宋中期四川大邑地區刻工。刻有《南華真經注疏》宋蜀中安仁趙諫議宅刻本。八行，行十五字。

杜明　南宋乾道間刻工。刻有《漢書注》宋紹興湖北提舉茶鹽司刻淳熙、紹熙、慶元修本。十四行，行二十六至二十九字。

《三朝名臣言行録》、《五朝名臣言行録》宋淳熙刻本。十行，行十七字。

《王右丞文集》南宋初小字本。（江西南城縣）十一行，行二十字。

《錢塘韋先生文集》宋乾道臨汀刻本。十行，行二十字。

杜彦　南宋中期湖北常德地區刻工。刻有《漢書注》宋紹興湖北提舉茶鹽司刻淳熙、紹熙、慶元修本。十四行，行二十六至二十九字。

杜彥明　南宋初期四川地區刻工。刻有
　《李衛公文集》十行，行十八字。

杜俊　南宋乾道間刻工。刻有
　《春秋經傳集解》宋乾道江陰軍學刻本。十行，行十八至二十字。
　《通鑑外紀詳節》宋乾道二年刻本。十行，行十九字。
　《文選注》宋淳熙八年池陽郡齋刻本。十行，二十一字。

杜俊　南宋慶元間四川地區刻工。刻有
　《太平御覽》宋慶元五年成都府學刻本。十三行，行二十二至二十四字。

杜富　南宋淳祐間福州地區刻工。刻有
　《國朝諸臣奏議》宋淳祐十年史季温福州刻本。十一行，行二十三字。

杜雲　南宋紹興間浙江地區刻工。刻有
　《臨川先生文集》宋紹興二十一年兩浙西路轉運司王珏刻本。十二行，行二十字。

杜琳　南宋中期湖北常德地區刻工。補刻有
　《漢書注》宋紹興湖北提舉茶鹽司刻淳熙、

慶元修本。十四行，行二十六至二十九字。

杜粹　南宋初期浙江紹興地區刻工。刻有《資治通鑑》宋紹興三年兩浙東路茶鹽司刻本。十二行，行二十四字。

杜顯　南宋慶元間江西吉安地區刻工。刻有《漢隸字源》五行。《歐陽文忠公集》宋慶元二年周必大刻本。十行，行十六字。

求裕（即裘裕）南宋中期杭州地區刻工。刻有《禮記正義》宋紹熙三年兩浙東路茶鹽司刻本。八行，行十六字。《古史》十一行，行二十二字。《資治通鑑綱目》宋浙刻大字本。八行，行十七字。

補刻有：

《周易注疏》宋紹熙兩浙東路茶鹽司刻本。八行，行十九字。

《宋書》、《南齊書》、《梁書》、《陳書》均九行，行十八字。

《新唐書》宋紹興刻本。十四行，行二十四

至二十七字。《揚子法言》十行，行十八字。《文選注》宋紹興二十八年明州刻遞修本。十行，行二十字至二十二字。《文選注》宋贛州州學刻遞修本。九行，行十五字。

求然　南宋嘉定間浙江地區刻工。刻有《資治通鑑綱目》宋浙刻大字本。八行，行十七字。

邢宣　南宋紹興間南京地區刻工。刻有《後漢書注》宋紹興江南東路轉運司刻本。九行，行十六字。

邢琮　南宋紹興間杭州地區刻工。刻有《周易正義》宋紹興十五至二十一年刻本。十五行，行二十六、二十七字。

吾六　南宋嘉泰間福建建昌地區刻工。刻有《樂書目錄正誤》宋嘉泰二年刻本。八行，行字不等。

吾文　南宋中期四川地區刻工。刻有《東坡先生外制集》宋蜀刻中箱本。十四行，行二十五字。

君玉　南宋淳祐间福州地區刻工。刻有《國朝諸名臣奏議》宋淳祐十年史季温福州刻本。十一行，行二十三字。

君斈　南宋淳祐间安徽地區刻工。刻有《儀禮要義》宋淳祐十二年魏克愚刻本。九行，行十八字。

君和　南宋淳祐间福建建陽地區刻工。刻有《晦庵先生朱文公文集》宋福建刻本。十行，行十八字。

君美　南宋中期福建地區刻工。刻有《監本附音春秋公羊傳注疏》宋福建刻本。十行，行十七字。《監本附釋音春秋穀梁傳注疏》宋福建刻本。十行，行十七字。

君美　南宋中期江西地區刻工。刻有《新唐書》十行，行十九字。

君祐　南宋中期江西贛州地區刻工。補刻有《古靈先生文集》宋紹興重刻本。十行，行十八或十九字。

君善　南宋慶元间福建建陽地區刻工。刻有

《監本附釋音春秋穀梁傳注疏》宋刻本。十行，行十七字。

君梓　南宋慶元間福建建陽地區刻工。刻有

《五代史記》宋慶元五年刻本。十行，行十八字。

君德　南宋慶元間福建建陽地區刻工。刻有

《五代史記》宋慶元五年刻本。十行行十八字。

君錫　南宋中期福建地區刻工。刻有

《監本附音春秋公羊傳注疏》宋福建刻本。十行，行十七字。

劭夫　南宋紹熙間浙江地區刻工。刻有

《尚書正義》宋紹熙三年兩浙東路茶鹽司刻本。八行，行十九字。

《周禮疏》宋兩浙東路茶鹽司刻本。八行，行十五至十七字。

《春秋左傳正義》宋慶元六年紹興府刻本。八行，行十六字。

《梁書》九行，行十八字。

志才　南宋中期江西九江地區刻工。刻有

《自警編》十行，行二十字。

志順　南宋淳祐间福建建甌地區刻工。刻有《晦庵先生朱文公文集》十行，行十八字。

克中　南宋咸淳间江蘇鎮江地區刻工。刻有《說苑》宋咸淳元年鎮江府學刻本。九行，行十八字。

克明（劉姓）南宋嘉泰间江西吉安地區刻工。《周益文忠公集》宋開禧二年刻本。十行，行十六字。《文苑英華》宋嘉泰四年周必大刻本。十三行，行二十二字。

克敬　南宋中期福建地區刻工。刻有《資治通鑑》宋福建刻本。十一行，行二十二字。

阮于　南宋初期杭州地區刻工。《毛詩正義》宋紹興九年紹興府刻本。十五行，行二十四至二十六字。《春秋經傳集解》八行，行十六字。《春秋經傳集解》宋撫州公使庫刻本。十行，行十六字。《春秋公羊傳解詁》宋淳熙撫州公使庫刻紹熙四年重修本。十行，行十六字。

《說文解字》十行，行二十字。

《廣韻》南北宋之交。十行，行二十字。

《舊唐書》宋紹興兩浙東路茶鹽司刻本。十四行，行二十五字。

《編年通載》五行，行十七字。

《外臺秘要》宋紹興兩浙東路茶鹽司刻本。十三行，行二十四至二十五字。

《事類賦注》宋紹興十六年兩浙東路茶鹽司刻本。八行，行十四至十六字。

《文粹》宋紹興九年臨安府刻本。十五行，行二十四至三十字。

補刻有《史記集解》北宋刻遞修本。十行，行十九字。

阮才　南宋中期江西地區刻工。刻有

《記纂淵海》十三行，行二十二字。

《宛陵集》宋紹興宣州軍州學刻嘉定十七年修本。十行，行十九字。

《東坡集》十行，行十八字。

《放翁先生劍南詩藁》十行二十字。

《儀禮經傳通解》宋嘉定十年南康道院刻本。

七行，行十五字。

阮仁　南宋淳熙间浙江地區刻工。刻有《荀子注》宋淳熙台州刻本。八行，行十六字。

阮升　南宋淳熙间江西撫州地區刻工。刻有《禮記注》宋淳熙四年撫州公使庫刻本。十行，行十六字。《春秋經傳集解》宋撫州公使庫刻本。十行，行十六字。

阮卞　南宋淳熙间浙江建德地區刻工。刻有《通鑑紀事本末》宋淳熙二年嚴陵郡庠刻本。十三行，行二十四至二十五字。

阮中　南宋紹興间福州地區刻工。刻有《續高僧傳》宋紹興十八年刻福州開元寺毗盧大藏本。六行，行十七字。

阮正　南宋乾道间江西地區刻工。刻有《東坡集》十行，行十八字。

阮正　南宋福建地區刻工。刻有《夷堅志》九行，行十八字。

阮生　南宋紹興间福州地區刻工。刻有《天聖廣燈録》宋紹興十八年刻福州開元寺幽盧大藏本。六行，行十七字。

阮生　南宋咸淳间福建地區刻工。刻有

《周易本義》宋咸淳元年吴革刻本。六行，

行十六字。

《張子語録》宋福建漕治刻本。十行，行十

八字。

《龜山先生語録》十行，行十八字。

阮右　南宋中期江西地區刻工。刻有

《東坡集》十行，行十八字。

阮圭　南宋淳熙间湖北黄岡地區刻工。刻有

《東坡先生後集》十行，行十六字。

阮成之　南宋嘉泰间安徽地區刻工。刻有

《皇朝文鑑》宋嘉泰四年新安郡斋刻本。十

行，行十九字。

阮光　南宋乾道间江西地區刻工。刻有

《王右丞文集》十一行，行二十字。

阮先　南宋嘉定间浙江寧波地區刻工。刻有

《攻媿先生文集》宋四明樓氏家刻本。十行，

行十八字。

阮向　南宋江西地區刻工。刻有

《輿地廣記》宋九江郡斎刻嘉泰四年、淳祐十年遞修本。十三行，行二十四字。

阮玘　南宋嘉泰间江蘇揚州地區刻工。刻有《注東坡先生詩》宋嘉泰淮東倉司刻本。九行，行十六字。

阮老　南宋紹興间杭州地區刻工。刻有《周易正義》宋紹興十五至二十一年刻本。十五行，行二十六、二十七字。

阮甫　南宋中期浙江地區刻工。刻有《三國志注》十行，行十八、十九字。

阮林　南宋嘉定间杭州地區刻工。刻有《嘉泰普燈録》宋嘉定淨慈寺刻本。十行，行二十字。

阮明五　南宋紹興间杭州地區刻工。刻有《宋書》、《梁書》、《魏書》均九行，行十八字。

阮忠　南宋中期刻工。《押韻釋疑》宋嘉熙三年禾興郡斎刻本。十行，小字二十五。

《漢書注》宋紹興湖北提舉茶鹽司刻淳熙、紹熙、慶元修本。

《漢書注》宋福唐郡庠刻本。八行，行十六字。

《注東坡先生詩》宋嘉泰淮東倉司刻景定三年鄭羽補刻本。九行，行十六字。

阮和　南宋淳祐間浙江地區刻工。刻有

《晦庵先生文集》宋淳祐五年刻本。十行，行十九字。

阮朋　南宋嘉泰間江蘇揚州地區刻工。刻有

《注東坡先生詩》宋嘉泰淮東倉司刻景定三年鄭羽補刻本。九行，行十六字。

阮宗　南宋初期杭州地區刻工。刻有

《周易正義》宋紹興十五至二十一年刻本。十五行，行二十六、二十七字。

《舊唐書》宋紹興兩浙東路茶鹽司刻本。十四行，行二十五字。

《宛陵先生文集》宋紹興十年宣州刻本。十行，行十九字。

《王文公文集》宋紹興龍舒本。十行，行十七字。

《廬山記》九行，行十八字。
《文選注》宋紹興二十八年明州補修本。十行，行二十至二十二字。
阮祐　南宋紹熙間浙江地區刻工。刻有
《禮記正義》宋紹熙三年兩浙東路茶鹽司刻本。八行，行十六字。
《鮑氏國策校注》宋紹熙二年會稽郡齋刻本。十一行，行二十字。
《梁書》九行，行十八字。
《武經七書》十行，行二十字。
《嘉泰普燈録》宋嘉定四年淨慈寺刻本。十行，行二十字。
阮裕　南宋嘉定間杭州地區刻工。刻有
《嘉泰普燈録》宋嘉定四年淨慈寺刻本。十行，行二十字。
阮邊　南宋中期浙江地區刻工。刻有
《晦庵先生朱文公語録》池州本十行，行二十字。
《注東坡先生詩》宋嘉泰淮東倉曹刻景定三年鄭羽補刻本。九行，行十六字

阮慶　南宋嘉泰間江蘇揚州地區刻工。刻有《注東坡先生詩》宋嘉泰淮東倉司刻本。九行，行十六字。

阮畢　南宋乾道間江西贛州地區刻工。刻有《文選注》宋贛州州學刻本。九行，行十五字。

阮興　南宋中期福建地區刻工。刻有《資治通鑑》十一行，行二十一字。

吳一　北宋四川地區刻工。刻有《李太白文集》十一行，行二十字。

吳卜　南宋嘉熙間刻工。刻有《磧沙藏》每開六行，行十七字。

吳三　南宋慶元間四川地區刻工。刻有《太平御覽》宋慶元五年成都府學刻本。十三行，行二十二至二十四字。

吳才　南宋紹興間福州地區刻工。刻有《天聖廣燈錄》宋紹興十八年刻福州開元寺毗盧大藏本。

吳才　南宋嘉定間福建地區刻工。刻有《西漢會要》宋嘉定建寧郡齋刻本。十一行，行二十字。

《国朝諸臣奏議》宋淳祐十年史季温福州刻本。十一行，行二十三字。

《監本纂圖春秋经傳集解》宋建刻本。十行，行十九字。

吴才　南宋乾道间浙江金華地區刻工。刻有

《三蘇先生文粹》宋乾道婺州吴宅桂堂刻本。十四行，行二十六字。

吴才　南宋嘉泰间安徽地區刻工。刻有

《晋書》宋嘉泰四年至開禧元年秋浦郡斋刻本。九行，行十六字。

吴才　南宋嘉定间湖南地區刻工。刻有

《致堂讀史管见》宋嘉定十一年衡陽郡斋刻本。十二行，行二十三字。

吴才　南宋中期杭州地區刻工。刻有

《記纂淵海》十三行，行二十二字。

《碧雲集》宋臨安府陳道人書籍鋪刻本。十行，行十八字。

吴士明　南宋淳熙间江西撫州地區刻工。刻有

《王荆公唐百家詩選》十行，行十八字。

吴山　南宋淳熙间江西撫州地區刻工。刻有

《禮記注》宋淳熙四年撫州公使庫刻本。十行，行十六字。

《春秋經傳集解》宋撫州公使庫刻本。十行，行十六字。

《春秋公羊經傳解詁》宋淳熙四年撫州公使庫刻紹熙四年重修本。十行，行十六字。

吳山　南宋淳祐間江西上饒地區刻工。刻有

《朱文公訂正門人蔡九峰書集傳》宋淳祐十年呂遇龍上饒郡學刻本。十行，行十八字。

吳千七　南宋後期杭州地區刻工。補刻有

《宋書》、《魏書》均九行，行十八字。

《國語解》十行，行二十字。

吳小二　南宋初期江西撫州地區刻工。刻有

《春秋傳》宋乾道四年刻慶元五年黃汝嘉修補本。十行，行二十字。

《五代史記》南宋初撫州刻本。十二行，行二十二字。

吳六　南宋紹興間杭州地區刻工。刻有

《魏書》九行，行十八字。

吳文　南宋紹熙間浙江紹興地區刻工。刻有

《周易注疏》宋紹熙兩浙東路茶盐司刻本。八行，行十九字。

吴文　南宋淳熙間江西撫州地區刻工。刻有《王荊公文詩注》宋撫州刻本。七行，行十五字。《東坡集》十行，行十八字。

吴文　南宋寶慶間廣州地區刻工。刻有《新刊校定集注杜詩》宋寶慶元年廣東漕司刻本。九行，行十六字。

吴文　南宋後期福建建甌地區刻工。刻有《周易本義》宋咸淳元年吴革刻本。六行，行十五字。《東漢會要》宋寶慶二年建寧郡齋刻本。十一行，行二十字。《張子語録》宋福建漕治刻本。十行，行十八字。《龜山先生語録》宋福建漕治刻本。十行，行十八字。

吴文伯　南宋開禧間江西吉安地區刻工。刻有《周益文忠公全集》宋開禧二年刻本。十行，行十六字。

吴文昌　南宋紹興間浙江地區刻工。刻有《宋書》、《魏書》、《北齊書》均九行，行十八字。《文選注》宋贛州州學刻本。九行，行十五字。補刻有《儀禮疏》十五行，行二十七字。

吴文彬　南宋寶慶間廣州地區刻工。刻有《附釋文互注禮部韻略》九行，小字雙行約二十四字。《新刊校定集注杜詩》宋寶慶元年廣東漕司刻本。九行，行十六字。

吴文煥　南宋咸淳間杭州地區刻工。刻有《咸淳臨安志》宋咸淳臨安府刻本。十行，行二十字。

吴方　南宋嘉定間福建建甌地區刻工。刻有《西漢會要》宋嘉定建寧郡齋刻本。十一行，行二十字。

吴方宏　南宋慶元間浙江紹興地區刻工。刻有《春秋左傳正義》宋慶元六年紹興府刻本。八行，行十六字。

吴元　南宋中期江西地區刻工。刻有

《杏溪傅氏禹貢集解》十一行，行十八字。
《儀禮經傳通解》宋嘉定十年南康道院刻本。
七行，行十五字。
《本草衍義》宋淳熙十二年江西轉運司刻慶
元元年重修本。十一行，行二十一字。
《倚松老人詩集》宋慶元五年黄汝嘉重刻本。
十行，行二十字。
《放翁先生劍南詩稾》十行，行二十字。
補版有《宛陵集》宋紹興宣州軍州學刻嘉定
十七年修本。十行，行十九字。
吴元　南宋寶慶間福建建甌地區刻工。刻有
《東漢會要》宋寶慶二年建寧郡齋刻本。十
一行，行二十字。
吴元　南宋寶慶間廣州地區刻工。刻有
《新刊校定集注杜詩》宋寶慶元年廣東漕司
刻本。九行，行十六字。
吴正　南宋乾道間江西贛州地區刻工。刻有
《文選注》宋贛州州學刻本。九行，行十五字。
吴友成　南宋紹興間湖北江陵地區刻工。刻有
《建康實録》宋紹興十八年荆湖北路安撫司

刻遞修本。十一行，行二十字。

《南華真經注》十行，行十五字。

吴太　南宋乾道间福建泉州地區刻工。刻有

《孔氏六帖》南宋乾道二年韓仲通泉州刻本。十二行，行二十四字。

吴中　南宋紹興间杭州地區刻工。刻有

《尚書正義》宋紹熙三年兩浙東路茶鹽司刻本。八行，行十九字。

《周禮疏》宋兩浙東路茶鹽司刻本。八行，行十五至十七字。

《説文解字》十行，行二十字。

《史記集解》宋紹興淮南路轉運司刻本。九行，行十六字。

《史記集解索隱》宋淳熙三年張杅桐川郡齋刻淳熙八年耿秉補修本。十二行，行二十五字。

《宋書》、《南齊書》、《魏書》均九行，行十八字。

《資治通鑑綱目》宋浙刻大字本。八行，行十七字。

《古史》十一行，行二十二字。

《通鑑紀事本末》宋淳熙二年嚴陵郡庠刻本。十三行，行二十四或二十五字。

《揚子法言》十行，行十八字。

《補注蒙求》十二行，行二十字。

《禮記集説》宋嘉熙四年新定郡齋刻本。十三行，行二十五字。

《文選注》宋紹興二十八年明州補修本。十行，行二十至二十二字。

吴中　南宋淳熙間江西撫州地區刻工。刻有

《春秋經傳集解》宋淳熙撫州公使庫刻本。十行，行十六字。

《春秋公羊經傳解詁》宋淳熙刻紹熙四年重修本。十行，行十六字。

《經典釋文》宋淳熙四年撫州公使庫刻本。十行，行十六字。

《慈溪黄氏日抄分類》十行，行二十字。

《東坡集》十行，行十八字。

《文選注》宋贛州州學刻本。九行，行十五字。

吴中　南宋嘉定間福建地區刻工。刻有

《資治通鑑綱目》宋嘉定十二年温陵郡齋刻

本。八行，行十七字。

《景文宋公文集》宋麻沙本。十二行，行二十字。

吴仁　南宋淳熙间江西地區刻工。刻有

《温國文正司馬公文集》宋绍興间刻本。十二行，行二十字。

《春秋經傳集解》宋嘉定九年興國軍學刻本。八行，行十七字。

《儀禮經傳通解》宋嘉定十年南康道院刻本。七行，行十五字。

吴仁　南宋福建泉州地區刻工。刻有

《資治通鑑綱目》宋嘉定十二年温陵郡齋刻本。八行，行十七字。

《孔氏六帖》宋乾道二年泉南郡庠刻本。十二行，约十八九字。

吴玉　南宋江西贛州地區刻工。刻有

《詩說》九行，行二十二字。

《文選注》宋贛州州學刻本。九行，行十五字。

吴玉　北宋刻工。刻有

《大廣益會玉篇》北宋刻本。十行，行二十字。

吴玉　南宋中期浙江地區刻工。刻有
《孟子注疏解經》宋嘉泰兩浙東路茶鹽司刻本。八行，行十六字。
補刻有
《周禮疏》宋兩浙東路茶鹽司刻本。八行，行十五至十七字。
《經典釋文》十一行，行十七字。
《説文解字》十行，行二十字。
《宋書》、《南齊書》、《魏書》均九行，行十八字。

吴平　南宋淳熙間江西撫州地區刻工。刻有
《禮記注》宋淳熙四年撫州公使庫刻本。十行，行十六字。

吴石　南宋福建地區刻工。刻有
《聖宋名賢五百家播芳大全文粹》宋刻本。十四行，二十五字。

吴正　南宋乾道間刻工。刻有
《集韻》十行，小字雙行十九至二十一字。
《孔氏六帖》宋乾道二年泉南郡庠刻本。十二行，行約十八、十九字。

《酒經》嚴州本。十行，行十八字。

《王右丞集》南宋初刻小字本。十一行，行二十字。

《韓集舉正》南宋初刻本。十一行，行二十字。

《錢塘韋先生文集》臨汀本十行，行二十字。

《三蘇先生文粹》宋乾道婺州吴宅桂堂刻本。十四行，行二十六字。

《文選注》宋紹興二十八年明州補修本。十行，行二十至二十二字。

《聖宋文選全集》宋乾道刻本。十二行，行二十八字。

《東都事略》十二行，行二十四字。

吴丙　南宋紹熙間刻工。刻有

《坡門酬唱集》九行，行十六字。

吴世　南宋紹興間江西撫州地區刻工。刻有

《謝幼槃文集》宋紹興二十二年撫州刻本。十行，行十八字。

吴世明　南宋乾道間江西地區刻工。刻有

《豫章黄先生文集》宋乾道刻本。九行，行十八字。

吴世榮　南宋初期江西撫州地區刻工。刻有

《禮記注》宋淳熙四年撫州公使庫刻本。十行，行十六字。

《春秋傳》宋乾道四年刻慶元五年黄汝嘉重修本。

《五代史記》南宋初撫州刻本。十二行，行二十二字。

吴申　南宋淳熙間江西地區刻工。刻有

《周易注》宋撫州公使庫刻本。十行，行十六字。

《春秋公羊經傳解詁》宋淳熙刻紹熙四年重修本。十行，行十六字。

《陶淵明集》宋南康曾集本。十行，行十六字。

吴中　南宋嘉定間福建地區刻工。刻有

《資治通鑑綱目》宋嘉定十二年温陵郡斋刻本。八行，行十七字。

《晦庵先生朱文集》宋淳祐五年刻本。十行，行十九字。

吴甲　南宋淳熙間江西贛州地區刻工。刻有

《文選注》宋贛州州學刻本。九行，行十五字。

吴生　南宋紹熙間浙江紹興地區刻工。刻有

《尚書正義》宋紹熙三年兩浙東路茶鹽司刻本。八行，行十九字。

吴生　南宋淳熙間江西撫州地區刻工。刻有

《周易注》宋淳熙撫州公使庫刻本。十行，行十六字。

《禮記注》宋淳熙四年撫州公使庫刻本。十行，行十六字。

《春秋經傳集解》宋撫州公使庫刻本。十行，行十六字。

《春秋公羊經傳解詁》宋淳熙刻紹熙四年重修本。十行，行十六字。

吴生　南宋淳祐間福建地區刻工。刻有

~~《資治通鑑綱目》宋嘉定十二年温陵郡齋刻本。八行，行十七字。~~

《國朝諸臣奏議》宋淳祐十年史季温福州刻本。十行，行二十三字。

《資治通鑑綱目》宋詹祖光月厓書堂刻本。十行，行十六字。

吴用 南宋後期江西吉安地區刻工。刻有
《慈溪黄氏日抄分類》十行，行二十字。

吴立 南宋紹興間江西地區刻工。刻有
《禮記注》宋淳熙四年撫州公使庫刻本。十行，行十六字。
《古靈先生文集》宋紹興三十年章貢郡齋刻本。十行，行十八字。
《豫章黄先生文集》宋乾道贛州州學刻本。九行，行十八字。
《文選注》宋贛州州學刻本。九行，行十五字。

吴永 南宋初期浙江地區刻工。刻有
《增廣司馬温公全集》十二行，行二十字。

吴永年 南宋初期刻工。刻有
《史記集解》十行，行十九字。
《漢書注》十行，行十九字。
《花間集》十行，行十七、十八字。

吴江 南宋紹興間浙江紹興地區刻工。刻有
《外臺秘要》宋紹興兩浙東路茶鹽司刻本。十三行，行二十四至二十五字。

吴戎 南宋紹興間浙江寧波地區刻工。刻有

《文選注》宋紹興二十八年明州修補本。十行，行二十至二十二字。

吴充　南宋寶慶間浙江地區刻工。刻有《子略》宋寶慶刻本。十行，二十字。

吴圭　北宋景祐間刻工。刻有《史記集解》十行，行十九字。

吴圭　南宋嘉定間福建地區刻工。刻有《資治通鑑綱目》宋嘉定十二年温陵郡齋刻本。八行，行十七字。《東漢會要》宋寶慶二年建寧郡齋刻本。十一行，行二十字。《晦庵先生文集》宋淳祐五年刻本。十行，十九字。

吴圭　南宋初期浙江地區刻工。刻有《集韻》十一行，行二十三字。《資治通鑑》宋紹興三年兩浙東路茶鹽司刻本。十二行，行二十四字。《陶淵明集》十行，行十六字。《杜工部集》十行，行十八至二十一字。《吴志》十四行，行二十五字。

吴育成　南宋初期湖北地區刻工。刻有《南華真經注》十行，行十五字。

吴再成　北宋治平間刻工。刻有《類篇》八行，行十六字。

吴光　南宋淳熙間江西地區刻工。刻有《孟東野詩集》十一行，行十六字。

吴光澤　南宋紹興間山西地區刻工。刻有《成唯識論了義燈鈔科文》齋年八年（即紹興七年）醴州乾明院刻本。

吴先　南宋乾道間刻工。刻有《三國志注》十四行，行二十五字。《三朝名臣言行録》《五朝名臣言行録》宋淳熙刻本。十行，行十七字。《錢塘韋先生文集》宋乾道臨汀刻本。十行，行二十字。

吴成　南宋初期湖北地區刻工。刻有《漢書注》宋紹興湖北提舉茶鹽司刻淳熙、紹熙、慶元修本。十四行，行二十六至二十九字。《南華真經注》十行，行十五字。

吴仲　南宋淳熙間江西地區刻工。刻有

《吕氏家塾讀詩記》宋淳熙九年江西漕台刻本。九行，行十九字。

《春秋經傳集解》宋撫州公使庫刻本。十行，行十六字。

《春秋公羊經傳解詁》宋淳熙撫州公使庫刻紹熙四年重修本。十行，行十六字。

《歐陽文忠公集》宋慶元二年周必大刻本。十行，行十六字。

《東萊先生詩集》宋慶元五年黄汝嘉刻本。十行，行二十字。

《史記集解》宋紹興淮南路轉運司刻本。九行，行十六字。

《史記集解索隱》宋淳熙三年張杅桐川郡齋刻淳熙八年耿秉補刻本。十二行，行二十五字。

《坡門酬唱集》九行，行十六字。

補版有《後漢書注》南宋初杭州刻本。十行，行十九字。

吴仲甫　南宋嘉泰間安徽地區刻工。刻有

《皇朝文鑑》宋嘉泰四年新安郡斋刻本。十行，行十九字。

吴仲明　南宋中期南京地區刻工。補刻有《史記集解》宋紹興淮南路轉運司刻本。九行，行十六字。

吴行重　南宋淳熙間江西撫州地區刻工。刻有《經典釋文》宋淳熙四年撫州公使庫刻本。十行，行十九、二十字。

吴全　南宋初期安徽地區刻工。刻有《大易粹言》宋淳熙三年舒州公使庫刻本。十行，行二十字。

《王文公文集》宋紹興龍舒本。十行，行十七字。

吴全　南宋江西地區刻工。刻有《輿地廣記》宋九江郡斋刻嘉泰四年、淳祐十年遞修本。十三行，行二十四字。

~~吴全　南宋~~

《義豐文集》宋淳祐三年王旦刻本。十行，十八字。

吴决　南宋紹熙間浙江紹興地區刻工。刻有

《尚書正義》宋紹熙兩浙東路茶鹽司刻本。八行，行十九字。

吳安　北宋景祐間刻工。刻有《史記集解》十行，行十九字。《漢書注》十行，行十九字。

吳辰　南宋咸淳間福建地區刻工。刻有《張子語録》宋福建漕治刻本。十行，行十八字。

吳李　南宋中期浙江地區刻工。刻有《大宋重修廣韻》十行，行二十字。

吳志　南宋中期杭州地區刻工。刻有《禮記正義》宋紹熙三年兩浙東路茶鹽司刻本。八行，行十六字。《春秋左傳正義》宋慶元六年紹興府刻本。八行，行十六字。《大廣益會玉篇》十行，行字不等。《廣韻》十行，行二十字。《集韻》十一行，行二十三字。《資治通鑑綱目》宋浙刻大字本。八行，行十七字。

《律》附音義九行，行十八字。

《歷代故事》宋嘉定四年刻本。八行，行十六字。

《麗澤論説集録》宋嘉泰四年吕喬年刻本。十行，行二十字。

《武經七書》十行，行二十字。

《妙法蓮華經》宋杭州刻本。六行，行十七字。

《嘉泰普燈録》宋嘉定四年净慈寺刻本。十行，行二十字。

《晦庵先生朱文公語録》十行，行二十字。

《晦庵先生文集》宋淳祐五年刻本。十行，行十九字。

《文選注》宋淳熙八年池陽郡齋刻本。十行，行二十一字。

《三蘇先生文粹》十行，行十八字。

《東萊吕太史文集》宋嘉泰四年吕喬年刻本。十行，行二十字。

補刻有：

《儀禮疏》十五行，行二十七字。

《經典釋文》十一行，行十七字。

《說文解字》十行，行二十字。

《古史》十一行，行二十二字。

《新唐書》宋紹興刻宋元遞修本。十四行，行二十四至二十七字。

《宋書》、《南齊書》、《梁書》、《陳書》、《魏書》、《北齊書》均九行，行十八字

吳志　南宋紹興間湖北黄岡地區刻工。刻有

《王黄州小畜集》宋紹興十七年黄州刻本。十一行，行二十二字。

吳志　南宋淳熙間江西地區刻工。刻有

《呂氏家塾讀詩記》宋淳熙九年江西漕台刻本。九行，行十九字。

《東坡集》宋紹熙間刻本。十行，行十八字。

《慈溪黄氏日抄分類》十行，行二十字。

吳甫　南宋淳熙間安徽地區刻工。刻有

《文選注》宋淳熙八年池陽郡齋刻本。十行，行十八至二十一字。

吳甫　南宋嘉定間湖北武昌地區刻工。刻有

《春秋經傳集解》宋嘉定九年興國軍學刻本。八行，行十七至十九字。

吴求　南宋绍熙间浙江绍興地區刻工。刻有
《禮記正義》宋绍熙三年两浙東路茶盐司刻
本。八行，行十六字。
吴佐　南宋绍興间浙江地區刻工。刻有
《史記集解》宋绍興淮南路轉運司刻本。九
行，行十六字。
《後漢書注》宋绍興淮南東路轉運司刻本。
九行，行十六字。
《後漢書注》南宋初杭州刻本。十行，行十
九字。
《孔氏六帖》宋乾道二年泉南郡斋刻本。十
二行，行十四字。
吴伸　南宋绍興間浙江地區刻工。刻有
《史記集解》宋绍興淮南路轉運司刻本。九
《舊唐書》宋绍興两浙東路茶盐司刻本。十　補在史記集解之下。
四行，行二十五字。
補本。九行，行十六字。
《資治通鑑綱目》宋嘉定十二年温陵郡斋刻
本。八行，行十七字。
吴岳　南宋绍興间福州地區刻工。刻有

《天聖廣燈錄》宋紹興十八年刻福州開元寺毗盧大藏本。六行，行十七字。

吳良　南宋淳熙間江西地區刻工。刻有

《呂氏家塾讀詩記》宋淳熙九年江西漕台刻本。九行，行十九字。

《詩集傳》宋淳熙七年筠州公使庫刻本。十行，行十九字。

《集韻》十行，小字雙行十九至二十一字。

《本草衍義》宋淳熙十二年江西轉運司刻慶元元年修補本。十一行，行二十一字。

《坡門酬唱集》九行，行十六字。

吳孚　南宋後期杭州地區刻工。刻有

《春秋經傳集解》八行，行十七字。

補刻有《史記集解索隱》十二行，行二十四至二十六字。

吳沛　南宋紹興間杭州地區刻工。刻有

《春秋公羊傳疏》宋紹興間刻本。十五行，行二十三至二十八字。

吳邵　南宋紹興間杭州地區刻工。刻有

《舊唐書》宋紹興兩浙東路茶鹽司刻本。十

四行，行二十五至二十七字。
《外臺秘要》宋紹興兩浙東路茶鹽司刻本。十三行，行二十四至二十五字。
《文粹》宋紹興九年臨安府刻本。十五行行二十四至二十七字。

吳松　南宋嘉定間浙江地區刻工。刻有
《愧郯錄》宋嘉定刻本。九行，行十七字。

吳青　南宋淳祐間刻工。刻有
《河南程氏遺書》十一行，行二十一字。

吳明　南宋後期浙江地區刻工。刻有
《補注蒙求》十二行，行二十字。
《晦庵先生文集》宋淳祐五年刻本。十行，行十九字。
補刻有《宋書》、《南齊書》、《陳書》、《北齊書》均九行，行十八字。

吳明　南宋淳熙間江西撫州地區刻工。刻有
《禮記注》宋淳熙四年撫州公使庫刻本。十行，行十六字。
《春秋經傳集解》宋撫州公使庫刻本。十行，行十六字。

吴昌　南宋淳熙间江西撫州地區刻工。刻有《禮記注》宋淳熙四年撫州公使庫刻本。十行，行十六字。

吴忠　南宋乾道间江西贛州地區刻工。刻有《文選注》宋贛州州學刻本。九行，行十五字。《孔氏六帖》宋乾道二年泉南郡庠刻本。十二行，行十四字。

吴迪　南宋紹興间南京地區刻工。刻有《史記集解》宋紹興淮南路轉運司刻本。九行，行十六字。

吴昇　南宋嘉定间江西吉安地區刻工。刻有《漢書集注》宋嘉定十七年白鷺洲書院刻本。八行，行十六字。《後漢書注》宋嘉定白鷺洲書院刻本。八行，行十六字。《後漢書注》宋嘉定元年蔡琪純父一經堂刻本。九行，行十六字。

吴怡　南宋後期杭州地區刻工。刻有《葛無懷小集》陳道人書籍鋪本。

吴尭　南宋後期浙江地區刻工。刻有

《周易本義》七行，行十五字。

《詩集傳》七行，行十五字。

《通鑑紀事本末》宋寶祐五年趙與𥲅刻本。十一行，行十九字。

吴宗　南宋紹興間浙江地區刻工。刻有

《禮記正義》宋紹熙三年兩浙東路茶鹽司刻本。八行，行十六字。

《三國志注》十行，行十九字。

《南齊書》、《魏書》均九行，行十八字。

《通鑑紀事本末》宋淳熙二年嚴陵郡庠刻本。十三行，行二十四或二十五字。

《廣韻》十行，小字二十七至二十九字。

《陶淵明集》十行，行十六字。

《樂全先生文集》十二行，行二十二字。

《放翁先生劍南詩稿》十行，行二十字。

《文選注》宋紹興二十八年明州補修本。十行，行二十至二十二字。

《禮記集説》宋嘉定四年新定郡齋刻本。十三行，行二十五字。

吴宗林　南宋中期杭州地區刻工。補刻有

《陳書》九行，行十八字。

吳定　南宋紹興間浙江地區刻工。刻有

《集韻》十二行，行二十三字。

《文選注》宋紹興二十八年明州補修本。十行，行二十至二十二字。

吳春　南宋中期浙江地區刻工。刻有

《大宋重修廣韻》十行，行二十字。

《資治通鑑綱目》宋浙刻大字本。八行，行十七字。

《律》附音義九行，行十八字。

《東萊呂太史文集》宋嘉泰四年呂喬年刻本。十行，行二十字。

《渭南文集》宋嘉定十三年溧陽學宮刻本。十行，行十七字。

《晦庵先生文集》宋淳祐五年刻本。十行，行十六字。

《晦庵先生朱文公語錄》池州本十行，行二十字。

補刻有：

《儀禮疏》十五行，行二十七字

《說文解字》十行，行二十字。
《梁書》、《南齊書》、《陳書》、《魏書》
《北齊書》均九行，行十八字。
《古史》十一行，行二十二字。
《大唐六典注》宋紹興四年溫州州學刻遞修
本。十行，行二十字。
《沖虛至德真經》十四行，行二十六字。
吳政　南宋淳熙間浙江地區刻工。刻有
《歐公本末》宋嘉定五年刻本。九行十八字。
《東坡集》十行，行十八字。
《景文宋公文集》宋蜀刻本。十二行，行二
十字。
補版有《史記集解》南宋初刻本。十四行，
行二十五至二十八字。
吳南　南宋淳祐間浙江地區刻工。刻有
《晦庵先生文集》宋淳祐五年刻本。十行，
行十九字。
吳拱　南宋淳熙間江西地區刻工。刻有
《呂氏家塾讀詩記》宋淳熙九年江西漕台刻
本。九行，行十九字。

《五朝名臣言行録》《三朝名臣言行録》宋淳熙刻本。十行，行十七字。

吴茂　南宋淳熙間江西撫州地區刻工。刻有

《春秋經傳集解》宋撫州公使庫刻本。十行，行十六字。

《春秋公羊經傳解詁》宋淳熙撫州公使庫刻紹熙四年重修本。十行，行十六字。

《歐陽文忠公集》宋慶元二年周必大刻本。十行，行十六字。

《文苑英華》宋嘉泰元年至四年周必大刻本。十三行，行二十二字。

吴茂　南宋後期浙江地區刻工。刻有

《子略》宋寶慶刻本。十行，行二十字。

《晦庵先生文集》宋淳祐五年刻本。十行，行十九字。

吴俊　南宋初期浙江地區刻工。刻有

《資治通鑑》宋紹興三年兩浙東路茶鹽司刻本。十二行，行二十四字。

《五代史記》十二行，行二十一至二十四字

《禮記注》宋紹熙四年撫州公使庫刻本。十

行，行十六字。

《春秋傳》宋乾道四年刻慶元五年黄汝嘉修本。十行，行二十字。

吴俊明　南宋後期福建地區刻工。刻有《監本纂圖春秋經傳集解》宋建刻本。十行，行十九字。

吴信　南宋紹興間江西地區刻工。刻有《春秋傳》宋乾道四年刻慶元五年黄汝嘉修補本。十行，行二十字。《五代史記》十二行，行二十二字。《温國文正司馬公文集》宋紹興間刻本。十二行，行二十字。

吴音　南宋淳祐間刻工。刻有《河南程氏遺書》十一行，行二十一字。

吴叙　南宋嘉定間浙江嘉興地區刻工。刻有《重校添注音辯唐柳先生文集》九行，行十七字。

吴亮　南宋淳熙間浙江台州地區刻工。刻有《廣韻》十行，小字二十七至二十九字。《編年通載》五行，行十七字。

《春秋經傳集解》八行，行十七字。

《荀子》宋淳熙八年台州刻本。八行，行十六字。

《揚子法言》台州本。八行，行十六字。

《禮記集說》宋嘉定四年新定郡齋刻本。十三行，行二十五字。

補刻有：

《史記集解》十行，行十九字。

《漢書注》十行，行十九字。

吴亮　南宋淳熙間江西撫州地區刻工。刻有

《禮記注》宋淳熙四年撫州公使庫刻本。十行，行十六字。

吴孝　南宋紹興間浙江地區刻工。刻有

《戰國策注》宋紹興刻本。十一行，行二十字。

《觀史類編》九行，行十八字。

《歐公本末》宋嘉定五年刻本。十一行，行十八字。

《春秋經傳集解》宋嘉定九年興國軍學刻本。八行，行十七字。

吴洪　南宋绍熙间浙江地區刻工。刻有
《禮記正義》宋绍熙三年两浙東路茶鹽司刻
本。八行，行十六字。
《孟子注疏解經》宋嘉泰两浙東路茶鹽司刻
本。八行，行十六字。
《四明志》宋绍定二年刻本。十行，行十八字。
《記纂淵海》十三行，行二十二字。
吴洪　南宋中期江西地區刻工。刻有
《慈溪黄氏日抄分類》十行，行二十字。
《孟東野詩集》十一行，行十六字。
吴津　南宋浙江地區刻工。刻有
《春秋左傳正義》宋慶元六年紹興府刻本。
八行，行十六字。
《爾雅疏》十五行，行二十一字。
《南軒先生集》嚴州本十行，行十七字。
補刻有《周書》九行，行十八字。
吴宣　南宋淳祐間安徽地區刻工。刻有
《儀禮要義》宋淳祐十二年魏克愚刻本。九
行，行十八字。
吴宣甫　南宋後期安徽宣城地區刻工。刻有

《致堂讀史管見》宋寶祐二年宛陵刻本。十二行，行二十三字。

吳宥　南宋紹熙間浙江紹興地區刻工。刻有

《春秋左傳正義》宋慶元六年紹興府刻本。八行，行十六字。

《論語注疏解經》宋紹熙兩浙東路茶鹽司刻本。八行，行十六字。

《孟子注疏解經》宋嘉泰兩浙東路茶鹽司刻本。八行，行十六字。

吳祐　南宋初期杭州地區刻工。刻有

《尚書正義》宋紹熙三年兩浙東路茶鹽司刻本。八行，行十九字。

《周禮疏》宋兩浙東路茶鹽司刻本。八行，行十五至十七字。

《經典釋文》十一行，行十七字。

《說文解字》十行，行二十字。

《古史》十一行，行二十二字。

《宋書》、《南齊書》、《魏書》、《北齊書》均九行，行十八字。

《資治通鑑綱目》宋浙刻大字本。十行十七字。

《律》附音義九行，行十八字。

《荀子注》八行，行十六字。

《揚子法言注》十行，行十八字。

《龍川志略》十一行，二十二、二十三字。

《晦庵先生文集》宋淳祐五年刻本。十行，行十九字。

補刻有：

《爾雅注》十行，行二十字。

《新唐書》十四行，行二十四至二十七字。

《國語解》十行，行二十字。

吳浦　南宋初期刻工。刻有

《吳志》十四行，行二十五字。

吳珪（或署吳圭）南宋初期杭州地區刻工。刻有

《尚書正義》十五行，行二十四字。

《舊唐書》宋紹興兩浙東路茶鹽司刻本。半十四行，行二十五字。

《資治通鑑目錄》宋紹興二年兩浙東路茶鹽司刻本。序八行，十七、十八字。

《陶淵明集》十行，行十六字。

《杜工部集》十行，行十八至二十一字。

《文選注》宋明州紹興二十八年補修本。十行，行二十至二十二字。

吳珪　南宋寶慶間福建地區刻工。刻有

《東漢會要》宋寶慶二年建寧郡齋刻本。十一行，行二十字。

吳珙　南宋乾道間刻浙江地區刻工。刻有

《歐公本末》宋嘉定五年刻本。九行，行十八字。

《觀史類編》九行，行十八字。

《崔舍人玉堂類稿》附《西垣類稿》十行，行二十字。

吳陞　南宋淳熙間杭州地區刻工。刻有

《搜神秘覽》宋臨安府尹家書籍鋪刻本。九行，行十八字。

《金壺記》十一行，行二十字。

吳桂　南宋淳祐間浙江地區刻工。刻有

《晦庵先生文集》宋淳祐五年刻本。十一行行十九字。

吳振　南宋紹興間湖北常德地區刻工。刻有

《漢書注》宋紹興湖北提舉茶鹽司刻淳熙、

紹熙、慶元修本。十四行，行二十六至二十九字。

吳恭　南宋紹興間江西地區刻工。

《廬山記》九行，行十八字。

《白氏六帖事類集》十三行，行二十四至二十七字。

《豫章黄先生文集》宋乾道贛州州學刻本。九行，行十八字。

吳高　北宋嘉祐間刻工。刻有

《漢書注》北宋刻遞修本。十行，行十九字。

吳浩　南宋紹興間浙江地區刻工。刻有

《春秋經傳集解》十三行，行二十四字。

《後漢書注》十行，行十九字。

《四朝名臣言行録》十一行，行二十一字。

《酒經》十行，行十八字。

《文選注》宋紹興二十八年明州補修本。十行，行二十至二十二字。

吳益　南宋中期杭州地區刻工。刻有

《尚書正義》宋紹熙三年兩浙東路茶鹽司刻本。八行，行十九字。

《春秋經傳集解》八行，行十七字。

《大廣益會玉篇》十行，行无定字。

《廣韻》十行，行二十字。

《律》附音義九行，行十八字。

吴羔　南宋淳熙间江西撫州地區刻工。刻有

《禮記注》宋淳熙四年撫州公使庫刻本。十行，行十六字。

《春秋經傳集解》宋撫州公使庫刻本。十行，行十六字。

吴祥　南宋紹興间杭州地區刻工。刻有

《尚書正義》宋紹熙三年兩浙東路茶鹽司刻本。八行，行十九字。

《禮記正義》宋紹熙三年兩浙東路茶鹽司刻本。八行，行十六字。

《周禮疏》宋兩浙東路茶鹽司刻本。八行，行十五至十七字。

《後漢書注》宋紹興江南東路轉運司刻本。九行，行十六字。

《宋書》、《南齊書》、《魏書》、《周書》均九行，行十八字。

補版有《儀禮疏》十五行，行二十七字。

吴清 南宋淳祐間福州地區刻工。刻有
《周易本義》宋淳祐元年吴革刻本。六行，行十五字。
《陶靖節先生詩注》宋淳祐元年湯漢注刻本。七行，行十五字。
《學詩初稿》宋臨安府陳道人書籍鋪刻本。八行，行十六字。
《南宋賢小集》宋嘉定至景定刻。
補刻有《南齊書》九行，行十八字。

吴彬 南宋嘉定間浙江嘉興地區刻工。刻有
《愧郯録》宋嘉定間鄭定刻本。九行，行十七字。

吴從 南宋淳熙間刻工。刻有
《河南程氏經説》十一行，行二十字。
《夷堅志》宋建寧本。九行十八字。
《東坡集》宋紹熙間江西刻本。十行，行十八字。

吴紹 南宋紹興間浙江吴興地區刻工。刻有
《新唐書》宋紹興刻宋元修本。十四行，行二十三至二十六字。

~~吴伸 南宋紹興間浙江紹興地區刻工。刻有~~

《舊唐書》宋紹興兩浙東路茶鹽司刻本。十四行，行二十五字。

吴英　南宋初期浙江地區刻工。刻有

《景德傳燈録》台州本十五行，行二十八、二十九字。

《景德傳燈録》十三行，行二十一至二十三字。

吴常　南宋乾道間江西贛州地區刻工。刻有

《豫章黄先生文集》宋乾道刻本。十行，行十八字。

吴暉　南宋紹興間安徽舒城地區刻工。刻有

《王文公文集》宋紹興龍舒本。十行，行十七字。

吴崇　南宋淳熙間江西撫州地區刻工。刻有

《春秋經傳集解》宋撫州公使庫刻本。十行，行十六字。

吴富　南宋後期福州地區刻工。刻有

《監本纂圖春秋經傳集解》十行，行十九字。

吴富　南宋紹興間杭州地區刻工。刻有

《史記集解》十行，行十八、十九字。

吴裕　南宋紹興間浙江紹興地區刻工。刻有

《尚書正義》宋紹熙兩浙東路茶鹽司刻本。八行，行十九字。

《佛鑑師語錄》宋淳祐刻本。十一行二十字。

吴斌　北宋宣和間福州地區刻工。刻有《法苑珠林》宋福州開元寺毗盧大藏本。每開六行，行十七字。

吴斌　南宋淳祐間江西地區刻工。補刻有《輿地廣記》十三行，行二十四字。

吴浞　南宋嘉定間浙江地區刻工。刻有《東觀餘論》九行，行十八字。

吴渭　南宋紹興間江西地區刻工。刻有《廬山記》九行，行十八字。

吴堅　南宋紹興間湖北地區刻工。刻有《建康實錄》宋紹興十八年荆湖北路安撫使司刻本。十一行，行二十字。《樂全先生文集》宋乾道刻本。十二行，行二十二字。

吴軫　南宋紹興間湖北常德地區刻工。刻有《漢書注》宋紹興湖北提舉茶鹽司刻淳熙、紹熙、慶元修本。十四行，行二十六至二十九字。

吴起　南宋紹興間杭州地區刻工。刻有《史記集解》十行，行十八、十九字。

吴棟　南宋初期杭州地區刻工。刻有《説文解字》十行，行二十字。

吴崇　南宋淳熙間杭州地區刻工。刻有《南史》九行，行十八字。

吴貴　南宋後期福州地區刻工。刻有《監本纂圖春秋經傳集解》十行，行十九字。

吴賁　南宋後期廣州地區刻工。刻有《附釋文互注禮部韻略》九行，小字行約二十四字。

吴智　南宋紹熙間江西地區刻工。刻有《東坡集》宋紹熙刻本。十行，行十八字。

吴欽　南宋淳熙間浙江地區刻工。刻有《漢雋》宋淳熙五年滁州刻本。九行，小字行三十、三十一字。《漢雋》宋淳熙十年象山縣學刻本。九行，十五字。

吴鈐　北宋熙寧間杭州地區刻工。刻有《妙法蓮華經》宋熙寧二年杭州刻本。每版三十行，行十七字。

吴進　北宋四川地區刻工。刻有《資治通鑑》覆龍爪本，南宋鄂州孟太師府三安撫位鵠山書院刻本。十一行，行十九字。

吴福　南宋後期江西吉安地區刻工。刻有《慈溪黄氏日抄分類》十行，行二十字。

吴詢　南宋初期浙江地區刻工。刻有《三國志注》十行，行十八、十九字。《藝文類聚》宋紹興嚴州刻本。十四行，行二十七、二十八字。《文選注》宋紹興二十八年明州補修本。十行，行二十至二十二字。

吴翊　南宋紹興間湖北常德地區刻工。刻有《漢書注》宋紹興湖北提舉茶鹽司刻本、淳熙、紹熙、慶元修本。十四行，行二十六至二十九字。

吴禱　南宋嘉定間杭州地區刻工。刻有《春秋經傳集解》十三行，行二十四字。《大廣益會玉篇》十行，行無定字。《大宋重修廣韻》十行，行二十字。

《紹定吳郡志》宋紹定二年刻本。九行，行十八字。

《律》附音義九行，行十八字。

《歷代故事》宋嘉定四年刻本。八行，行十六字。

《晦庵先生朱文公語録》十行，行二十字。

《愧郯録》宋嘉定鄭定刻本。九行，行十七字。

《重校添注音辯唐柳先生文集》宋嘉定鄭定刻本。九行，行十七字。

《渭南文集》宋嘉定十三年陸子遹刻本。十行，行十七字。

補刻有《宋書》、《南齊書》、《魏書》、《北齊書》均九行，行十八字。

吳瑞　南宋中期浙江地區刻工。刻有

《迂齋標注諸家文選》九行，行十九字。

吳聖右　南宋淳祐間浙江地區刻工。刻有

《晦庵先生文集》宋淳祐五年刻本。十行，行十九字。

吳嵩　南宋乾道間浙江金華地區刻工。刻有

《三蘇先生文集》宋乾道婺州吳宅桂堂刻本。

十四行，行二十六字。

吴鉿　南宋绍興间浙江台州地區刻工。刻有《大般若波羅蜜多經》宋绍興三十二年奉化王公祠堂刻本。

吴鉉　南宋嘉定间浙江嘉興地區刻工。刻有《重校添注音辯唐柳先生文集》宋嘉定鄭定刻本。九行，行十七字。

《程氏演繁録》宋淳熙刻本。十一行，行二十字。

吴熇　南宋绍興间杭州地區刻工。刻有《史記集解》宋绍興淮南路轉運司刻本。九行，行十六字。

《武經七書》十行，行二十字。

吴睡　南宋嘉泰间浙江地區刻工。刻有《樂書目録正誤》宋嘉泰二年刻本。八行，行字不定。

吴榮　南宋乾道间江西地區刻工。刻有《春秋傳》宋乾道四年刻慶元五年黄汝嘉修補本。十行，行二十字。

吴榮二　南宋初期杭州地區刻工。刻有《武經七書》十行，行二十字。

《文選注》宋贛州州學刻本。九行，行十五字。

吴嘉祥　南宋慶元間安徽貴池地區刻工。補刻《文選注》宋慶元二年補刻宋淳熙八年池陽郡齋刻本。十行二十一字。

吴輔　南宋慶元間湖北黄州地區刻工。刻有《東坡外制集》十行，行十六字。

吴寶　北宋景祐間刻工。刻有《漢書注》十行，行十九字。

吴潛　南宋紹興間浙江吴興地區刻工。刻有《新唐書》宋紹興刻宋元遞修本。十四行，行二十三至二十六字。

吴震　南宋中期江西地區刻工。刻有《春秋經傳集解》八行，行十七字。《倚松老人詩集》宋慶元五年黄汝嘉刻本。十行，行二十字。

吴賜　南宋淳祐間浙江地區刻工。刻有《晦庵先生文集》宋淳祐五年刻本。十行，行十九字。

吴輝　南宋紹興間安徽舒城地區刻工。刻有《王文公文集》宋紹興龍舒本。十行行十七字。

吴衡　南宋後期廣州地區刻工。刻有

《附釋文互注禮部韻略》九行，小字約二十字。

吴諧　南宋紹興間浙江吴興地區刻工。刻有

《新唐書》宋紹興刻本。十四行，行二十三至二十六字。

吴興　南宋中期浙江地區刻工。刻有

《禮記集説》宋嘉定四年新定郡齋刻本。十三行，行二十五字。

《論語纂疏》九行，行二十字。

吴禮　南宋初期杭州地區刻工。刻有

《水經注》十一行，行二十字。

吴濱　北宋後期福州地區刻工。刻有

《福州開元寺毗盧大藏》六行，行十七字。

吴懋　南宋嘉定間浙江地區刻工。刻有

《桯史》九行，行十八字。

吴龔　南宋初期刻工。刻有

《吴志》十四行，行二十五字。

吴賫　南宋淳熙間浙江地區刻工。刻有

《禮記正義》宋紹熙三年兩浙東路茶鹽司刻本。八行，行十六字。

《通鑑紀事本末》宋淳熙二年嚴陵郡庠刻本。十三行，行二十四或二十五字。

《揚子法言注》十行，行十八字。

補刻有：

《陶淵明集》南宋初刻遞修本。十行，行十六字。

《文選注》宋紹興二十八年明州補修本。十行，行二十至二十二字。

吴顥　南宋紹熙間浙江紹興地區刻工。刻有

《鮑氏國策》宋紹熙二年會稽郡齋刻本。十二行，行二十字。

吴顥　南宋慶元間江西吉安地區刻工。刻有

《歐陽文忠公集》宋慶元二年周必大刻本。十行，行十六字。

吴顥　南宋嘉定間福建長汀地區刻工。刻有

《周髀算經》宋嘉定六年鮑澣之刻本。九行，行十八字。

《五曹算經》宋嘉定六年鮑澣之刻本。九行，行十八字。

《夏侯陽算經》宋嘉定六年鮑澣之刻本。九行，行十八字。

肖杰　南宋嘉定间江西地區刻工。刻有《儀禮經傳通解續》宋嘉定十年南康道院刻本。七行，行十五字。

肖寄　南宋後期江西吉安地區刻工。刻有《慈溪黄氏日抄分類》十行，行二十字。

肖森　南宋嘉定间江西吉安地區刻工。刻有《漢書集注》宋嘉定十七年白鷺洲書院刻本。八行，行十六字。

肖聲　南宋嘉定间江西吉安地區刻工。刻有《漢書集注》宋嘉定十七年白鷺洲書院刻本。八行，行十六字。

岑友　南宋寶慶间廣州地區刻工。刻有《新刊校定集注杜詩》宋寶慶元年廣東漕司刻本。九行，行十六字。

岑恭　南宋後期廣州地區刻工。刻有《附釋文互注禮部韻略》九行，小字約二十四字。

岑達　南宋寶慶间廣州地區刻工。刻有《新刊校定集注杜詩》宋寶慶元年廣東漕司刻本。九行，行十六字。

步遷　南宋绍興间浙江衢縣地區刻工。刻有

《三國志注》宋衢州刻本。十行，行十九字。

見可　南宋中期福建地區刻工。刻有

《资治通鑑》十一行，行二十一字。

早成　南宋端平间江西九江地區刻工。刻有

《自警编》十行，行二十字。

呈二　南宋端平间江西九江地區刻工。刻有

《自警编》十行，行二十字。

呈卞　南宋绍興间四川地區刻工。刻有

《劉夢得文集》十行，行十八字。

呈友　南宋嘉定间浙江地區刻工。刻有

《莊子南華真经注疏》八行，行十五字。

呈万　南宋嘉定间浙江地區刻工。刻有

《莊子南華真经注疏》八行，行十五字。

呈圭　南宋初期福建地區刻工。刻有

《春秋经傳集解》宋鶴林于氏家塾棲雲閣刻本。十行，行十六至十九字。

呈成（程姓）南宋慶元间江西吉安地區刻工。刻有

《歐陽文忠公集》宋慶元二年周必大刻本。十行，行十六字。

呈武　南宋慶元間四川地區刻工。刻有《太平御覽》宋慶元五年成都府學刻本。十三行，行二十二至二十四字。

呈參　南宋嘉泰間安徽地區刻工。刻有《皇朝文鑑》宋嘉泰四年新安郡齋刻本。十行，行十九字。

呈慶二　南宋慶元間四川地區刻工。刻有《太平御覽》宋慶元五年成都府學刻本。十三行，行二十二至二十四字。

呂十五　北宋治平間刻工。刻有《類篇》八行，行十六字。

呂三　南宋紹熙間四川眉山地區刻工。刻有《東都事略》十二行，行二十四字。

呂大　南宋紹興間浙江明州地區刻工。刻有《大般若波羅蜜多經》宋紹興三十二年奉化王公祠堂刻本。

呂才　南宋後期福建地區刻工。刻有《後漢書注》宋福唐郡庠刻本。十行，行十九字。

呂文　南宋咸淳間福建地區刻工。刻有《龜山先生語錄》宋咸淳福建漕治刻本。十行，行十八字。

吕西　南宋乾道间江西地区刻工。刻有《尚書傳》十行，行二十字。

吕正　南宋绍兴间四川眉山地区刻工。刻有《東都事略》十二行，行二十四字。

吕生　南宋绍兴间四川眉山地区刻工。刻有《東都事略》十二行，行二十四字。

吕吉　北宋景祐间刻工。刻有《史記集解》北宋刻遞修本。十行，行十九字。《漢書注》北宋刻遞修本。十行，行十九字。

吕育　南宋中期刻工。刻有《资治通鑑纲目》八行，行十七字。

吕扶　南宋嘉泰间浙江建德地区刻工。刻有《麗澤論説集録》宋嘉泰四年吕喬年刻本。十行，行二十字。

吕奇　南宋绍興间四川地区刻工。刻有《劉夢得文集》宋蜀刻本，十行，行十八字。

吕奇　南宋嘉定间福建地区刻工。刻有《西漢會要》宋嘉定建寧郡斋刻本，十一行，行二十字。

《龜山語錄》宋福建漕治刻本。十行十八字。

呂昕　南宋紹興間浙江吳興地區刻工。刻有《新唐書》宋紹興刻本。十四行，行二十三至二十六字。

呂奇　南宋中期福建建陽地區刻工。刻有《四朝名臣言行錄》十一行，行二十一字。

呂洪　南宋淳祐間福州地區刻工。刻有《國朝諸臣奏議》宋淳祐十年史季溫福州刻本。十一行，行二十三字。

呂奐　南宋乾道間江西地區刻工。刻有《尚書傳》十行，行二十字。

呂祐　南宋淳熙間安徽廣德地區刻工，刻有《史記集解索隱》宋淳熙三年張杅桐川郡齋刻淳熙八年耿秉補刻本。十二行，行二十五字。

呂祖　南宋初期浙江地區刻工，刻有《六韜》宋乾道刻本。十行，行二十字。

呂春　南宋慶元間江蘇華亭地區刻工。刻有《陸士龍文集》宋慶元六年華亭縣學刻本。十行，行二十字。

呂拱　南宋中期浙江地區刻工。刻有

《公是先生七經小傳》十一行，行二十字。

《注東坡先生詩》宋嘉泰淮東倉曹刻景定三年鄭羽補刻本。九行，行十六字。

《東萊呂太史文集》宋嘉泰四年呂喬年刻本。十行，行二十字。

呂信　南宋中期浙江地區刻工。刻有

《春秋經傳集解》十三行，行二十四字。

《古史》十一行，行二十二字。

《資治通鑑綱目》宋浙刻大字本。八行，行十七字。

《律》附音義九行，行十八字。

《荀子注》八行，行十六字。

《晦庵先生文集》宋淳祐五年刻本。十行，行十九字。

補刻有：

《南齊書》、《北齊書》均九行，行十八字。

《新唐書》宋紹興刻本。十四行，行二十四至二十七字。

呂桂　南宋慶元間江西吉安地區刻工，刻有

《歐陽文忠公集》宋慶元二年周必大刻本。

呂珪　南宋中期福建建陽地區刻工。刻有《四朝名臣言行録》十一行，行二十一字。

呂起　南宋紹定間浙江建德地區刻工。刻有《鉅鹿東觀集》宋紹定元年陸子遹嚴陵郡齋刻本。十行，行二十字。

呂能　南宋初期杭州地區刻工。刻有《說文解字》十行，行二十字。

呂善　南宋慶元間江西地區刻工。刻有《五代史記》宋慶元五年刻本。十行，行十八字。

呂堅　南宋淳熙間江西撫州地區刻工。刻有《禮記注》宋淳熙四年撫州公使庫刻本。十行，行十六字。

呂堅　南宋初期杭州地區刻工。刻有《杜工部集》十行，行十八至二十一字。
補刻有：
《史記集解》北宋刻遞修本。十行，行十九字。
《漢書注》北宋刻遞修本。十行，行十九字。

呂道亨　南宋慶元間江蘇華亭地區刻工。刻有《陸士龍文集》宋慶元六年華亭縣學刻本。十一行，行二十字。

呂榮　南宋紹興間湖北常德地區刻工。刻有
《漢書注》宋紹興湖北提舉茶鹽司刻淳熙、紹
熙、慶元修本，十四行，行二十六至二十九字。
呂嘉祥　南宋淳熙間安徽貴池地區刻工。刻有
《文選注》宋淳熙八年池陽郡齋刻本。十行，
行十七字。
何九方　南宋嘉泰間安徽歙縣地區刻工。刻有
《皇朝文鑑》宋嘉泰四年新安郡齋刻本。十
行，行十九字。
何九萬　南宋後期刻工。刻有
《磧砂藏》六行，行十七字。
補刻有：
《史記集解》十行，行十九字。
《宋書》九行，行十八字。
何文　南宋紹興間浙江建德地區刻工。刻有
《世説新語》宋紹興八年嚴州刻本。十行，
行二十字。
何川　金山西臨汾地區刻工。刻有
《尚書注疏》十三行，行二十六至二十九字。
《重修政和經史證類備用本草》晦明軒本。

何卞　南宋绍興间安徽舒城地區刻工。刻有《王文公文集》宋绍興龍舒本。十行，行十七字。

何文　南宋绍興间浙江温州地區刻工。刻有《大唐六典注》宋绍興四年温州州學刻本。十行，行二十字。

何文　南宋嘉定间福建泉州地區刻工。刻有《資治通鑑綱目》宋嘉定十二年温陵郡齋刻本。八行，行十七字。

何文主　南宋中期福建建陽地區刻工。刻有《四朝名臣言行録》十一行，行二十一字。

何文政　南宋寶祐间浙江吳興地區刻工。刻有《通鑑紀事本末》宋寶祐五年趙與篡刻本。十一行，行十九字。

何中　南宋初期浙江地區刻工。刻有《增廣司馬温公全集》南宋初年刻修補本。十二行，行二十字。

何主　北宋景祐间刻工。刻有《史記集解》十行，行十九字。

《漢書注》十行，行十九字。

何允　南宋後期杭州地區刻工。刻有

《看雲小集》陳道人書籍鋪刻本。十行，十六字。

《平齋文集》十一行，行十九字。

何永津　南宋淳祐間江蘇蘇州地區刻工。刻有

《磧沙藏》六行，行十七字。

何正　南宋紹熙間四川眉山地區刻工。刻有

《東都事略》十二行，行二十四字。

何正　南宋嘉定間福建長汀地區刻工。刻有

《夏侯陽算經》宋嘉定六年鮑澣之刻本。九行，行十八字。

《張丘建算經》宋嘉定六年鮑澣之刻本。九行，行十八字。

何生　南宋中期刻工。補刻有

《吴志》十四行，行二十五字。

何安　北宋景祐間刻工。刻有

《漢書注》十行，行十九字。

何光　北宋景祐間刻工。刻有

《史記集解》十行，行十九字。

何光　南宋咸淳間杭州地區刻工。刻有

《昌黎先生文集》宋咸淳廖氏世綵堂刻本。九行，行十七字。

何全　南宋紹興间杭州地區刻工。刻有《龍龕手鑑》十行，行無定字。《宋書》九行，行十八字。《文粹》宋紹興九年臨安府刻本。十五行，行二十四至二十七字。

何全　南宋嘉定间福建長汀地區刻工。刻有《周髀算經》宋嘉定六年鮑澣之刻本。九行，行十八字。《五曹算經》宋嘉定六年鮑澣之刻本。九行，行十八字。

何先　北宋景祐间刻工。刻有《史記集解》十行，行十九字。《漢書注》十行，行十九字。

何宗一　南宋紹熙间浙江紹興地區刻工。刻有《尚書正義》宋紹熙三年兩浙東路茶鹽司刻本。八行，行十九字。

何宗十四　南宋紹熙间浙江地區刻工。刻有《尚書正義》宋紹熙三年兩浙東路茶鹽司刻本。八行，行十九字。
《後漢書注》宋绍興江南東路轉運司刻本。
九行，行十六字。
《宋書》、《魏書》、《周書》均九行十八字。
何宗十七　南宋绍熙间刻工。刻有
《後漢注》宋绍興江南東路轉運司刻本。九
行，行十六字。
《宋書》、《魏書》、《周書》均九行十八字。
何宗器　南宋嘉泰间安徽歙縣地區刻工。刻有
《皇朝文鑑》宋嘉泰四年新安郡齋刻本。十
行，行十九字。
何海　南宋開慶间四川成都地區刻工。刻有
《重校鶴山先生大全文集》宋開慶元年刻本。
十一行，行二十字。
何秀　南宋淳熙间長沙地區刻工。刻有
《集韻》十行，行無定字。小字行十九至二十一字。
何具　南宋中期杭州地區刻工。刻有
《大宋重修廣韻》十行，行二十字。
何明　南宋初期杭州地區刻工。刻有
《史記集解》南宋初年刻小字本。十四行。

何昇（或署何升）南宋中期杭州地區刻工。刻有
《春秋左傳正義》宋慶元六年紹興府刻本。
八行，行十六字。
《說文解字》十行，行二十字。
《大廣益會玉篇》十行，行無定字。
《大宋重修廣韻》十行，行二十字。
《宋書》、《南齊書》、《梁書》、《陳書》、
《魏書》、《北齊書》均九行，行十八字。
《國語解》十行，行二十字。
《荀子注》八行，行十六字。
《揚子法言注》十行，行十八字。
《嘉泰普燈錄》宋嘉定四年淨慈寺刻本。十
行，行二十字。

何思 南宋紹興間浙江溫州地區刻工。刻有
《大唐六典注》宋紹興四年溫州州學刻本。
十行，行二十字。

何佶 南宋後期刻工。刻有
《磧沙藏》每開六行，行十七字。

何念二 南宋慶元間江西吉安地區刻工。刻有
《歐陽文忠公集》宋慶元二年周必大刻本。

十行，行十六字。

何彦　南宋淳熙间江西地區刻工。

《南史》九行，行十八字。

《陶淵明集》南康軍本。十行，行十六字。

《劉賓客文集》十行，行二十字。

何洪　南宋咸淳间杭州地區刻工。刻有

《咸淳臨安志》宋咸淳臨安府刻本。十行，二十字。

何祖　南宋寶祐间浙江吳興地區刻工。刻有

《通鑑纪事本末》宋寶祐五年趙與𥲅刻本。

十一行，行十九字。

《磧砂藏》六行，行十七字。

何建　南宋後期浙江地區刻工。補刻有

《尚書正義》宋绍熙兩浙東路茶鹽司刻本。

八行，行十九字。

《春秋左傳正義》宋慶元六年绍興府刻本。

八行，行十六字。

《孟子注疏解經》宋嘉泰兩浙東路茶鹽司刻

本。八行，行十六字。

《宋書》、《梁書》、《南齊書》、《陳書》、

《魏書》、《北齊書》、《周書》均九行，行十八字。

《國語解》十行，行二十字。

何浩　南宋初期杭州地區刻工。刻有
《説文解字》十行，行二十字。
《後漢書注》宋紹興江南東路轉運司刻本。九行，行十六字。
《宋書》、《魏書》、《周書》均九行十八字。

何津　南宋後期刻工。刻有
《磧砂藏》六行，行十八字。
《唐陸宣公集》十行，行十七字。

何益　南宋紹熙間浙江地區刻工。刻有
《尚書正義》宋紹熙兩浙東路茶鹽司刻本。八行，行十九字。
補刻有：
《史記集解》十行，行十九字。
《後漢書注》宋紹興江東路轉運司刻本。九行，行十六字。
《宋書》、《魏書》均九行，行十八字。

何原　南宋中期杭州地區刻工。補刻有
《宋書》、《魏書》宋慶元六年補刻。均九行，行十八字。

何荊　南宋紹興間安徽舒城地區刻工。刻有《王文公文集》宋紹興龍舒本。十行，行十七字。

何章　南宋乾道間浙江金華地區刻工。刻有《老泉先生文粹》宋乾道婺州吴宅桂堂刻本。十四行，行二十六字。

何通　南宋後期浙江地區刻工。補刻有《春秋左傳正義》宋慶元六年紹興府刻本。八行，行十六字。《史記集解》宋紹興淮南路轉運司刻本。九行，行十六字。《後漢書注》宋紹興江南東路轉運司刻本。九行，行十六字。《三國志·吴志》宋衢州本。十行，行二十字。《魏書》九行，行十八字。《國語解》九行，行十八字。《魏書》九行，行十八字。

何閏　南宋中期杭州地區刻工。補刻有《宋書》九行，行十八字。

何彬　南宋中期杭州地區刻工。刻有《詩集傳》七行，行十五字（湖州本）。

《周易本義》七行，行十五字。
《心經》附政經十行，行十八字。
《棠陰比事》行款字數不詳。
何閑　南宋中期浙江地區刻工。刻有
《南華真經注疏》八行，行十五字。
何楚　南宋淳祐間福州地區刻工。刻有
《國朝諸臣奏議》宋淳祐十年史季温刻本。
十一行，行二十三字。
何滋　南宋中期浙江地區刻工。刻有
《大廣益會玉篇》十行，行二十字。
何暉　南宋紹興間福州地區刻工。刻有
《天聖廣燈錄》宋紹興十八年刻福州開元寺
毗盧大藏本。六行，行十七字。
何進　南宋淳熙間浙江地區刻工。刻有
《古史》十一行，行二十二字。
何道　南宋紹興間南京地區刻工。刻有
《漢書注》宋紹興江南東路轉運司刻本。九
行，行十六字。
何源　南宋後期刻工。刻有
《唐陸宣公集》十行，行十七字。

何萬　南宋淳熙间長沙地區刻工。刻有《集韻》十行，小字雙行，行十九至二十字。

何慶　南宋紹熙间浙江紹興地區刻工。刻有《尚書正義》宋紹熙三年兩浙東路茶鹽司刻本。八行，行十九字。《禮記正義》宋紹熙三年兩浙東路茶鹽司刻本。八行，行十六字。《春秋左傳正義》宋慶元六年紹興府刻本。八行，行十六字。補刻有《後漢書注》宋紹興江南東路轉運司刻本。九行，行十六字。

何潤　南宋寶慶间福建刻工。刻有《東漢會要》宋寶慶二年建寧郡齋刻本。十一行，行二十字。

何廣　南宋後期杭州地區刻工。刻有《方泉先生詩集》宋嘉定至景定刻南宋群賢小集本。八行，行十五字。

何祿　南宋淳熙间江西撫州地區刻工。刻有《經典釋文》宋淳熙四年撫州公使庫刻本。十行，行十九字、二十字。

何鼎　南宋初期杭州地區刻工。刻有

《説文解字》十行，行二十字。

何澄　南宋中期杭州地區刻工。刻有

《春秋左傳正義》宋慶元六年紹興府刻本。八行，行十九字。

《大廣益會玉篇》十行，行無定字。

《廣韻》十行，行二十字。

《古史》十一行，行二十二字。

《國語解》十行，行二十字。

《龍川志略》十一行，行二十二字。

《荀子注》十行，行十六字。

《揚子法言》十行，行十八字。

《晦庵先生文集》宋淳祐五年刻本。十行，行十九字

補刻有：

《説文解字》十行，行二十字。

《宋書》、《魏書》九行，行十八字。

《通典》十五行，行二十五至二十九字。

《律》附音義九行，行十八字。

《佛鑑師語録》宋淳祐刻本。十一行，行二十字。

何澤　南宋紹興間杭州地區刻工。刻有

《周易注疏》宋紹熙兩浙東路茶鹽司刻本。八行，行十九字。

《説文解字》十行，行二十字。

《三國志注》十行，行十九字。

《國語解》十行，行二十至二十二字。

《古史》十一行，行二十二字。

《資治通鑑綱目》宋浙大字本。八行，行十七字。

《律》附音義九行，行十八字。

《通典》宋紹興刻本。十五行，行二十五至二十八字。

《荀子注》十行，行十六字。

《揚子法言注》十行，行十八字。

《六臣注文選》宋贛州州學刻本。九行，行十五字。補刻有

《儀禮疏》十五行，行二十七字。

《南齊書》、《魏書》均九行，行十八字。

何豫　南宋寶祐間浙江吳興地區刻工。刻有

《通鑑紀事本末》宋寶祐五年趙與篡刻本。十一行，行十九字。

何興　南宋慶元间四川地區刻工。刻有《太平御覽》宋慶元五年成都府学刻本。十三行，行二十二至二十四字。

何鎮　南宋中期杭州地區刻工。刻有《禮記正義》宋紹熙三年兩浙東路茶鹽司刻本。八行，行十六字。《春秋左傳正義》宋慶元六年紹興府刻本。八行，行十六字。補刻有《魏書》九行，行十八字。

何櫟　南宋紹定间刻工。刻有《山谷詩注》宋紹定五年黄埒刻本。九行，行十六字。

余貴　南宋紹興间杭州地區刻工。刻有《北齊書》九行，行十八字。

余恭　南宋紹興间杭州地區刻工。刻有《梁書》九行，行十八字。

余一　南宋咸淳间刻工。刻有《分門纂類唐歌詩》十行，行十八字。

余二　南宋慶元间江西地區刻工。刻有《倚松老人詩集》宋慶元五年黄汝嘉刻本。

余十八　南宋初期杭州地區刻工。刻有

《重校證類活人書》十行，行十九字。

余丁　南宋淳熙間江西地區刻工。刻有

《春秋公羊經傳解詁》宋淳熙撫州公使庫刻紹熙四年重修本。十行，行十六字。

余士　南宋嘉定間福建建甌地區刻工。刻有

《周易玩辭》宋建安書院刻本

《育德堂奏議》宋嘉定間建寧府刻本。九行，行十八字。

《西漢會要》宋嘉定建寧郡齋刻本。十一行，行二十字。

《育德堂集》宋蔡氏家刻本。九行，十八字。

《碧雲集》宋臨安府陳道人書籍鋪刻本。十行，行十八字。

余才　南宋初期杭州地區刻工。

《孔氏六帖》宋乾道二年刻本。十二行，行二十四字。

《白氏六帖事類集》十三行，行二十六、二十七字。

《備急千金要方》十三行，行二十三字。

《增廣司馬溫公文集》南宋初刻本。十二行，行二十字。
《王文公文集》宋紹興龍舒本。十行，行十七字。
《資治通鑑綱目》宋浙刻大字本。九行，行十七字。

余才　南宋紹興間湖北黄岡地區刻工。刻有
《王黄州小畜外集》宋紹興十七年黄州刻本。十行二十二字。

余才　南宋江西地區刻工。刻有
《春秋經傳集解》宋撫州公使庫刻本。十行行十六字。
《溫國文正司馬公文集》宋紹興刻本。十二行二十字。
《放翁先生劍南詩藁》十行，行二十字。
《儀禮經傳通解續祭禮》宋嘉定十年南康道院刻本。七行十五字。

余才　南宋嘉定間福建地區刻工。刻有
《資治通鑑綱目》宋嘉定十二年溫陵郡齋刻本。八行，行十七字。

余才　南宋淳祐間安徽地區刻工。刻有

《周易要義》宋淳祐十二年魏克愚刻本。九行，行十八字。
《儀禮要義》宋淳祐十二年魏克愚刻本。九行，行十八字。
《禮記要義》宋淳祐十二年魏克愚刻本。九行，行十八字。

余才仲　南宋慶元間江西吉安地區刻工。刻有
《歐陽文忠公集》宋慶元二年周必大刻本。十行，行十六字。

余子文　南宋淳祐間安徽歙縣地區刻工。刻有
《周易要義》宋淳祐十二年魏克愚刻本。九行，行十八字。
《儀禮要義》宋淳祐十二年魏克愚刻本。九行，行十八字。
《禮記要義》宋淳祐十二年魏克愚刻本。九行，行十八字。

余子共　南宋中期福建地區刻工。刻有
《資治通鑑》十一行，行二十一字。

余子雲　南宋淳熙間刻工。刻有
《皇朝仕學規範》十二行，行二十五字。

余山　南宋淳熙间江西地區刻工。刻有《五朝名臣言行錄》《三朝名臣言行錄》宋淳熙刻本。十行，行十七字。《孟東野詩集》十一行，行十六字。《王荆公唐百家詩選》十行，行十八字。

余川　南宋福建建寧地區刻工。刻有《夷堅志》九行，行十八字。

余千　南宋淳祐间浙江地區刻工。刻有《晦庵先生文集》宋淳祐五年刻本。十行，行十九字。

余千　南宋慶元间江西地區刻工。刻有《儀禮經傳通解》宋嘉定十年南康道院刻本。七行，行十五字。《儀禮經傳通解續》宋嘉定十年南康道院刻本。七行，行十五字。

余心　南宋紹興间杭州地區刻工。刻有《宋書》、《魏書》九行，行十八字。

余卞　南宋淳熙间江西撫州地區刻工。刻有《春秋公羊經傳解詁》宋淳熙撫州公使庫刻紹熙四年重修本。十行，行十六字。

余文　南宋淳熙间江西地区刻工。刻有

《禮記注》宋淳熙四年撫州公使庫刻本。十行，行十六字。

《文選注》宋贛州州學刻本。九行，行十五字。

余文　南宋绍興间浙江地区刻工。刻有

《初學記》宋绍興十七年東陽崇川余四十三郎刻本。十三行，行二十二至二十六字。

《增廣司馬温公全集》南宋初年刻本。十二行，行二十字。

余文　南宋淳祐间安徽歙縣地区刻工。刻有

《周易要義》宋淳祐十二年魏克愚刻本。九行，行十八字。

《儀禮要義》宋淳祐十二年魏克愚刻本。九行，行十八字。

《禮記要義》宋淳祐十二年魏克愚刻本。九行，行十八字。

余文父　南宋咸淳间刻工。刻有

《分門纂類唐歌詩》十行，行十八字。

余元　南宋淳熙间江西地区刻工。刻有

《春秋經傳集解》宋撫州公使庫刻本。十行，行十六字。

《春秋公羊經傳解詁》宋淳熙撫州公使庫刻紹熙四年重修本。十行，行十六字。

《資治通鑑目録》書表式行字不定。

《文選注》宋贛州州學刻本。九行，行十五字。

《記纂淵海》十三行，行二十二字。

余元　南宋福建建寧地區刻工。刻有

《夷堅志》九行，行十八字。

余元中　南宋嘉泰間安徽地區刻工。刻有

《皇朝文鑑》宋嘉泰四年新安郡齋刻本。十行，行十九字。

余太　南宋嘉定間福建長汀地區刻工。刻有

《九章算術》宋嘉定六年鮑澣之刻本。九行，行十八字。

余太　南宋寶慶間廣州地區刻工。刻有

《新刊校定集注杜詩》宋寶慶元年廣東漕司刻本。九行，行十六字。

余太　南宋中期江西地區刻工。補刻有

《文選注》宋贛州州學刻本。九行，行十五字。

余丑　南宋紹興間杭州地區刻工。刻有

《春秋公羊疏》十五行，行二十三至二十八字。

余中　南宋四川地區刻工。刻有

《南華真經注》宋蜀中安仁趙諫議宅刻本。十行，行十五字。

余中　南宋紹興間湖北地區刻工。刻有

《建康實録》宋紹興十八年荆湖北路安撫使司刻本。十一行，行二十字。

《漢書注》宋紹興湖北提舉茶鹽司刻淳熙、紹熙、慶元修本。十四行，行二十六至二十九字。

余中　南宋紹興間浙江地區刻工。刻有

《後漢書注》南宋初杭州刻本。十行，行十九字。

《後漢書注》宋紹興江南東路轉運司刻本。九行，行十六字。

《大般若波羅蜜多經》宋紹興三十二年奉化王公祠堂刻本。

《文選注》宋紹興二十八年明州補修本。十行，行二十至二十二字。

余中　南宋初期江西地區刻工。刻有

《豫章黄先生文集》宋乾道刻本。九行，行十八字。

《古靈先生文集》宋紹興三十年章貢郡斋刻本。十行，行十八字。

《文選注》宋赣州州学刻本。九行，行十五字。

《詩集傳》八行，行十七字。

《禮記注》宋淳熙四年撫州公使庫刻本。十行，行十六字。

《春秋經傳集解》宋撫州公使庫刻本。十行，行十六字。

《白氏六帖事類集》十三行，行二十四至二十七字。

余中　南宋中期福建地區刻工。刻有

《監本附音釋春秋公羊傳注疏》宋建刻本。十行，行十七字。

《監本附音釋春秋穀梁傳注疏》宋建刻本。十行，行十七字。

余中　南宋寶慶間廣州地區刻工。刻有

《新刊校定集注杜詩》宋寶慶元六年廣東漕司刻本。九行，行十六字。

余仁　南宋紹熙間浙江紹興地區刻工。刻有

《尚書正義》宋紹熙三年兩浙東路茶鹽司刻本。八行，行十九字。

余仁　南宋紹興間湖北黄崗地區刻工。刻有

《王黄州小畜外集》宋紹興十七年黄州刻本。十一行，行二十二字。

余仁　南宋淳熙間江西撫州地區刻工。刻有

《周易注》宋淳熙撫州公使庫刻本。十行，行十六字。

《禮記注》宋淳熙四年撫州公使庫刻本。十行，行十六字。

《春秋經傳集解》宋撫州公使庫刻本。十行，行十六字。

《五朝名臣言行録》《三朝名臣言行録》宋淳熙刻本。十行，行十七字。

余仁　南宋後期福建地區刻工。刻有

《後漢書注》宋福建郡庠刻本。十行，行十九字。

《西漢會要》宋嘉定建寧郡齋刻本。十一行，行二十字。

《張子語録》宋福建漕治刻本。十行，行十八字。

《潙山語錄》宋福建漕治刻本。十行，行十八字。

余中　南宋紹熙間江西地區刻工。刻有

《東坡集》十行，行十八字。

余立　南宋淳熙間江西撫州地區刻工。刻有

《春秋經傳集解》宋撫州公使庫刻本。十行，行十六字。

余永　南宋紹興間杭州地區刻工。刻有

《尚書正義》宋紹熙三年兩浙東路茶鹽司刻本。八行，行十九字。

《周禮疏》宋兩浙東路茶鹽司刻本。八行，行十五至十七字。

《春秋經傳集解》宋嘉定九年興國軍學刻本。八行，行十七字。

《經典釋文》十一行，行十七字。

《毛詩正義》宋紹興九年臨安府刻本。十五行，行二十四至二十六字。

《廣韻》十行，行二十字。

《新雕重校戰國策》宋紹興刻本。十一行，行二十字。

《樂府詩集》宋紹興刻本。十三行，行二十三字。

補刻有《漢書注》十行，行十九字。

余永　南宋寶慶间（福建地區）刻工。刻有

《東漢會要》宋寶慶二年建寧郡齋刻本。十

一行，行二十字。

余永成　南宋嘉定间江蘇地區刻工。刻有

《于湖居士文集》宋嘉泰元年刻本。十行，

行十六字。

余正　南宋紹興间浙江地區刻工。刻有

《集韻》十一行，行二十三字。

《資治通鑑》宋紹興三年兩浙東路茶鹽司公

使庫刻本。十二行，行二十四字。

《大唐六典注》宋紹興四年溫州州學刻本。

十行，行二十字。

《白氏六帖事類集》十三行，行二十四至二

十七字。

《東坡集》宋乾道刻本。十行，行二十字。

余正　南宋紹熙间四川眉山地區刻工。刻有

《東都事略》十二行，行二十四字。

余必中　南宋嘉泰间安徽地區刻工。刻有

《皇朝文鑑》宋嘉泰四年新安郡齋刻本。十

行，行十九字。

余平父　南宋中期福建地區刻工。刻有《資治通鑑》十一行，行二十一字。

余右　南宋乾道间江西吉安地區刻工。刻有《東坡集》宋乾道九年刻本。十行，行十八字。

余用　南宋初期江西九江地區刻工。刻有《輿地廣記》宋九江郡斋刻嘉泰四年、淳祐十年遞修本。十三行，行二十四字。

余生　南宋乾道间江西吉安地區刻工。《東坡集》十行，行十八字。

余生　南宋後期杭州地區刻工。刻有《碧雲集》陳道人書籍鋪本。十行，行十八字。

余卯　南宋寶慶间福建建甌地區刻工。刻有《東漢會要》宋寶慶二年建寧郡斋刻本。十一行，行二十字。

余亨　南宋初期浙江地區刻工。刻有《南華真經注疏》南宋初刻本。八行，行十五字。

余安　南宋紹熙间浙江紹興地區刻工。刻有《周禮疏》宋兩浙東路茶鹽司刻本。八行，行十五至十七字。

余安　南宋紹興间江西地區刻工。刻有

《周易注》宋淳熙撫州公使庫刻本。十行，行十六字。

《吕氏家塾讀詩記》宋淳熙九年江西漕台刻本。九行，行十九字。

《禮記注》宋淳熙四年撫州公庫刻本。十行，行十六字。

《春秋經傳集解》宋撫州公使庫刻本。十行，行十六字。

《春秋公羊經傳解詁》宋淳熙撫州公使庫刻紹熙四年重修本。十行，行十六字。

《謝幼槃集》宋紹興二十二年撫州刻本。十行，行十八字。

《侍郎葛公歸愚集》十二行，行二十二字。

《王荆公唐百家詩選》十行，行十八字。

余安上　南宋嘉泰间安徽歙縣地區刻工。刻有

《皇朝文鑑》宋嘉泰四年新安郡齋刻本。十行，行十九字。

余兆　南宋初期江西南城縣地區刻工。刻有

《王右丞文集》南宋初刻小字本。十一行，行二十字。

余圭　南宋初期江西贛州地區刻工。刻有
《文選注》宋贛州州學刻本。九行，行十五字。

余老　南宋淳祐间刻工。刻有
《資治通鑑綱目》宋詹光祖月崖書堂刻本。十行，行十六字。

余有　南宋慶元间江西地區刻工。刻有
《記纂淵海》十三行，行二十二字。
《歐陽文忠公集》宋慶元二年周必大刻本。十行，行十六字。

余有　南宋嘉定间湖南地區刻工。刻有
《致堂讀史管見》宋嘉定十一年衡陽郡斋刻本。十二行，行二十三字。

余光　南宋淳熙间江西地區刻工。刻有
《本草衍義》宋淳熙十二年江西轉運司刻慶元元年重修本。十一行，行二十一字。
《坡門酬唱集》九行，行十六字。
補版有：
《漢書注》宋紹興湖北提舉茶鹽司刻淳熙、

紹熙、慶元修本。十四行，二十六至二十九字。

余光　南宋福建地區刻工。刻有

《真西山讀書記》宋開慶元年福州官刻本。

《夷堅志》九行，行十八字。

余光祖　南宋中期湖北地區刻工。補刻有

《漢書注》宋紹興湖北提舉茶鹽司刻淳熙、

紹熙、慶元修本。十四行，行二十六至二十九字。

余光祖　南宋四川地區刻工。刻有

《李衛公文集》十行，行十八字。

余同甫　南宋中期浙江地區刻工。刻有

《孟子集注》八行，行十六字。

《韋蘇州集》十行，行十八字。

余全　南宋紹興間安徽舒城地區刻工。刻有

《大易粹言》宋淳熙三年舒州公使庫刻本。

《王文公文集》宋紹興龍舒本。十行，行二十字。

余全　南宋紹興間浙江地區刻工。刻有

《舊唐書》宋紹興兩浙東路茶鹽司刻本。十四行，行二十四至二十七字。

《漢雋》宋淳熙十年象山縣刻本。九行，大

小字相间，小字雙行三十字。
《外臺秘要》宋紹興两浙東路茶鹽司刻本。十三行，行二十四、二十五字。
《增廣司馬温公全集》南宋初刻本。十二行，二十字。

余全　南宋嘉定间江西吉安地區刻工。刻有
《漢書注》宋嘉定十七年白鷺洲書院刻本。八行，行十六字。

余份　南宋嘉定间湖北武昌地區刻工。刻有
《春秋經傳集解》宋嘉定九年興國軍學刻本。八行，行十七至十九字。

余仲　南宋紹熙间江西地區刻工。刻有
《陶淵明集》曾集本。十行，行十六字。
《歐陽文忠公集》宋慶元二年周必大刻本。十行，行十六字。

余仲成　南宋嘉定间福建長汀地區刻工。刻有
《張丘建算經》宋嘉定六年鮑澣之刻本。九行，行十八字。

余任　北宋治平间刻工。刻有
《重廣會史》北宋刻中箱本。十五行，行二

十至二十六字。

余先　南宋淳熙间浙江建德地區刻工。刻有《通鑑纪事本末》宋淳熙二年嚴陵郡庠刻本。十三行，行二十四字。

余先　南宋淳熙间江西地區刻工。刻有《春秋經傳集解》宋撫州公使庫刻本。十行，行十六字。《孟東野詩集》十一行，行十六字。

余良　南宋淳熙间安徽廣德地區刻工。刻有《史記集解索隱》宋淳熙三年張杅桐川郡斋刻淳熙八年耿秉補刻本。十二行，行二十五字。

余良　南宋後期浙江地區刻工。刻有《論語集説》湖州泮宫本。《晦庵先生文集》宋淳祐五年刻本。十行，行十九字。

余定　南宋淳熙间江西撫州地區刻工。刻有《禮記注》宋淳熙四年撫州公使庫刻本。十行，行十六字。《春秋經傳集解》宋撫州公使庫刻本。十行，行十六字。

余志遠　南宋紹興間江西吉安地區刻工。刻有《甲申雜記》《見聞近錄》十行，行十九字。

余攻　南宋後期杭州地區刻工。刻有《中興館閣錄》九行，行十八字。

《露香拾稿》陳道人書籍鋪本。

余酉　南宋嘉定間福建建甌地區刻工。刻有《育德堂奏議》宋嘉定建寧府刻本。九行，行十八字。

《育德堂集》宋蔡氏家刻本。九行，行十八字。

余甫　南宋寶間浙江吳興地區刻工。刻有《通鑑紀事本末》宋寶祐五年趙與簒刻本。十一行，行十九字。

余秀　南宋淳熙間浙江地區刻工。刻有《荀子注》宋淳熙台州刻本。八行，行十六字。

《晦庵先生文集》宋淳祐五年刻本。十行，行十九字。

余秀　南宋寶慶間福建建甌地區刻工。刻有《東漢會要》宋寶慶二年建寧郡齋刻本。十一行，行二十字。

余秀明　南宋寶慶間福建建甌地區刻工。刻有

《東漢會要》宋寶慶二年建寧郡斋刻本。十一行，行二十字。

余如川　南宋福建建甌地區刻工。刻有

《夷堅志》南宋建寧刻本。九行，行十八字。

余佐　南宋中期浙江地區刻工。刻有

《大廣益會玉篇》十行，行二十字。

余伯安　南宋淳熙间福建地區刻工。刻有

《附釋音毛詩注疏》宋蔡琪純父一經堂刻本。

余長壽　南宋後期江西吉安地區刻工。刻有

《慈溪黄氏日抄分類》十行，行二十字。

余武　南宋江西地區刻工。刻有

《六經正誤》十行，行二十二字。

余武　南宋寶慶间福建建甌地區刻工。刻有

《東漢會要》宋寶慶二年建寧郡斋刻本。十一行，行二十字。

余青　南宋初期浙江地區刻工。刻有

《集韻》明州本。十一行，行二十三字。

《資治通鑑》宋紹興三年兩浙東路茶盐司刻本。十二行，行二十四字。

《資治通鑑目録》宋紹興二年兩浙東路茶盐

司刻本。行字不等。

《外臺秘要方》宋紹興兩浙東路茶鹽司刻本。十三行，行二十四字。

余桧　南宋紹興間江西地區刻工。刻有

《參寥子詩集》十一行，行二十四字。

《重廣眉山三蘇先生文集》宋紹興三十年饒州德興縣銀山莊谿董應夢集古堂刻本。十三行，行二十七字。

《孟東野詩集》十一行，行十六字。

余坤　南宋端平間江西吉安地區刻工。刻有

《誠齋集》宋端平二年刻本。十行，行十六字。

余俍　南宋紹興間杭州地區刻工。刻有

《周禮疏》宋兩浙東路茶鹽司刻本。八行，行十五至十七字。

《集韻》明州本。十一行，行二十三字。

《漢書注》南宋初杭州刻本。十行，行十九字。

《漢書注》宋紹興江南東路轉運司刻本。九行，行十六字。

《新雕重校戰國策》宋紹興刻本。十一行，行二十字。

《白氏六帖事類集》十三行，行二十四至二十七字。

余政　南宋淳熙間安徽廣德地區刻工。刻有《史記集解索隱》宋淳熙三年張杅桐川郡齋刻淳熙八年耿秉補刻本。十二行，行二十五字。

余昌　南宋淳熙間浙江建德地區刻工。刻有《通鑑紀事本末》宋淳熙二年嚴陵郡庠刻本。十二行，行二十四或二十五字。

余忠祥　南宋紹興間安徽舒城地區刻工。刻有《王文公文集》宋紹興龍舒本。十行，行十七字。

余忠　南宋紹興間刻工。刻有《説文解字》十行，行二十字。《王文公文集》宋紹興龍舒本。十行，行十七字。

余忠　南宋紹定間浙江吳興地區刻工。刻有《吳郡志》宋紹定二年刻本。九行，行十八字。

余岩　南宋初期湖北地區刻工。刻有《花間集》十行，行十七、十八字。

余岩　南宋嘉定間福建建甌地區刻工。刻有《西漢會要》宋嘉定建寧郡齋刻本。十一行，行二十字。

余旼　南宋淳祐间浙江地區刻工。刻有《晦庵先生文集》宋淳祐五年刻本。十行，行十九字。

余尚　南宋绍興间浙江寧波地區刻工。刻有《文選注》宋绍興二十八年明州補修本。十行，行二十至二十二字。

余旺　南宋嘉定间江西吉安地區刻工。刻有《漢書集注》宋嘉定十七年白鹭洲書院刻本。八行，行十六字。

余明　南宋乾道间刻工。刻有《周易注》宋淳熙撫州公使庫刻本。十行，行十六字。《孔氏六帖》宋乾道二年泉南郡庫刻本。十二行，行约十八、十九字。

余明　南宋淳祐间安徽地區刻工。刻有《儀禮要義》宋淳祐十二年魏克愚刻本。九行，行十八字。

余明　南宋後期福建福清地區刻工。刻有《列子鬳齋口義》宋景定间王庚刻本。九行，行十八字。

余和　南宋寶祐間浙江吴興地區刻工。刻有《通鑑紀事本末》宋寶祐五年趙與𥲅刻本。十一行，行十九字。

余和甫　南宋寶祐間浙江吴興地區刻工。刻有《通鑑紀事本末》宋寶祐五年趙與𥲅刻本。十一行，行十九字。

余京　南宋乾道間江西地區刻工。刻有《歐陽文忠公集》宋慶元二年周必大刻本。十行，行十六字。

《豫章黄先生外集》宋乾道贛州州學刻本。九行，行十八字。

余亮　南宋紹興間安徽舒城地區刻工。刻有《王文公文集》宋紹興龍舒本。十行，行十七字。

余孝　南宋初期江西地區刻工。刻有《春秋經傳集解》宋撫州公使庫刻本。十行，行十六字。

《輿地廣記》十三行，行二十四字。

《王右丞文集》十一行，行二十字。

《孟東野詩集》十一行，行十六字。

《豫章黄先生外集》宋乾道贛州州學刻本。九行，行十八字。

《文選注》宋贛州州學刻本。九行，行十五字。

余彦　南宋紹興間浙江地區刻工。刻有

《南齊書》九行，行十八字。

《文選注》宋紹興二十八年明州補修本。十行，行二十至二十二字。

余祐　南宋淳熙間江西地區刻工。刻有

《春秋經傳集解》宋撫州公使庫刻本。十行，行十六字。

《東坡集》十行，行十八字。

余竑　南宋初期浙江地區刻工。刻有

《毛詩正義》宋紹興九年紹興府刻本。十五行，行二十四至二十六字。

《周禮注》宋婺州市門巷唐宅刻本。十三行，行二十五至二十七字。

《禮記注》宋淳熙四年撫州公使庫刻本。十行，行十六字。

《廣韻》宋刻巾箱本。十行，行十五字。

《漢書注》南宋初杭州刻本。十行，行十九字。

《漢書注》宋紹興江南東路轉運司刻本。九行，行十六字。

《廣韻》南北宋之交。十行，行字不定。注雙行二十七至二十九字。

《事類賦注》宋紹興十六年兩浙東路茶鹽司刻本。八行，行十四至十六字。

《樂府詩集》宋紹興刻本。十三行，行二十三字。

余祖　南宋初期杭州地區刻工。刻有

《春秋公羊疏》宋紹興間刻本。十五行，行二十三至二十八字。

余記　南宋紹興間浙江寧波地區刻工。刻有

《大般若波羅蜜多經》宋紹興三十二年奉化王公祠堂刻本。

余政　南宋紹興浙江地區刻工。刻有

《古史》十一行，行二十二字。

《南齊書》、《梁書》、《魏書》、《南史》均九行，行十八字。

《藝文類聚》宋紹興嚴州刻本。十四行，行二十七、二十八字。

《妙法蓮華經》六行，行十七字。

《聖宋文選全集》宋乾道刻本。十六行，行二十八字。

《史記集解索隱》宋淳熙三年張杅桐川郡齋刻淳熙八年耿秉補刻本。十二行，行二十五字。

余政　南宋中期浙江地區刻工。刻有

《禮記正義》宋紹熙三年兩浙東路茶鹽司刻本。八行，行十六字。

《吴郡志》宋紹定二年刻本。九行，行十八字。

《律》附音義九行，行十八字。

《晦庵先生文集》宋淳祐五年刻本。十行，行十九字。

余表　南宋紹興間杭州地區刻工。刻有

《增廣司馬温公全集》南宋初年刻修補本。十二行，行二十字。

《王文公文集》宋紹興龍舒本。十行，行十七字。

余珍　南宋淳熙間安徽地區刻工。刻有

《史記集解索隱》宋淳熙三年張杅桐川郡齋刻淳熙八年耿秉補刻本。十二行，行二十五字。

《聖宋文選全集》宋乾道刻本。十六行，行二十八字。

余茂　南宋淳熙间江西撫州地區刻工。刻有《春秋經傳集解》宋撫州公使庫刻本。十行，行十六字。《倚松老人詩集》宋慶元五年黄汝嘉刻本。十行，行二十字。

余阿平　南宋紹熙间浙江紹興地區刻工。刻有《孟子注疏解經》宋嘉泰兩浙東路茶鹽司刻本。八行，行十六字。

余英　南宋淳熙间江西撫州地區刻工。刻有《禮記注》宋淳熙四年撫州公使庫刻本。十行，行十六字。《春秋經傳集解》宋撫州公使庫刻本。十行，行十六字。《春秋公羊經傳解詁》宋淳熙撫州公使庫刻紹熙四年重修本。十行，行十六字。

余君恭　南宋咸淳间蘇州地區刻工。刻有《分門纂類唐歌詩》宋咸淳元年刻本。十行，行十八字。

余俊　南宋紹興间浙江地區刻工。刻有《毛詩正義》宋紹興九年紹興府刻本。十五行，行二十四至二十六字。
《新唐書》宋紹興刻本。十四行，行二十四至二十七字。

余俊　南宋淳熙間江西撫州地區刻工。刻有
《禮記注》宋淳熙四年撫州公使庫刻本。十行，行十六字。
《春秋經傳集解》宋撫州公使庫刻本。十行，行十六字。
《輶軒使者絶代語釋别國方言解》宋慶元六年潯陽郡齋刻本。八行，行十七字。

余高　南宋慶元間江西吉安地區刻工。刻有
《歐陽文忠公集》宋慶元二年周必大刻本。十行，行十六字。

余孟　南宋紹興間湖北黄岡地區刻工。刻有
《小畜外集》十一行，行二十字。

余益　南宋紹興間浙江地區刻工。刻有
《增廣司馬温公全集》南宋初年刻本。十二行，行二十字。

余志遠　南宋淳熙間安徽貴池地區刻工。刻有
《文選注》宋淳熙八年池陽郡齋刻本。竹局

淳熙十五年重刻工。十行，行十八至二十一字。

余敬遠　南宋江西吉安地區刻工。刻有《甲申雜記》《聞見近録》十行，行十九字。

余敦　南宋嘉定間杭州地區刻工。刻有《歷代名醫蒙求》宋嘉定十三年臨安府太廟前尹家書籍鋪刻本。九行，行十七字。

余珪　南宋初期江西贛州地區刻工。刻有《文選注》宋贛州州學刻本。九行，行十五字。

余清　南宋紹興間浙江地區刻工。刻有《文選注》宋紹興二十八年明州補修本。十行，行二十至二十二字。

《文選注》宋贛州州學刻本。九行，行十五字。

余章　南宋淳熙間江西地區刻工。刻有《周易注》宋淳熙撫州公使庫刻本。十行，行十六字。

《春秋經傳集解》宋撫州公使庫刻本。十行，行十六字。

《春秋傳》宋慶元五年黄汝嘉刻本。十行，行二十字。

《歐陽文忠公集》宋慶元二年周必大刻本。

十行，行十六字。
《東萊先生詩集》宋慶元五年黄汝嘉刻本。
十行，行二十字。

余威　南宋淳熙间江西地區刻工。刻有
《孟東野詩集》十一行，行十六字。

余珵　南宋绍興间绍興地區刻工。刻有
《外臺秘要方》宋绍興兩浙東路茶盐司刻本。
十三行，二十四字。

余盟　北宋嘉祐间杭州地區刻工。刻有
《史記集解》北宋嘉祐刻本，原版刻工。十行，
行十九字。

余華　南宋慶元间江西九江地區刻工。刻有
《輶軒使者绝代語釋别國方言解》宋慶元六
年潯陽郡斋刻本。八行，行十七字。

余敏　南宋中期杭州地區刻工。刻有
《尚書正義》宋绍熙三年兩浙東路茶盐司刻
本。八行，行十九字。
《春秋經傳集解》八行，行十七字。
《春秋左傳正義》宋慶元六年绍興府刻本。
《大廣益會玉篇》十行，行二十字。

《大宋重修廣韻》十行，行二十字。

《律》附音義九行，行十八字。

《歷代名醫蒙求》宋嘉定十三年臨安府太廟前尹家書籍鋪刻本。九行，行十八字。

《晦庵先生文集》宋淳祐五年刻本。十行，行十九字。

補刻有：

《説文解字》十行，行二十字。

《漢書注》十行，行十九字。

《宋書》、《南齊書》、《梁書》、《陳書》、《魏書》均九行，行十八字。

《新唐書》十四行，行二十三至二十六字。

《通典》宋紹興刻。十五行，行二十五至二十九字。

《大唐六典注》宋紹興四年温州州學刻本。十行，行二十字。

余得　南宋淳祐間浙江地區刻工。刻有

《晦庵先生文集》宋淳祐五年刻本。十行，行十九字。

余從　南宋乾道間江西贛州地區刻工。刻有

《文選注》宋贛州州學刻本。九行，行十五字。

余斌　南宋淳熙间浙江地區刻工。刻有

《禮記集説》宋嘉熙四年新定郡斋刻本。八行，行二十五字。

《通鑑紀事本末》宋淳熙二年嚴陵郡庠刻本。十三行，行二十四或二十五字。

《新刊山堂先生章宫講考索》宋金華曹氏大隱書院刻本。十三行，行二十字。

余雲　南宋後期福建建甌地區刻工。刻有

《東漢會要》宋寶慶二年建寧郡斋刻本。十一行，行二十字。

余惠　南宋淳熙间江西地區刻工。刻有

《東坡集》十行，行十八字。

余堅　南宋淳熙间江西撫州地區刻工。刻有

《周易注》宋淳熙撫州公使庫刻本。十行，行十六字。

《東坡集》十行，行十八字。

余萬　南宋嘉定间福建泉州地區刻工。刻有

《資治通鑑綱目》宋嘉定十二年温陵郡斋刻本。八行，行十七字。

余華　南宋慶元間江西九江地區刻工。刻有《輶軒使者絶代語釋別國方言解》宋慶元六年潯陽郡齋刻本。八行，行十七字。

余貴　南宋紹興間杭州地區刻工。刻有《宋書》、《陳書》、《魏書》、《北齊書》均九行，行十八字。

余欽　南宋淳祐間浙江金華地區刻工。刻有《河南程氏經説》十行，行二十字。

余然　南宋淳熙間江西撫州地區刻工。刻有《春秋經傳集解》宋撫州公使庫刻本。十行，行十六字。

余集　南宋初期杭州地區刻工。刻有

《毛詩正義》宋紹興九年紹興府刻本。十五行，行二十四至二十六字。

《春秋經傳集解》八行，行十七字。

《經典釋文》十一行，行十七字。

《編年通載》五行，行十七字。

補刻《漢書注》北宋刻遞修本。十行，行十九字。

余復　南宋淳熙間江西地區刻工。刻有《東坡集》十行，行十八字。

余進　南宋嘉定間江西吉安地區刻工。刻有

《漢書集注》宋嘉定六年蔡琪純父一經堂刻本。八行，行十六字。

《後漢書注》宋嘉定白鷺洲書院刻本。八行，行十六字。

余舜　南宋中期湖北地區刻工。補刻有

《漢書注》宋紹興湖北提舉茶鹽司刻淳熙、紹熙、慶元修本。十四行，行二十六至二十九字。

余賓　南宋淳熙間江西地區刻工。刻有

《呂氏家塾讀詩記》宋淳熙九年江西漕台刻本。九行，行十九字。

余煥　南宋淳熙間江西撫州地區刻工。刻有

《春秋經傳集解》宋撫州公使庫刻本。十行，行十六字。

余塤　南宋淳熙間安徽滁縣地區刻工。刻有

《漢雋》宋淳熙五年滁陽郡齋刻本。九行，行大字一行小字四。

余嵩　南宋後期福建建甌地區刻工。刻有

《東漢會要》宋寶慶二年建寧郡齋刻本。十一行，行二十字。

余榮　南宋紹興間浙江地區刻工。刻有《宋書》九行，行十八字。

補刻有《儀禮疏》十五行，行二十七字。

余壽　南宋後期江西地區刻工。刻有《慈溪黄氏日抄分類》十行，行二十字。

余銓　南宋中期江西吉安地區刻工。刻有《廬陵歐陽先生文集》宋刻小字本。十四行，行二十七、二十八字。

余賓　南宋淳熙間江西撫州地區刻工。刻有《禮記注》宋淳熙四年撫州公使庫刻本。十行，行十六字。

《周易注》宋撫州公使庫刻本。十行，行十六字。

《春秋經傳集解》宋撫州公使庫刻本。十行行十六字。

《春秋公羊經傳解詁》宋淳熙撫州公使庫刻紹熙四年重修本。十行，行十六字。

《侍郎葛公歸愚集》十二行，行二十二字。

余闡　南宋嘉定間福建地區刻工。刻有《東觀餘論》宋嘉定建刻本。十行，行二十字。

余熚　南宋淳祐間刻工。刻有《古文苑注》宋淳祐七年盛氏重修本。十行，行十八字。

余學　南宋嘉定間福建建甌地區刻工。刻有《西漢會要》宋嘉定建寧郡齋刻本。十一行，行二十字。

余舉　南宋慶元間江西贛州地區刻工。補刻有《文選注》宋贛州州學刻本。九行，行十五字。

余應　南宋乾道間江西贛州地區刻工。刻有《文選注》宋贛州州學刻本。九行，行十五字。

余應中　南宋乾道間江西贛州地區刻工。刻有《文選注》宋贛州州學刻本。九行，行十五字。

余簡　南宋乾道間浙江地區刻工。刻有《孔氏六帖》宋乾道二年泉南郡齋刻本。十行，行約十八、九字。

余闌　南宋初期江西地區刻工。刻有《輿地廣記》十三行，行二十四字。《五朝名臣言行錄》《三朝名臣言行錄》十行，行十七字。

余蘭　南宋乾道間浙江地區刻工。刻有

《孔氏六帖》宋乾道二年泉南郡庠刻本。十二行，行約十八、九字。

余鄰　北宋元豐間福州地區刻工。刻有

《曼殊師利根本一字陀羅尼經》

《曼殊室利菩薩咒藏中一字咒王經》

《十二佛名神咒校量功德除障滅罪經》

《佛說稱讚如來功德神咒經》

均福州東禪寺萬壽大藏本。六行，行十七字。

余顯　南宋慶元間江西吉安地區刻工。

《歐陽文忠公集》宋慶元二年周必大刻本。十行，行十六字。

谷仲　南宋嘉泰間刻工。刻有

《皇朝文鑑》宋嘉泰四年新安郡齋刻本。十行，行十九字。

補刻有《宋書》、《魏書》均九行，行十八字。

谷保　南宋淳熙間刻工。刻有

《皇朝仕學規範》宋淳熙三年刻本。十二行，行二十五字。

秀文　南宋淳祐間福州地區刻工。刻有

《國朝諸臣奏議》宋淳祐十年史季溫福州刻本。

十一行，行二十三字。

秀夫　南宋後期江西地區刻工。刻有
《隋書》九行，行二十，多至二十二字。

秀發　南宋嘉定間江西地區刻工。刻有
《儀禮經傳通解》宋嘉定十年南康道院刻元明遞修本。七行，行十五字。

秀發　南宋淳祐間福州地區刻工。刻有
《國朝諸臣奏議》宋淳祐十年史季溫福州刻本。十一行，行二十三字。

秀實　南宋慶元間江西地區刻工。
《五代史記》宋慶元五年刻本。
《唐書》十行，行十九字。

秀童　南宋乾道間江西贛州地區刻工。刻有
《文選注》宋贛州州學刻本。九行，行十五字。

狄永　南宋中期四川地區刻工。刻有
《三蘇先生文粹》十行，行十八字。

狄杞　南宋中期四川地區刻工。刻有
《三蘇先生文粹》十行，行十八字。

狄真　南宋紹興間杭州地區刻工。刻有
《周易正義》宋紹興十五至二十一年刻本。

十五行，行二十七字。

妙注　南宋初期杭州地區刻工。刻有《妙法蓮華經》南宋杭州刻本。六行，十七字

八畫

官七　南宋中期福建建陽地區刻工。刻有《四朝名臣言行錄》十一行，行二十一字。

官元　南宋淳熙間江西地區刻工。

《禮記注》宋淳熙四年撫州公使庫刻本。十行，行十六字。

《春秋經傳集解》宋撫州公使庫刻本。十行，行十六字。

《錢塘韋先生集》宋乾道臨汀刻本。十行，行二十字。

官太　南宋福建建甌地區刻工。刻有《夷堅志》宋刻元印本。九行，行十八字。

官永茂　南宋後期江西吉安地區刻工。刻有《慈溪黃氏日抄分類》十行，行二十字。

官正　南宋寶慶間福建建甌地區刻工。刻有《四朝名臣言行錄》十一行，行二十一字。

《東漢會要》宋寶慶二年建寧郡齋刻本。十

一行，行二十字。

官安　南宋淳祐间福州地區刻工。刻有

《國朝諸臣奏議》宋淳祐十年史季温福州刻

本。十一行，行二十三字。

官先　南宋乾道间江西地區刻工。

《王右丞文集》南宋初刻小字本。十一行，

行二十字。

官昌　南宋後期福建建甌地區刻工。刻有

《龜山先生語録》宋福建漕治刻本。十行，

行十八字。

官信　南宋淳熙间江西地區刻工。刻有

《三朝名臣言行録》宋淳熙刻本。十行，行

十七字。

《王右丞文集》十一行，行二十字。

《孟東野詩集》十一行，行十六字。

官進　南宋淳熙间安徽貴池地區刻工。刻有

《文選注》宋淳熙八年池陽郡斋刻本。十行，

行二十一字。

官達　南宋慶元间江西吉安地區刻工。刻有

《歐陽文忠公集》宋慶元二年周必大刻本。

十行，行十六字。

宣寧　南宋淳祐间安徽歙縣地區刻工。刻有

《儀禮要義》宋淳祐十二年魏克愚刻本。九行，行十八字。

《禮記要義》宋淳祐十二年魏克愚刻本。九行，行十八字。

《晦庵先生文集》宋淳祐五年刻本。十行，行十九字。

定夫　南宋淳祐间福州地區刻工。刻有

《國朝諸臣奏議》宋淳祐十年史季温福州刻本。十一行，行二十三字。

定發　南宋嘉定间福建建陽地區刻工。刻有

《漢書注》宋嘉定元年建安蔡琪純父一經堂刻本。八行，行十六字。

定翁　南宋中期福建地區刻工。刻有

《資治通鑑》宋建刻本。十一行，行二十字。

宗文　南宋後期江西吉安地區刻工。刻有

《慈溪黄氏日抄分類》十行，行二十字。

宗仁　南宋浙江衢縣地區刻工。刻有

《三國志注》宋衢州本。十行，行十九字。

宗林　南宋绍興间浙江寧波地區刻工。刻有《文選注》宋绍興二十八年明州修補本。十行，行二十二字。

宗賓　南宋嘉泰间江西吉安地區刻工。刻有《文苑英華》宋嘉泰元年至四年周必大刻本。十三行，行二十二字。

宜之　南宋中期福建地區刻工。刻有《尚書傳》十行，行二十字。

法朗　金大定间刻工。刻有《金藏》每版二十六行，行二十五、二十六字不等。

林一　南宋绍定间浙江地區刻工。刻有《重廣補注黄帝内經素問》十行，行十六字。

林乂　南宋淳祐间福州地區刻工。刻有《國朝諸臣奏議》宋淳祐十年史季温福州刻本。十行，行二十三字。

林子　南宋初期杭州地區刻工。刻有《龍龕手鑑》十行，行大字一約小字四。

林文　南宋绍興间福州地區刻工。刻有《天聖廣燈録》宋绍興十八年刻開元寺毗盧大藏本。六行，行十七字。
補刻有《古靈先生文集》宋紹興重刻本。十行，行十八字。

林文茂　南宋淳祐間福州地區刻工。刻有《國朝諸臣奏議》宋淳祐十年史季溫福州刻本。十一行，行二十三字。

林方　南宋紹定間浙江地區刻工。刻有《重廣補注黄帝内經素問》十行，行二十字。

林元　南宋紹興間浙江溫州地區刻工。刻有《大唐六典注》宋紹興四年溫州州學刻本。十行，行二十字。
《溫國文正司馬公文集》宋紹興刻本。十二行，行二十字。

林日　南宋紹興間福州地區刻工。刻有《續高僧傳》宋紹興十八年刻開元寺毗盧大藏本。六行，行十七字。

林仁　南宋紹定間浙江地區刻工。刻有《重廣補注黄帝内經素問》十行，行二十字。
補版有《後漢書注》宋紹興江南東路轉運司刻遞修本。九行，行十六字。

林仁　南宋初期杭州地區刻工。刻有
《後漢書注》南宋初杭州刻。十行，行十九字。
林升　南宋紹興間浙江金華地區刻工。刻有
《古三墳書》宋紹興十七年婺州刻本。十行，
行十八字。
林允　南宋紹興間浙江溫州地區刻工。刻有
《大唐六典注》宋紹興四年溫州州學刻本。
十行，行二十字。
林立　北宋後期福州地區刻工。刻有
《福州開元寺毗盧大藏》六行，行十七字。
林立　南宋紹定間浙江建德地區刻工。刻有
《鉅鹿東觀集》宋嚴陵郡齋本。十行，行二
十字。
林丙　南宋淳祐間福州地區刻工。刻有
《國朝諸臣奏議》宋淳祐十年史季溫福州刻
本。十一行，行二十三字。
林申　南宋初期刻工。補刻有
《三國志注》十四行，行二十五字。
林匆　南宋紹興間浙江建德地區刻工。刻有
《藝文類聚》宋紹興刻本。十四行，行二十

七、二十八字。

林安　南宋後期江西吉安地區刻工。刻有《慈溪黄氏日抄分類》十行，行二十字。

林光之　南宋紹定間浙江建德地區刻工。刻有《鉅鹿東觀集》宋嚴陵郡齋刻本。十行，行二十字。

林吉　南宋紹興間福州地區刻工。刻有《天聖廣燈錄》宋紹興十八年刻開元寺毗盧大藏本。六行十七字。

林有　北宋景祐間刻工。刻有《漢書注》北宋刻遞修本。十行，行十九字。

林成　南宋乾道間湖南地區刻工。刻有《唐柳先生外集》宋乾道元年永州零陵郡庠刻本。九行，行十八字。

林光祖　南宋嘉泰間江蘇揚州地區刻工。刻有《注東坡先生詩》宋嘉泰六年淮東倉司刻景定三年鄭羽補刻本。九行，行十六字。

林良　南宋中期福建地區刻工。刻有《河南程氏文集》八行，行十四字。

林志　南宋淳祐間福州地區刻工。刻有

《國朝諸臣奏議》宋淳祐十年史季温福州刻本。十一行，行二十三字。
林志遠　南宋紹興間杭州地區刻工。刻有《後漢書注》南宋初年杭州刻本。十行，行十九字。《後漢書注》宋紹興江南東路轉運司刻本。九行，行十六字。
林杞　南宋中期四川地區刻工。刻有《三蘇先生文粹》十行，行十八字。
林足　北宋咸平間刻工。刻有《吳志》十四行，行二十五字。
林位　南宋紹興間刻工。刻有《温國文正司馬公文集》宋紹興刻本。十二行，行二十字。
林伯福　南宋中期杭州地區刻工。補刻有《魏書》九行，行十八字。
林伯齋　南宋中期杭州地區刻工。補刻有《魏書》九行，行十八字。
林定　南宋淳祐間福州地區刻工。刻有《國朝諸臣奏議》宋淳祐十年史季温福州刻本。十一行，行二十三字。

林宗　南宋绍興浙江衢縣地區刻工。刻有《居士集》宋绍興衢州刻本。七行，行十四字。

林宗　南绍定间浙江地區刻工。刻有《重廣補注黄帝内經素問》十行，行二十字。

林官保　南宋中期杭州刻工。補刻有《魏書》九行，行十八字。

林泗　南宋绍興间福州地區刻工。刻有《續高僧傳》宋绍興十八年刻福州開元寺毗盧大藏本。六行，行十七字。

林明　南宋绍興间福州地區刻工。刻有《續高僧傳》宋绍興十八年刻福州開元寺毗盧大藏本。六行，行十七字。《温國文正司馬公文集》宋绍興刻本。十二行，行二十字。

林明　南宋绍定间浙江地區刻工。刻有《重廣補注黄帝内經素問》十行，行二十字。

林芳　南宋绍興间刻工。刻有《後漢書注》南宋初年杭州刻本。十行，行十九字。

《後漢書注》宋紹興江南東路轉運司刻本。
九行，行十六字。
《續高僧傳》宋紹興十八年刻福州開元寺毗
盧大藏本。六行，行十七字。

林芳　南宋中期浙江建德地區刻工。刻有
《愧郯錄》宋嘉定刻本。九行，行十七字。

林叔　南宋慶元間杭州地區刻工。補刻有
《宋書》、《魏書》九行，十八字。

林侃　南宋紹興間福州地區刻工。刻有
《天聖廣燈錄》宋紹興十八年刻福州開元寺
毗盧大藏本。六行，行十七字。

林谷　南宋紹興間浙江建德地區刻工。刻有
《藝文類聚》宋紹興間刻本。十四行，行二
十七、二十八字。

林受　北宋景祐間刻工。刻有
《漢書注》北宋刻遞修本。十行，行十九字。

林受　南紹興間刻工。刻有
《溫國文正司馬文集》宋紹興間刻本。十二
行，行二十字。

林庠　南宋紹興間杭州地區刻工。刻有

《後漢書注》南宋初年杭州刻本。十行，行十九字。

《後漢書注》宋紹興江南東路轉運司刻本。九行，行十六字。

林彥　南宋紹興間浙江衢州地區刻工。刻有《居士集》宋紹興間衢州刻本。七行，行十四字。

林祐　南宋中期福建地區刻工。刻有《河南程氏文集》八行，行十四字。

林春　南宋嘉泰間江蘇揚州地區刻工。刻有《注東坡先生詩》宋嘉泰二年淮東倉司刻景定三年鄭羽補刻本。九行，行十八字。

林桃　南宋中期浙江地區刻工。刻有《迂齋標注諸家文集》九行，行十九字。

林英　南宋紹興間浙江地區刻工。刻有《舊唐書》宋紹興兩浙東路茶鹽司刻本。十四行，行二十四至二十七字。補刻有《史記集解》北宋刻遞修本。十行，行十九字。

林茂　南宋初期杭州地區刻工。刻有

《龍龕手鑑》十行，行字不定。

《宋書》、《魏書》均九行，行十八字。

《新唐書》宋紹興刻本。十四行，行二十四至二十七字。

補刻有《三國志·吳志》十四行，行二十五字。

林茂　南宋紹定間浙江吳興地區刻工。刻有

《通鑑紀事本末》宋寶祐五年趙與篡刻本。十一行，行十九字。

《重廣補注黃帝內經素問》十行，行二十字。

林茂　北宋四川地區刻工。

《資治通鑑》宋鄂州孟太師府鵠山書院覆刻龍爪本。

林茂賓　南宋中期杭州地區刻工。補刻有

《魏書》九行，行十八字。

林俊　北宋景祐間刻工。刻有

《漢書注》北宋刻遞修本。十行，行十九字。

《吳志》十四行，行二十五字。

《儀禮疏》十五行，行二十七字。

林俊　南宋紹興間浙江地區刻工。刻有

《春秋經傳集解》杭州本。八行，行十七字。

《漢書注》南宋初年杭州刻本。十行，行十九字。

《後漢書注》南宋初年杭州刻本。十行，行十九字。

《漢書注》宋紹興江南東路轉運司刻本。九行，行十六字。

《後漢書注》宋紹興江南東路轉運司刻本。九行，行十六字。

《舊唐書》宋紹興兩浙東路茶鹽司刻本。十四行，行二十四至二十七字。

《編年通載》五行，行十七字。

《荀子注》宋淳熙八年台州刻本。八行，行十六字。

《揚子法言注》唐仲友本。八行，行十六字。

《外臺秘要方》宋紹興兩浙東路茶鹽司刻本。十三行，行二十四至二十五字。

林厚　南宋紹興間福州地區刻工。刻有

《東觀餘論》宋紹興十七年黃訥刻本。十行，行二十字。

《法苑珠林》福州開元寺毗盧大藏本。六行，行十七字。

林卿　北宋後期福州地區刻工。刻有《大般若波羅蜜多經》福州東禪寺萬壽大藏本。六行，行十七字。

林庸　北宋後期刻工。刻有《說苑》北宋末刻本。十一行，行二十字。

林康　南宋紹興間杭州地區刻工。刻有《後漢書注》南宋初年杭州刻本。十行，行十九字。

《後漢書注》宋紹興江南東路轉運司刻本。九行，行十六字。

林添　南宋紹興間刻工。刻有《溫國文正司馬公文集》宋紹興刻本。十二行，行二十字。

林彬　南宋紹興間福州地區刻工。刻有《天聖廣燈録》宋紹興十八年刻福州開元寺毗盧大藏本。六行，行十七字。

《續高僧傳》宋紹興十八年刻福州開元寺毗盧大藏本。六行，行十七字。

林通　南宋乾道間刻工。刻有

《福州開元寺毗盧大藏》六行，行十七字。
《豫章黃先生文集》宋乾道刻本。九行十八字。
林威　南宋初期杭州地區刻工。刻有
《龍龕手鑑》十行，行字不等。
林威　南宋紹定間浙江地區刻工。刻有
《切韻指掌圖》宋紹定三年越之讀書堂刻本。
八行，行字不定。
《磧沙藏》六行，行十七字。
林從　南宋紹興間刻工。刻有
《備急千金要方》十三行，行二十三字。
《溫國文正司馬公文集》宋紹興間刻本。十
二行，行二十字。
林富　南宋淳祐間福州地區刻工。刻有
《國朝諸臣奏議》宋淳祐十年史季溫福州刻
本。十一行，行二十三字。
林達　南宋紹興間浙江紹興地區刻工。刻有
《舊唐書》宋紹興兩浙東路茶鹽司刻本。十
四行，行二十四至二十七字。
林達　南宋紹興間紹興地區刻工。刻有
《舊唐書》宋紹興兩浙東路茶鹽司刻本。十

四行，行二十四至二十七字。

林森　南宋紹興間福州地區刻工。刻有《天聖廣燈録》宋紹興十八年刻福州開元寺毗盧大藏本。六行，行十七字。

林岑　南宋紹興間浙江紹興地區刻工。刻有《資治通鑑》宋紹興三年兩浙東茶鹽司刻本。十二行，行二十四字。

林發　南宋紹興間刻工。刻有《備急千金要方》十三行，行二十三字。《溫國文正司馬公文集》宋紹興刻本。十二行，行二十字。

林遠　南宋紹興間刻工。刻有《備急千金要方》十三行，行二十三字。《溫國文正司馬公文集》宋紹興刻本。十二行，行二十字。

林嘉茂　南宋寶祐間浙江吳興地區刻工。刻有《通鑑紀事本末》宋寶祐五年趙與𥲅刻本。十一行，行十九字。

林檜　南宋淳熙間浙江台州地區刻工。刻有《荀子注》宋淳熙八年台州刻本。八行，行十六字。

《揚子法言注》唐仲友本。八行，行十六字。
《石林奏議》宋開禧二年刻本。十行，行二
十五字。
林璋　北宋紹聖間福州地區刻工。刻有
《十誦律》福州東禪寺萬壽大藏本。六行，
行十七字
《根本説一切有部毘耶雜事經》福州東禪寺
萬壽大藏本。六行，行十七字。
林選　南宋紹興間浙江地區刻工。刻有
《史記集解》宋紹興淮南路轉運司刻本。九
行，行十六字。
《增廣司馬温公全集》南宋初刻修補本。十
二行，行二十字。
《王文公文集》宋紹興龍舒本。十行，行十
七字。
林儘　南宋紹興間福州地區刻工。刻有
《續高僧傳》宋紹興十八年刻毗盧大藏本。
六行，行十七字。
林聰　南宋淳熙間浙江地區刻工。刻有
《景德傳燈録》十一行，行二十字。

林轉　南宋初期杭州地區刻工。刻有《管子》十二行，行二十五字。

林燮　南宋紹興間刻工。刻有《溫國文正司馬公文集》宋紹興刻本。十二行，行二十字。

林寵　南宋紹定間浙江地區刻工。刻有《切韻指掌圖》宋紹定三年越之讀書堂刻本。八行，行字不等。

孟三　南宋紹興間杭州地區刻工。刻有《後漢注》宋紹興江南東路轉運司刻本。九行，行十六字；《宋書》、《南齊書》、《魏書》均九行，行十八字。

孟才　南宋中期浙江地區刻工。刻有《北磵全集》十四行，行二十四字。

孟文　南宋嘉定間福建泉州地區刻工。刻有《資治通鑑綱目》宋嘉定十二年溫陵郡齋刻本。八行，行十七字。

孟立　南宋紹興間溫州地區刻工。刻有

《大唐六典注》宋绍興四年温州州學刻本。十行，行二十字。

孟柳 南宋後期江西吉安地區刻工。刻有《慈溪黄氏日抄分類》十行，行二十字。

孟純 南宋後期江西吉安地區刻工。刻有《慈溪黄氏日抄分類》十行，行二十字。

孟壽 南宋後期江西吉安地區刻工。刻有《慈溪黄氏日抄分類》十行，行二十字。

屈旻 南宋绍興間浙江地區刻工。刻有《史記集解》宋绍興淮南路轉運司刻本。九行，行十六字。

《後漢書注》宋绍興江南東路轉運司刻本。九行，行十六字。

《鮑氏集》十行，行十六字。

《臨川先生文集》宋绍興二十一年兩浙西路轉運司刻本。十二行，行二十字。

杭宗文 南宋後期杭州地區刻工。補刻有《後漢書注》宋绍興江南東路轉運司刻遞修本。九行，行十六字。

松年（丁姓） 南宋中期浙江地區刻工。刻有

《資治通鑑綱目》宋浙刻本。八行，行十七字。

東錫　南宋紹熙間浙江紹興地區刻工。刻有《尚書正義》宋紹熙三年兩浙東路茶鹽司刻本。八行，行十九字。

其良　南宋中期湖南地區刻工。《集韻》十行，大小字不等。

奇才　南宋慶元間江西吉安地區刻工。刻有《歐陽文忠公集》宋慶元二年周必大刻本。十行，行十六字。

奇甫　南宋中期福建地區刻工。刻有《監本附音春秋公羊注疏》南宋福建刻。十行，行十七字。

奇湮　南宋嘉定間江西地區刻工。刻有《容齋隨筆》宋嘉定五年章貢郡齋刻本。十行，行二十一字。

長一（張姓）南宋慶元間四川地區刻工。刻有《太平御覽》宋慶元五年成都府學刻本。十三行，行二十二至二十四字不等。

阿巳（宋姓）南宋慶元間四川地區刻工。刻有《太平御覽》宋慶元五年成都府學刻本。十三行，行二十二至二十四字不等。
阿石（宋姓）南宋慶元間四川地區刻工。刻有
《太平御覽》宋慶元五年成都府學刻本。十
三行，行二十二至二十四字不等。
阿召（郭姓）南宋慶元間四川地區刻工。刻有
《太平御覽》宋慶元五年成都府學刻本。十
三行，行二十二至二十四字不等。
阿戎 南宋慶元間四川地區刻工。刻有
《太平御覽》宋慶元五年成都府學刻本。十
三行，行二十二至二十四字不等。
阿剌（揀姓）南宋慶元間四川地區刻工。刻有
《太平御覽》宋慶元五年成都府學刻本。十
三行，行二十二至二十四字不等。
邵元 南宋乾道間江西地區刻工。刻有
《尚書傳》十行，行二十字。
邵夫 南宋嘉泰間浙江地區刻工。刻有
《孟子注疏解經》宋嘉泰兩浙東路茶鹽司刻
本。八行，行十六字
補版有：
《春秋公羊傳疏》宋紹興間刻本。十五行，

行二十二至二十八字。

《周禮疏》宋兩浙東路茶鹽司刻本。八行，行十五至十七字。

《魏書》九行，行十八字。

邵老　南宋紹興間刻工。刻有

《温國文正司馬公文集》宋紹興刻。十二行，行二十字。

邵亨　南宋中期浙江地區刻工。刻有

《尚書正義》宋紹熙三年兩浙東路茶鹽司刻本。八行，行十九字。

《渭南文集》宋嘉定十三年陸子遹刻本。十行，行十七字。

《古文苑注》宋淳祐刻常州本。十行，行十八至二十字。

補刻有：

《周易注疏》宋兩浙東路茶鹽司刻本。八行行十九字。

《宋書》、《南齊書》、《梁書》、《魏書》均九行，行十八字。

《新唐書》宋紹興刻遞修本。十四行，行二

十四至二十七字。

《沖虚至德真經》十四行，行二十五至二十六字。

邵亨　南宋中期浙江地區刻工。刻有

《渭南文集》宋嘉定十三年陸子遹刻本。十行，行十七字。

補刻有：

《周易注疏》宋紹興兩浙東路茶鹽司刻本。八行，行十九字。

《禮記正義》宋紹興三年兩浙東路茶鹽司刻本，慶元後修。八行，行十六字

《梁書》九行，行十八字，

邵思　南宋端平間江蘇常州地區刻工。刻有

《古文苑》宋端平三年常州刻淳祐六年盛如杞重修本。十行，行十八至二十字。

邵思齊　南宋端平間江蘇常州地區刻工。刻有

《古文苑》宋端平三年常州刻淳祐六年盛如杞重修本。十行，行十八至二十字。

邵保　北宋元豐間福州地區刻工。刻有

《大般若波羅蜜多經》福州東禪寺萬壽大藏本。六行，行十七字。

邵康　南宋淳熙間湖南長沙地區刻工。刻有《集韻》十行，大字三當小字四。

邵彬　南宋嘉定間杭州地區刻工。刻有《渭南文集》宋嘉定十三年陸子遹刻本。十行，行十七字。

邵閏　南宋中期刻工。刻有《資治通鑑考異》十行，行二十二字。

邵德明　南宋咸淳間刻工。刻有《分門纂類唐歌詩》宋咸淳元年十行，行十八字。

邵德時　南宋咸淳間刻工。刻有《分門纂類唐歌詩》宋咸淳元年刻本。十行，行十八字。

青保　南宋初期刻工。補刻有《吳志》宋咸平刻本。十四行，行二十五字。

青惠　南宋中期江西地區刻工。刻有《詩說》九行，行二十二字。

卓允　南宋乾道間浙江地區刻工。刻有《春秋經傳集解》宋江陰軍學刻本。十行，行十八至二十字。《東坡集》宋乾道刻本。十行，行二十字。

卓究　南宋初期浙江紹興地區刻工。刻有

《論衡》宋乾道三年紹興府刻本。十行，行二十至二十二字。

卓佑　南宋初期杭州地區刻工。刻有

《周易正義》宋紹興十五至二十一年刻本。十五行，行二十四字。

《論衡》宋乾道三年紹興府刻本。十行，行二十至二十二字。

卓定方（或署卓定）南宋慶元間浙江紹興地區刻工。刻有

《春秋左傳正義》宋紹興六年紹興府刻本。八行，行十六字。

卓免　北宋大觀間福州地區刻工。刻有

《宗鏡録》福州東禪寺萬壽大藏本。六行，行十七字。

《法苑珠林》福州開元寺毗盧大藏本。六行，行十七字。

卓受　南宋初期杭州地區刻工。刻有

《周禮疏》宋兩浙東路茶鹽司刻本。八行，行十五至十七字。

《廣韻》宋刻巾箱本。十行，小字雙行二十三至二十五字。

《漢書注》宋紹興江南東路轉運司刻本。九

行，行十六字。

《後漢書注》宋紹興江南東路轉運司刻本。九行，行十六字。

《漢書注》南宋初年杭州刻本。十行，行十九字。

《後漢書注》南宋初年杭州刻本。十行，行十九字。

卓肴　南宋初期杭州地區刻工。刻有

《周禮注》宋婺州市門巷唐宅刻本。十三行，行二十五字。

《漢書注》南宋初年杭州刻本。十行，行十九字。

《漢書注》宋紹興江南東路轉運司刻本。九行，行十六字。

《後漢書注》宋紹興江南東路轉運司刻本。九行，行十六字。

《國語解》十行，行二十字。

《論衡》宋乾道三年紹興府刻本。十行，行二十至二十二字。

《劉賓客文集》宋紹興八年嚴州刻本。十二行，行二十一字，外集十三行，行二十二字。

卓顯　南宋乾道间杭州地區刻工。刻有
《東坡集》宋乾道刻本。十行，行二十字。
尚和　北宋治平間刻工。刻有
《類篇》八行，行十六字。
尚信　南宋嘉定间安徽地區刻工。刻有
《曹子建文集》宋嘉定六年刻本。八行，行
十五字。
尚森　南宋嘉定间江西吉安地區刻工。刻有
《漢書集注》宋嘉定十七年白鷺洲書院刻本。
八行，行十六字。
明义　南宋嘉定间浙江地區刻工。刻有
《資治通鑑綱目》宋浙刻本。八行，行十七字。
《資治通鑑綱目》宋嘉定十十二年温陵郡齋
刻本。八行，行十七字。
明章　南宋紹興间福建地區刻工。刻有
《資治通鑑釋文》宋紹興三十年刻本。十二
行，行十九至二十二字。
明桂　南宋後期刻工。
《磧砂藏》景定二年刻。六行，行十七字。
明道（黄姓）南宋淳祐间江西宜春地區刻工。刻有

《昭德先生郡齋讀書志》宋淳祐袁州刻本。十行，行二十字。

明義　南宋咸淳間僧刻之。刻有《磧砂藏》宋平江府磧砂延聖院募刻本。六行，行十七字

明瑞　南宋初期浙江寧波地區刻之。刻有《文選注》宋紹興二十八年明州補修本。十行，行二十至二十二字。

昌之　南宋後期江西吉安地區刻之。刻有《慈溪黃氏日抄分類》十行，行二十字。

昌中　北宋四川地區刻之。刻有《資治通鑑》宋廣都費氏進修堂刻本。十一行，行十九字。

昌庚　北宋後期杭州地區刻之。刻有《三國志注》十行，行十九字。

昌旼　南宋紹興間杭州地區刻之。刻有《三國志注》十行，行十九字。《管子注》十二行，行二十三字。《備急總效方》宋紹興二十四年刻本。十行，行十六字。

《白氏文集》十三行，行二十一至二十五字。

《臨川先生文集》宋紹興二十一年兩浙西路轉運司王玨刻本。十二行，行二十字。

昌祖　南宋紹興間杭州地區刻工。刻有

《經典釋文》十一行，行十七字。

《武經七書》十行，行十九字。

昌彥　南宋淳熙間安徽地區刻工。刻有

《史記集解索隱》宋淳熙三年張杅桐川郡齋刻淳熙八年耿秉補刻本。十二行，行二十五字。

《宛陵先生文集》宋紹興十年宣州刻嘉定十七年修本。十行，行十九字。

《文選注》宋淳熙八年池陽郡齋刻紹熙三年重刻本。十行，行十八至二十一字。

昌茂　南宋淳熙間安徽地區刻工。刻有

《宛陵先生文集》宋紹興宣州軍學刻嘉定十七年修本。十行，行十九字。

花耳　南宋嘉定間福建地區刻工。刻有

《東觀餘論》十行，行二十二字。

芳茂　南宋初期浙江地區刻工。刻有

《陶淵明集》十行，行十六字。

周寶　南宋初期杭州地區刻工。刻有《龍龕手鑑》十行，行字不等。

金一　南宋紹興間杭州地區刻工。刻有《史記集解》十行，行十九字。

金二　南宋紹興間杭州地區刻工。刻有《後漢書注》宋紹興江南東路轉運司刻本。九行，行十六字。

《宋書》、《北齊》均九行，行十八字。

金大　南宋淳熙間安徽貴池地區刻工。刻有《文選注》宋淳熙八年池陽郡齋刻本。十行，行十八至二十一字不等。

金大有　南宋淳熙間安徽貴池地區刻工。刻有《山海經傳》宋淳熙七年池陽郡齋刻本。十行，行二十一字。

《文選注》宋淳熙八年池陽郡齋刻本。十行，行二十一字。

金大受　南宋淳熙間安徽貴池地區刻工。刻有《宛陵先生文集》宋紹興宣州軍州學刻嘉定十七年修本。十行，行十八至二十一字。

《文選注》宋淳熙八年池陽郡齋刻本。十行，行二十一字。

金山　南宋慶元間江西地區刻工。刻有《春秋傳》宋乾道四年刻慶元五年黄汝嘉修補本。十行，行二十字。補刻有《後漢書注》宋紹興江南東路轉運司刻宋元修本。九行，行十六字。

金文　南宋乾道間江蘇江陰地區刻工。刻有《春秋經傳集解》宋江陰軍學刻本。十行，行十八至二十字。

金文俊　南宋嘉泰間刻工。刻有《于湖居士文集》宋嘉泰元年刻本。十行，行十六字。

金文學　南宋紹興間杭州地區刻工。刻有《禮記正義》宋紹興三年兩浙東路茶鹽司刻本。八行，行十六字。《説文解字》十行，行二十字。《宋書》、《魏書》均九行，行十八字。

金元　南宋紹興間杭州地區刻工。刻有《樂府詩集》宋紹興間刻本。十三行，行二十三或二十四字。

金友　南宋後期刻工。刻有
《磧砂藏》宋平江府磧砂延聖院募刻本。六
行，行十七字。
補刻有：
《尚書正義》宋紹熙三年兩浙東路茶鹽司刻
本。八行，行十九字。
《春秋左傳正義》宋慶元六年紹興府刻本。
八行，行十六字。
《後漢書注》宋紹興江南東路轉運司刻本。九
行，行十六字。
《宋書》、《魏書》、《陳書》均九行，十八字。

金中　南宋紹興間安徽宣城地區刻工。刻有
《宛陵先生文集》宋紹興十年宣州刻本。十
行，行十九字。

金中　南宋紹興間福建地區刻工。刻有
《資治通鑑》十一行，行二十一字。

金升　南宋中期杭州地區刻工。刻有
《論語纂疏》九行，行十九字。

金永　南宋寶祐間浙江吴興地區刻工。刻有
《通鑑紀事本末》宋寶祐五年趙與𥲅刻本。

十一行，行十九字。

金文　南宋後期浙江地區刻工。補刻有《國語解》十行，行二十字。

金有　南宋紹興間杭州地區刻工。刻有《魏書》九行，行十八字。《文選注》宋淳熙八年池陽郡齋刻本。十行，行二十一字。

金成　南宋紹興間杭州地區刻工。刻有《三國志注》十行，行十九字。

金成　南宋淳祐間江西地區刻工。刻有《心經》、《政經》宋淳祐二年趙時棣合刻本。十行，行十八字

《棠陰比事》十行，行十八字。

金求　南宋乾道間杭州地區刻工。刻有《六韜》宋乾道刻本。十行，行二十字。

金光　南宋紹熙間刻工。刻有《坡門酬唱集》九行，行十六字。

金仲　南宋紹興間安徽宣城地區刻工。刻有《宛陵先生文集》宋紹興十年宣州軍州學刻嘉定十七年修本。十行，行十九字。

補刻有《南華真經注》十行，行十六、七字。

金仲　北宋刻工。刻有《李賀歌詩編》北宋刻南宋印。九行，行十八、十九字。

金合　南宋嘉泰間安徽貴池地區刻工。刻有《昌黎先生集考異》宋紹定二年張洽刻本。十行，行二十字。

金言　南宋紹興間安徽宣城地區刻工。刻有《宛陵先生文集》宋紹興十年宣州軍州學刻本嘉定十七年修。十行，行十九字。

金青　北宋天禧間刻工。刻有《南華真經注》十行，行十六、十七字。《李賀歌詩編》北宋刻南宋印。九行，行十八、十九字。

金宣　南宋紹興間安徽宣城區刻工。刻有《宛陵先生文集》宋紹興十年宣州軍州學刻本嘉定十七年修。十行，行十九字。《豫章先生文集》宋乾道刻本。九行，十八字。《李賀歌詩編》北宋刻南宋印。九行，行十八、十九字補刻有《南華真經注》十行，行十六、十七字。

金坦　南宋紹興間南京地區刻工。刻有《漢書注》宋紹興江南東路轉運司刻本。九行，行十六字。

金忠　南宋紹定間江蘇蘇州地區刻工。刻有《吴郡志》宋紹定二年刻本。九行，行十八字。

金明　南宋紹興間安徽宣城地區刻工。刻有《宛陵先生文集》宋紹興十年宣州軍州學刻嘉定十七年修本。十行，行十九字。

金昇　南宋紹興間杭州地區刻工。刻有《禮記正義》宋紹熙三年兩浙東路茶鹽司刻本。八行，行十六字。《論語纂疏》九行，行二十字。《通鑑紀事本末》宋淳熙二年嚴陵郡庠刻本。十三行，行二十四或二十五字。《管子注》十二行，行二十四字。《白氏文集》十三行，行二十二至二十九字。《臨川先生文集》宋紹興二十一年兩浙西路轉運司王珏刻本。十二行，行二十字。

金祖　南宋中期杭州地區刻工。刻有

《尚書正義》宋绍熙三年兩浙東路茶鹽司刻本。八行，行十九字。

《禮記正義》宋绍熙三年兩浙東路茶鹽司刻本。八行，行十六字。

《古史》十一行，行二十二字。

《資治通鑑綱目》宋浙刻大字本。八行十七字。

《律》附音義九行十八字。

《揚子法言注》十行，行十八字。

《太玄經集注》十行，行十七字

《愧郯録》宋嘉定刻本。九行，行十七字。

《晦庵先生文集》宋淳祐五年刻本。十行，行十九字。

補刻有：

《儀禮疏》嚴州本。十五行，行二十七字。

《經典釋文》十一行，行十七字。

《史記集解》宋绍興淮南路轉運司刻宋元遞修本。九行，行十六字。

《宋書》、《陳書》、《魏書》均九行，十八字。

《新唐書》宋绍興刻宋元遞修本。十四行，行二十四至二十七字。

金彦　南宋紹興間杭州地區刻工。刻有

《禮記正義》宋紹熙三年兩浙東路茶鹽司刻本。八行，行十六字。

《三國志注》十行，行十九字。

《南史》九行，行十八字。

《通鑑紀事本末》宋淳熙二年嚴陵郡庠刻本。

《備急總效方》宋紹興二十四年刻本。十行，行十六字。

《臨川先生文集》宋紹興二十一年兩浙西路轉運司刻本。十二行，行二十字。

《新刊劍南詩稿》宋淳熙十四年嚴州郡齋刻本。十行，行二十字。

金祥　南宋紹熙間浙江紹興地區刻工。刻有

《尚書正義》宋紹熙三年兩浙東路茶鹽司刻本。八行，行十九字。

金茂　南宋紹興間杭州地區刻工。刻有

《漢書注》南宋初年杭州刻本。十行，行十九字。

《漢書注》南宋紹興江南東路轉運司刻本。九行，行十六字。

《樂府詩集》宋紹興間刻本。十三行，行十十三字。

補版有《儀禮疏》嚴州本。十五行，行二十七字。

金流　南宋嘉定間浙江嘉興地區刻工。刻有《重校添注音辯唐柳先生集》宋嘉定鄭定刻本。九行，行十七字。

金珪　南宋咸淳間杭州地區刻工。刻有《咸淳臨安志》宋咸淳臨安府刻本。十行，行二十字。

金振　南宋紹定間浙江建德地區刻工。刻有《鉅鹿東觀集》宋紹定元年嚴陵郡齋刻本。十行，行二十字。

金時亨　南宋淳祐間安徽地區刻工。刻有《儀禮要義》宋淳祐十二年魏克愚刻本。九行，行十八字。

金幸　南宋紹興間浙江地區刻工。刻有《三國志注》十行，行十九字。《酒經》十行，行二十字。《陶淵明集》宋紹興十年刻本。十行，行十六字。《東萊先生詩集》宋乾道刻本。十一行，行二十字。

金清　南宋乾道间江西赣州地區刻工。刻有《文選注》宋赣州州學刻本。九行，行十五字。

金彬　南宋绍興间浙江绍興地區刻工。刻有《資治通鑑》宋绍興三年兩浙東路茶鹽司公使庫刻本。十二行，行二十四字。

金通　南宋後期安徽貴池地區刻工。《致堂讀史管見》宋寶祐二年宛陵刻本。十二行，行二十三字。《昌黎先生考異》宋绍定二年張洽刻本。十行，行二十字。

金唐　北宋後期刻工。補刻有《三國志注》十行，行十九字。

金從　南宋绍興间杭州地區刻工。刻有《三國志注》十行，行十九字。

金華　南宋初期杭州地區刻工。刻有《漢書注》南宋初年杭州刻明修本。十行，行十九字。

金華　南宋淳熙间浙江台州地區刻工。刻有《荀子注》宋淳熙八年台州刻本。八行，行十六字。

金華　南宋紹興間南京地區刻工。刻有
　《漢書注》宋紹興江南東路轉運司刻本。九
　行，行十六字。
金敦　南宋淳熙間浙江（建德）地區刻工。刻有
　《南史》九行，行十八字。
　《通鑑紀事本末》宋淳熙二年嚴陵郡庠刻本。
　十三行，行二十四或二十五字。
　《酒經》十行，行二十字。
　《劉夢得文集》十行，行十八字。
　《新刊劍南詩稿》宋淳熙十四年嚴州郡齋刻
　本。十行，行二十字。
　《古文苑》宋嚴州本。十行，行十八字。
　補版有《文選注》宋紹興二十八年明州修補
　本。十行，行二十至二十二字。
金許　南宋紹興間杭州地區刻工。刻有
　《史記集解》十行，行十九字。
　《南齊書》九行，行十八字。
金滋　南宋中期杭州地區刻工。刻有
　《尚書正義》宋紹熙三年兩浙東路茶鹽司刻
　本。八行，行十九字。

《周禮疏》宋浙東茶鹽司刻本。八行，行十五字。

《春秋左傳正義》宋慶元六年紹興府刻本。八行，行十六字。

《大廣益會玉篇》十行，行字不定。

《廣韻》十行，行二十字。

《愧郯録》九行，行十七字。

《嘉泰普燈録》宋嘉定四年淨慈寺刻本。十行，行二十字。

《攻媿先生文集》宋四明樓氏家刻本。十行，行十八字。

《渭南文集》宋嘉定十三年陸子遹刻本。十行，行十七字。

《重校添注音辯唐柳先生文集》九行，行十七字。

《皇朝文鑑》宋嘉泰四年新安郡齋刻本。十行，行十九字。

補刻有《宋書》、《陳書》、《魏書》、《北齊書》均九行，行十八字。

金嵩　南宋中期杭州地區刻工。刻有

《尚書正義》宋紹熙三年兩浙東路茶鹽司刻本。八行，行十九字。
《古史》十一行，行二十二字。
《資治通鑑綱目》宋浙刻大字本。八行十七字。
《武經七書》十行，行二十字。
補刻有：
《經典釋文》十一行，行十七字。
《説文解字》十行，行二十字。
《宋書》、《南齊書》、《魏書》均九行，行十八字。

全萬　南宋嘉泰間安徽貴池地區刻工。刻有
《昌黎先生集考異》宋紹定二年張洽刻本。十行，行二十字。

全榮　南宋中期杭州地區刻工。刻有
《古史》十一行，行二十二字。
《資治通鑑綱目》宋浙刻大字本。八行十七字。
《通鑑紀事本末》宋寶祐五年趙與篡刻本。十一行，行十九字。
《紹定吴郡志》宋紹定二年刻本。九行，行十八字。

《營造法式》宋平江府刻本。十一行，行二十二字。

《武經七書》十行，行十九字。

《太玄經集注》十行，行十七字。

《磧砂藏》宋平江府磧砂延聖院募刻本。六行，行十七字。

補刻有：

《經典釋文》十一行，行十七字。

《說文解字》十行，行二十字。

《宋書》、《南齊書》、《魏書》均九行，十八字。

《文選注》宋贛州州學刻本。九行，行十五字。

金鼎　南宋後期江西吉安地區刻工。刻有

《慈溪黃氏日抄分類》十行，行二十字。

金滔　南宋紹熙間浙江地區刻工。刻有

《論語注疏解經》宋紹熙兩浙東路茶鹽司刻本。八行，行十六字。

《孟子注疏解經》宋嘉泰兩浙東路茶鹽司刻本。八行，行十六字。

金震　南宋中期杭州地區刻工。刻有

《尚書正義》宋紹熙三年兩浙東路茶鹽司刻

本。八行，行十九字。

《漢書注》宋紹興江南東路轉司刻本。九行，行十六字

《後漢書注》宋紹興江南東路轉運司刻本。九行，行十六字。

《宋書》、《南齊書》、《梁書》、《陳書》、《魏書》均九行，行十八字。

《吳郡志》宋紹定二年刻本。九行，行十八字。

《注東坡先生詩》宋嘉泰淮東倉曹刻景定三年鄭羽補刻本。九行，行十六字。

補刻有：

《周禮疏》宋兩浙東路茶鹽司刻宋元遞修本。八行，行十五字。

《新唐書》宋紹興刻宋元遞修本。十四行，二十四至二十七字。

金澤　南宋開禧間浙江台州地區刻工。刻有《石林奏議》宋開禧二年刻本。十行，行二十五字。

金燕　南宋中期刻工。刻有

《劉賓客文集》十行，行二十字。

全觀保（或署全官保）南宋紹興間杭州地區刻工。

《梁書》、《魏書》均九行，行十八字。

周之貴　南宋初期四川地區刻工。刻有

《李衛公文集》十行，行十八字。

周士貴　南宋紹興間湖北常德地區刻工。刻有

《漢書注》宋紹興湖北提舉茶鹽司刻淳熙、紹熙、慶元修本。十四行，行二十六至二十九字。

周才　南宋嘉泰間浙江地區刻工。刻有

《石林奏議》宋開禧二年刻本。十行，行二十五字。

《東觀餘論》宋嘉定刻本。十行，行二十字。

《麗澤論説集録》宋嘉泰四年呂喬年刻本。十行，行二十字。

《東萊呂太史文集》宋嘉泰四年呂喬年刻本。十行，行二十字。

《重廣補注黄帝内經素問》宋紹定間刻本。十行，行二十字。

周山　南宋中期杭州地區刻工。補刻有

《宋書》、《周書》均九行，行十八字。

周文　南宋中期浙江地區刻工。刻有
《白氏六帖》宋乾道二年泉南郡齋刻本。十二行，行十四字。
《麗澤論説集録》宋嘉泰四年吕喬年刻本。十行，行二十字。
《東萊吕太史文集》宋嘉泰四年吕喬年刻本。十行，行二十字。
《東坡集》宋孝宗間刻。十行，行十八字。
《資治通鑑綱目》宋嘉定十二年温陵郡齋刻本。八行，行十七字。
補刻有《吳志》十四行，行二十五字。

周文昌　南宋紹定間浙江地區刻工。刻有
《切韻指掌圖》宋紹定三年越之讀書堂刻本。行字不定。

周方　南宋紹定間浙江地區刻工。刻有
《重廣補注黄帝内經素問》十行，行二十字。

周元　北宋治平間刻工。刻有
《類篇》八行，行十六字。

周元　南宋初期刻工。刻有
《史記集解索隱》宋淳熙三年張杅桐川郡齋

刻淳熙八年耿秉補修本。十二行，行二十五字。

《温國文正司馬公文集》宋紹興刻本。十二行，行二十字。

補刻有：

《漢書注》北宋刻遞修本。十行，行十九字。

《後漢書注》北宋刻遞修本。十行，行十九字。

周元輔　南宋紹興間杭州地區刻工。刻有

《漢書注》南宋初年杭州刻本。十行，行十九字。

《漢書注》宋紹興江南東路轉運司刻本。九行，行十六字。

周木　南宋嘉泰間浙江建德地區刻工。刻有

《麗澤論說集錄》宋嘉泰四年呂喬年刻本。十行，行二十字。

《東萊呂太史文集》宋嘉泰四年呂喬年刻本。十行，行二十字。

周中　南宋淳熙間江西地區刻工。刻有

《本草衍義》宋淳熙十二年江西轉運司刻慶元元年重修本。十一行，行二十一字。

補版有《吳志》十四行，行二十五字。

周日新　南宋淳熙间江西撫州地區刻工。刻有《經典釋文》宋淳熙四年撫州公使庫刻本。十行，行十九、二十字不等。

周仁　南宋中期福建地區刻工。刻有《資治通鑑綱目》宋武夷詹光祖月厓書堂刻本，十行，行十六字。

周升　南宋淳熙间江西地區刻工。刻有《呂氏家塾讀詩記》宋淳熙江西漕台刻本。九行，行十九字。
《五朝名臣言行錄》《三朝名臣言行錄》宋淳熙间刻本。十行，行十七字。
《孟東野詩集》十一行，行十六字。

周允　北宋治平间刻工。刻有《類篇》八行，行十六字。

周允成　南宋嘉定间浙江地區刻工。刻有《南華真經注疏》八行，行十五字。

周分　南宋嘉泰间浙江建德地區刻工。刻有《麗澤論說集錄》宋嘉泰四年呂喬年刻本。十行，行二十字。
《東萊呂太史文集》宋嘉泰四年呂喬年刻本。

十行，行二十字。

周永　南宋紹興間南京地區刻工。刻有《史記集解》宋紹興淮南路轉運司刻本。九行，行十六字。

周永成　南宋中期浙江地區刻工。刻有《南華真經注疏》八行，行十五字。

周正　北宋政和間福州地區刻工。刻有《大般若波羅蜜多經》福州開元寺毗盧大藏本。六行，行十七字。

周正　南宋紹興間湖北常德地區刻工。刻有《漢書注》宋紹興湖北提舉茶鹽司刻淳熙、紹熙、慶元修本。十四行，行二十七字。

周正　南宋後期福建地區刻工。刻有《漢書注》宋福唐郡庠刻本。十行，行十九字。《景文宋公文集》十二行，行二十字。

周正　南宋紹興間四川眉山地區刻工。刻有《東都事略》十二行，行二十四字。

周世先　南宋嘉定間湖南衡陽地區刻工。刻有《致堂讀管見》宋嘉定十一年衡陽郡齋刻本。十二行，行二十三字。

周世昌　南宋淳祐間杭州地區刻工。刻有
　《雲泉詩》臨安府陳道人書籍鋪刻本。九行，行十七字。

周用　南宋初期杭州地區刻工。刻有
　《周易正義》宋紹興十五至二十一年刻本。十五行，行二十六、二十七字不等。
　《漢書注》南宋初年杭州刻本。十行，行十九字。
　《漢書注》宋紹興江南東路轉運司刻本。九行，行十六字。
　《資治通鑑》宋紹興三年兩浙東路茶鹽司刻本。十二行，行二十四字。
　《樂府詩集》宋紹興刻本。十三行，行二十三字。

周禾　南宋淳祐間福州地區刻工。刻有
　《國朝諸臣奏議》宋淳祐十年史季溫福州刻本。十一行，行二十三字。

周幼敏　南宋嘉定間江西吉安地區刻工。刻有
　《漢書集注》宋嘉定十七年白鷺洲書院刻本。八行，行十六字。

周安　南宋淳熙間浙江地區刻工。刻有
　《荀子注》宋淳熙八年台州刻本。八行，行

十六字。

周成　北宋景祐间刻工。刻有

《史記集解》北宋刻遞修本。十行，行十九字。

《漢書注》北宋刻遞修本。十行，行十九字。

《范文正公文集》北宋刻本。九行，行十八字。

周成　南宋淳祐间浙江地區刻工。刻有

《晦庵先生文集》宋淳祐五年刻本。十行，行十九字。

補刻有：

《後漢書注》宋紹興江南東路轉運司刻本。九行，行十六字。

《說文解字》。十行，行二十字。

周同　南宋後期江西吉安地區刻工。刻有

《慈溪黄氏日鈔分類》十行，行二十字。

周全　南宋紹興间浙江紹興地區刻工。刻有

《禮記正義》宋紹熙三年兩浙東路茶鹽司刻本。八行，行十六字。

周全　南宋嘉定间福州泉州地區刻工。刻有

《資治通鑑綱目》宋嘉定十二年溫陵郡斋刻本。八行，行十七字。

周份　南宋嘉泰间浙江建德地區刻工。刻有《麗澤論說集錄》宋嘉泰四年呂喬年刻本。十行，行二十字。《東萊呂太史文集》宋嘉泰四年呂喬年刻本。十行，行二十字

周先　南宋绍興间浙江衢縣地區刻工。刻有《居士集》宋绍興衢州刻本。七行，行十四字。

周良　南宋中期杭州地區刻工。刻有《武經七書》十行，行二十字。

周丰　南宋淳熙间江西撫州地區刻工。刻有《禮記注》宋淳熙四年撫州公使庫刻本。十行，行十六字。《春秋經傳集解》宋撫州公使庫刻本。十行，行十六字。

周言　南宋淳熙间浙江地區刻工。刻有《荀子》宋淳熙八年台州刻本。八行，行十六字。《揚子法言》十行，行十六至二十字。

周志　南宋绍興间浙江地區刻工。刻有《新唐書》宋绍興刻宋元遞修本。十四行，行二十三至二十六字。

《通典》宋紹興間刻本。十五行，行二十五至二十九字。

周甫　南宋中期浙江地區刻工。刻有《資治通鑑考異》十行，行二十二字。

周辰　南宋紹興間福建地區刻工。刻有《資治通鑑》十一行，行二十一字。

周辰　南宋端平間江西地區刻工。刻有《春秋集注》宋端平二年臨江軍學刻本。十行，行十八字。

周秀　南宋中期杭州地區刻工。刻有《律》附音義九行，行十八字。《磧砂藏》六行，行十七字。補刻有《漢書注》宋紹興江南東路轉運司刻宋元遞修本。九行，行十六字。

周宗　南宋淳熙間江西地區刻工。刻有《呂氏家塾讀詩記》宋淳熙九年江西漕台刻本。九行，行十九字。

周宗文　南宋嘉定間江西吉安地區刻工。刻有《漢書集注》宋嘉定十七年白鷺洲書院刻本。八行，行十六字。

周宗贵　南宋中期江西九江地区刻工。刻有
　《自警编》赵善璙本十行，行二十字。
周泗　南宋初期刻工。補刻有
　《吴志》十四行，行二十五字。
　刻有
　《孔氏六帖》宋乾道二年泉南郡斋刻本。十二行，行十四字。
　《杨氏家藏方》宋淳熙刻本。十一行，行二十字。
周坦　南宋嘉泰间江苏扬州地区刻工。刻有
　《注东坡先生詩》宋嘉泰淮东仓曹刻景定三年郑羽補刻本。九行，行十六字。
周松　南宋淳祐浙江吴兴地区刻工。刻有
　《通鑑纪事本末》宋宝祐五年赵與𥲅刻本。十一行，行十九字。
周忠　南宋初期刻工。刻有
　《禮記注》宋淳熙四年撫州公使庫刻本。十行，行十六字。
　《经典釋文》宋淳熙四年撫州公使庫刻本。十行，行十九、二十字不等。
　《春秋经傳集解》南宋初衢州刻小字本。十

四行，行二十四字。

《春秋经传集解》宋鶴林于氏家塾棲雲閣刻本。十行，行十六至十九字。

《新唐書》宋绍兴刻宋元遞修本。十四行，行二十四至二十八字。

周尚　南宋淳熙间浙江绍兴地区刻工。刻有

《舊唐書》宋绍兴两浙东路茶鹽司刻本。十四行，行二十五字。

周旻　宋乾道间江苏江陰地区刻工。刻有

《春秋经传集解》宋江陰軍学刻本。十行，行十八至二十字。

周昂　南宋绍兴间江西撫州地区刻工。刻有

《周易注》宋淳熙撫州公使庫刻本。十行，行十六字。

《呂氏家塾讀詩記》宋淳熙九年江西漕台刻本。九行，行十九字。

《禮記注》宋淳熙四年撫州公使庫刻本。十行，行十六字。

《春秋经传集解》宋撫州公使庫刻本。十行，行十六字。

《春秋公羊傳解詁》宋淳熙撫州公使庫刻紹熙四年重修本。十行，行十六字。

《謝幼槃文集》宋紹興二十二年撫州刻本。十行，行十八字。

《侍郎葛公歸愚集》十二行，行二十二字。

《王荊公唐百家詩選》十二行，行十八字。

周昇　南宋紹興間浙江地區刻工。刻有

《禮記正義》宋紹熙三年兩浙東路茶鹽司刻本。八行，行十六字。

《注東坡先生詩》宋嘉泰淮東倉司刻景定三年鄭羽補刻本。九行，行十六字。

周明　南宋紹興間杭州地區刻工。刻有

《尚書正義》宋紹熙三年兩浙東路茶鹽司刻本。八行，行十九字

《春秋左傳正義》宋慶元六年紹興府刻本。八行，行十六字。

《說文解字》十行，行二十字。

《宋書》、《南齊書》、《梁書》、《陳書》、《魏書》、《周書》均九行，行十八字。

《資治通鑑綱目》宋浙刻大字本。八行，十七字。

《資治通鑑綱目》宋嘉定十二年温陵郡斋刻本。八行，行十七字。
《楊氏家藏方》宋淳熙刻本。十一行，行二十字。
《居士集》宋紹興间衢州刻本。七行，行十四字。
《豫章黄先生文集》宋乾道刻本。九行，行十八字。
補刻有《新唐書》十四行，行二十三至二十七字。

周昌　南宋紹興间浙江衢縣地區刻工。刻有
《居士集》宋紹興衢州刻本。七行，行十四字。

周佾　南宋乾道间江蘇高郵地區刻工。刻有
《淮海集》宋乾道九年高郵軍學刻本。紹興三年謝雩重修本。十行，行二十一至二十四字。

周侁　南宋紹興间浙江地區刻工。刻有
《荀子》宋淳熙八年台州刻本。八行，行十六字。
《揚子法言》十行，行十六至二十字。
《居士集》宋紹興衢州刻本。七行，行十四字。

周和　南宋淳祐间福建地區刻工。刻有
《押韻釋疑》宋嘉熙三年禾興郡斋刻本。十行，小字二十五字。

《國朝諸臣奏議》宋淳祐十年史季温福州刻
本。十一行，行二十三字。
補刻有《古靈先生文集》宋绍興重刻本。十
行，行十八字。

周受　南宋嘉泰间刻工。刻有
《樂書目録正誤》宋嘉泰二年刻本。八行，
行字不定。

周亮　北宋杭州地區刻工。刻有
《通典》十五行，行二十六至三十一字。
《類篇》八行，行十六字。

周亮　南宋绍興間刻工。刻有
《太平聖惠方》宋绍興十六年淮南轉運司刻
本。十三行，二十五、二十六字。

周亮　南宋绍定间江西上饒地區刻工。刻有
《朱文公訂正門人蔡九峰書集傳》宋淳祐十
年吕遇龍上饒郡斋刻本。十行，行十八字。

周宣　南宋乾道间杭州地區刻工。刻有
《東坡集》宋乾道刻本。十行，行二十字。

周考　南宋绍興间杭州地區刻工。刻有
《禮記正義》宋绍興三年两浙東路茶盐司刻

本。八行，行十六字。

《韻補》六行，小字行十八字。

《史記集解索隱》宋淳熙三年張杅桐川郡齋刻淳熙八年耿秉補刻本。十一行，行二十五字。

《魏書》九行，行十八字。

《南史》九行，行十八字。

《歷代故事》宋嘉定四年刻本。八行，行十六字。

《武經七書》宋乾道刻本。十行，行二十字。

《論衡》宋乾道三年紹興府刻本。十行，行二十至二十二字。

《元氏長慶集》宋乾道四年刻本。十三行，行二十三字。

《居士集》宋紹興衢州刻本。七行，行十四字。

《東坡集》宋乾道刻本。十行，行二十字。

《豫章黄先生文集》宋乾道刻本。九行，行十八字。

《文選注》宋紹興二十八年明州補修本。十行，行二十至二十二字。

《文選注》宋贛州州學刻本。九行，行十五字。

《聖宋文選》宋乾道婺州刻本。十六行，行

二十八字。

《樂府詩集》宋紹興間刻本。十三行，行二十三或二十四字。

《王荊公唐百家詩選》十行，行十八字。

《白氏六帖事類集》十三行，行二十四至二十七字。

周祐　南宋嘉泰間江蘇揚州地區刻工。刻有《注東坡先生詩》宋嘉泰淮東倉曹刻景定三年鄭羽補刻本。九行，行十六字。

周珍　南宋紹興間浙江紹興地區刻工。刻有《禮記正義》宋紹興三年兩浙東路茶鹽司刻本。八行，行十六字。

周茂　南宋紹興間杭州地區刻工。刻有《後漢注》南宋初年杭州刻本。十行，行十九字。

《後漢注》宋紹興江南東路轉運司刻本。九行，行十六字。

周若　北宋景祐間刻工。刻有《儀禮疏》十五行，行二十七字。

周俊　南宋淳熙間江西地區刻工。刻有

《禮記注》宋淳熙四年撫州公使庫刻本。十行，行十六字。

《五朝名臣言行録》《三朝名臣言行録》宋淳熙刻本。十行，行十七字。

《孟東野詩集》十一行，行十六字。

周信　南宋淳熙間江西地區刻工。刻有

《吕氏家塾讀詩記》宋淳熙九年江西漕台刻本。九行，行十九字。

《欒全先生文集》十二行，行二十二字。

周信　南宋中期浙江地區刻工。刻有

《石林奏議》宋開禧二年刻本。十行，行二十五字。

《律》附音義九行十八字。

周泉　南宋紹熙間浙江紹興地區刻工。刻有

《禮記正義》宋紹熙三年兩浙東路茶鹽司刻本。八行，行十六字。

《孟子注疏解經》宋嘉泰兩浙東路茶鹽司刻本。八行，行十六字。

周浩　南宋紹興間浙江地區刻工。刻有

《舊唐書》宋紹興兩浙東路茶鹽司刻本。十四行，行二十四至二十六字不等。

《資治通鑑》宋紹興三年兩浙東路茶鹽司刻本。十二行，行二十四字。

《密庵和尚住衢州西烏巨山乾明禪院語録》十一行，行二十字。

《樂府詩集》宋紹興間刻本。十三行，行二十三字。

周祥　南宋初期刻工。刻有

《呂氏家塾讀詩記》宋淳熙九年江西漕台刻本。九行，行十九字。

《通典》十五行，行二十五至二十九字。

《夷堅志》九行，行十八字。

補刻有《新唐書》十四行，行二十四至二十七字。

周珣　南宋淳熙間浙江台州刻工。刻有

《荀子》宋淳熙八年台州刻本。八行，行十六字。

《揚子法言》十行，行十六至二十字。

周琏　南宋嘉泰間江蘇揚州地區刻工。刻有

《注東坡先生詩》宋嘉泰淮東倉曹刻景定三年鄭羽補刻本。九行，行十六字。

周貢　南宋中期湖北常德地區刻工。補刻有

《漢書注》宋紹興湖北提舉茶鹽司刻淳熙、紹熙、慶元修本。十四行，行二十六至二十九字。

周泰　南宋中期四川眉山地區刻工。刻有《東都事略》宋紹興間刻本。十二行，行二十四字。

周時　南宋淳熙間江西地區刻工。刻有《三朝名臣言行録》宋淳熙間刻本。十行，行十七字。《呂氏家塾讀詩記》宋淳熙九年江西漕台刻本。九行，行十九字。

周華　南宋紹興間浙江吳興地區刻工。刻有《新唐書》宋紹興刻本。十四行，行二十四至二十七字。

周茲　南宋淳熙間江西撫州地區刻工。刻有《周易注》宋淳熙撫州公使庫刻本。十行，行十六字。

周得　南宋淳祐間福州地區刻工。刻有《國朝諸臣奏議》宋淳祐十年史季溫福州刻本。十一行，行二十三字。

周清　南宋紹興間南京地區刻工。刻有
　《後漢書注》南宋初年杭州刻本。十行，行十九字。
　《後漢書注》宋紹興江南東路轉運司刻本。九行，行十六字。
　《花間集》宋紹興十八年建康郡齋刻本。八行，行十七字。

周部　北宋杭州地區刻工。刻有
　《通典》北宋刻本。十五行，行二十六至三十一字不等。

周張　南宋中期浙江金華地區刻工。刻有
　《音注韓文公文集》宋婺州刻本。十二行，行二十三字。

周通　南宋淳熙間江西地區刻工。刻有
　《五朝名臣言行録》《三朝名臣言行録》宋淳熙刻本。十行，行十七字。

周恭　南宋嘉定間浙江地區刻工。刻有
　《桯史》九行，行十七字。

周常　南宋紹興間浙江刻工。刻有
　《春秋經傳集解》南宋初撫州刻小字本。十

四行，行二十四字。

周達 南宋中期湖北地區刻工。補刻有

《漢書注》宋紹興湖北提舉茶鹽司刻淳熙、

紹熙、慶元修本。十四行，行二十六至二十

九字。

周富 南宋紹興間浙江吴興地區刻工。刻有

《新唐書》宋紹興刻本。十四行，行二十四

至二十七字。

周琳 南宋初期刻工。補刻有

《吴志》十四行，行二十五字。

周琳 南宋紹定間浙江地區刻工。刻有

《重廣補注黄帝内經素問》十行，行二十字。

周達 南宋淳熙間江西撫州地區刻工。刻有

《周易注》宋淳熙撫州公使庫刻本。十行，

行十六字。

周達 南宋淳熙間江西撫州地區刻工。刻有

《周易注》宋淳熙撫州公使庫刻本。十行，

行十六字。

《春秋公羊傳解詁》宋淳熙撫州公使庫刻紹

熙四年重修本。十行，行十六字。

周發　南宋端平間江西吉安地區刻工。刻有《跳齋集》宋端平二年刻本。十行，行十六字。

周雲　南宋初期四川地區刻工。刻有《李衛公文集》十行，行十八字。

周貴　南宋紹興間湖北常德地區刻工。刻有《漢書注》宋紹興湖北提舉茶鹽司刻淳熙、紹熙、慶元修本。十四行，行二十六至二十九字。

周皓　南宋紹興間杭州地區刻工。刻有《外臺秘要方》宋紹興兩浙東路茶鹽司刻本。十三行，行二十四至二十五字。《樂府詩集》宋紹興間刻本。十三行，行二十三至二十四字。

周源　南宋紹興間刻工。刻有《溫國文正公文集》宋紹興間刻本。十二行，行二十字。

周新　南宋淳熙間江西撫州地區刻工。刻有《春秋經傳集解》宋淳熙撫州公使庫刻本。十行，行十六字。

周祥　北宋嘉祐間刻工。刻有

《新唐書》十四行，行二十三至二十六字。

周惠　南宋中期福建地區刻工。刻有《資治通鑑》十一行，行二十一字。

周嵩　南宋寶祐間浙江地區刻工。刻有《周易本義》宋咸淳刻本。七行十五字。《詩集傳》湖州本。七行，行十五字。《通鑑紀事本末》宋寶祐五年趙與𥲅刻本。十一行，行十九字。

周慶祖　南宋中期浙江地區刻工。刻有《資治通鑑考異》十行，行二十字。

周壽　南宋後期江西吉安地區刻工。刻有《慈溪黄氏日抄分類》十行，行二十字。

周暘　南宋紹定間浙江地區刻工。刻有《重廣補注黄帝内經素問》十行，行二十字。

周榮　南宋乾道間刻工。刻有《古文尚書》十行，行二十字。

周榮　南宋紹定間刻工。刻有《山谷詩注》宋紹定五年黄埒刻本。九行，行十六字。

周鼎　南宋中期杭州地區刻工。刻有

《尚書正義》宋紹熙三年兩浙東路茶鹽司刻本。八行，行十九字。
《禮記正義》宋紹熙三年兩浙東路茶鹽司刻本。八行，行十六字。
《經典釋文》十一行，行十七字。
《三國志注》衢州本。十行，行十九字。
《宋書》、《梁書》、《陳書》、《魏書》均九行，行十八字。
《注東坡先生詩》宋嘉泰淮東倉司刻景定三年鄭羽補刻本。九行，行十六字。
補版有
《儀禮疏》十五行，行二十七字。
《史記集解》宋紹興淮南路茶鹽司刻本。九行，行十六字。
《後漢書注》宋紹興江南東路茶鹽司刻本。九行，行十六字。
《國語解》十行，行二十字。

周賓　南宋紹興間浙江衢縣地區刻工。刻有
《居士集》宋紹興衢州刻本。七行，行十四字。

周震　南宋紹興間湖北常德地區刻工。刻有

《漢書注》宋紹興湖北提舉茶鹽司刻本淳熙、紹熙、慶元修。十四行，行二十六至二十九字。

周價　南宋乾道間江蘇高郵地區刻工。刻有《淮海集》宋乾道九年高郵軍學刻紹熙三年謝雩重修本。十行，行二十一至二十四字。

周贇　南宋淳熙間江西撫州地區刻工。刻有《吕氏家塾讀詩記》宋淳熙九年江西漕台刻本。九行，行十九字。

《春秋經傳集解》宋淳熙撫州公使庫刻本。十行，行十六字。

周興　南宋初期杭州地區刻工。刻有《説文解字》十行，行二十字。

周應　南宋中期刻工。補刻有《魏書》九行，行十八字

周禮　南宋紹興間湖北地區刻工。刻有《漢書注》宋紹興湖北提舉茶鹽司刻淳熙紹熙、慶元修本。十四行，行二十六至二十九字。

周禮　南宋後期福建地區刻工。刻有《漢書注》宋福唐郡庠刻本。十行，行十九字。

周頫　南宋紹興间杭州地區刻工。刻有《樂府詩集》宋紹興间刻本。十三行，行二十三或二十四字。

周鎬　南宋嘉泰间江蘇揚州地區刻工。刻有《注東坡先生詩》宋嘉泰淮南倉曹刻景定三年鄭羽補刻本。九行，行十六字。

周顯　南宋開禧间江西吉安地區刻工。刻有《周益文忠公集》宋開禧二年刻本。十行，行十六字。

周燁　南宋紹興间浙江吳興地區刻工。刻有《新唐書》宋紹興刻宋元遞修本。十四行，行二十四至二十七字。

周顯叔　南宋端平间江西地區刻工。刻有《春秋集注》宋端平二年臨江軍學刻本。十行，行十八字。

岳文　南宋淳祐间刻工。刻有《程氏遺書》十行，行二十字。

岳元　南宋中期浙江地區刻工。刻有《迂齋標注諸家文集》九行，行十九字。

季大　南宋淳熙间浙江建德地區刻工。刻有

《通鑑紀事本末》宋淳熙二年嚴陵郡庠刻本。
十三行，行二十四或二十五字。

李文左　南宋中期南宋地區刻工。補刻有
《史記集解》宋紹興淮南路轉運司刻宋元遞
修本。九行，行十六字。

李升　南宋淳祐間安徽歙縣地區刻工。刻有
《周易要義》宋淳祐十二年魏克愚刻本。九
行，行十六至二十字。
《儀禮要義》宋淳祐十二年魏克愚刻本。九
行，行十八字。
《禮記要義》宋淳祐十二年魏克愚刻本。九
行，行十八字。

李清　南宋淳祐間安徽歙縣地區刻工。刻有
《周易要義》宋淳祐十二年魏克愚刻本。九
行，行十六至二十字。
《儀禮要義》宋淳祐十二年魏克愚刻本。九
行，行十八字。
《禮記要義》宋淳祐十二年魏克愚刻本。九
行，行十八字。

牧子良　南宋紹興間杭州地區刻工。刻有
《經典釋文》十一行，行十七字。

和一（袁姓）南宋慶元間四川地區刻工。刻有《太平御覽》宋慶元五年成都府學刻本。十三行，行二十二至二十四字不等。

和一 南宋初期四川眉山地區刻工。刻有《三國志注》十三行，行二十五字。

和九（單姓）南宋慶元間四川地區刻工。刻有《太平御覽》宋慶元五年成都府學刻本。十三行，行二十二至二十四字。

和俛 南宋後期福建福清地區刻工。刻有《列子鬳齋口義》九行，行十八字。

和淑 南宋淳祐間福州地區刻工。刻有《國朝諸臣奏議》宋淳祐十年史季溫福州刻本。十一行，行二十三字

知悳 南宋淳熙間浙江吳興地區刻工。刻有《程氏演繁露》宋淳熙間刻本。十一行，行二十一字。

知禮 北宋雍熙間紹興地區刻工。刻有《北宋木刻畫》宋雍熙元年刻。

延閏 南宋乾道間江西贛州地區刻工。刻有《文選注》宋贛州州學刻本。九行，行十五字。

九畫

洪元　金皇统间刻工。刻有

《金藏》金皇统九年至大定十三年刻。每版二十三行，行十四字。

洪光　南宋初期杭州地区刻工。刻有

《周禮疏》宋两浙东路茶盐司刻本。八行，行十五至十七字。

《陶淵明集》十行，行十六字。

洪先　南宋初期杭州地区刻工。刻有

《周易注疏》宋绍熙两浙东路茶盐司刻本。八行，行十九字。

《尚書正義》十五行，行二十四字。

《尚書正義》宋绍熙三年两浙东路茶盐司刻本。八行，行十九字。

《集韻》明州本。十一行，行二十三字。

《漢書注》南宋初年杭州刻本。十行，行十九字。

《漢書注》宋绍兴江南东路轉運司刻本。九行，行十六字。

《戰国策注》宋绍兴刻本。十一行，行二十字。

《爾雅注》宋绍兴间刻本。十行，行二十字。

《水經注》十行，行二十至二十二字。
《白氏六帖事類集》十三行，行二十六至二十七字。
《四分律比丘含注戒本》五行，行十七字。
《陶淵明集》十行，行十六字。
《杜工部集》十行，行十八至二十一字。
《徐公文集》宋紹興十九年明州刻本。十行，行十九字。
《文選注》宋紹興二十八年明州補修本。十行，行二十至二十二字。

洪来　南宋中期杭州地區刻工。刻有
《宋書》九行，行十八字。

洪言　北宋後期刻工。刻有
《禮部韻略》北宋末刻本。十一行，行字不定。

洪吉　北宋景祐間刻工。刻有
《史記集解》十行，行十九字。
《漢書注》十行，行十九字。
《思溪藏》宋紹興二年王永從刻本。六行，行十七字。

洪臣　南宋中期福建地區刻工。刻有

《資治通鑑》十一行，行二十一字。

删去 洪言　北宋後期刻工。刻有

《禮部韻略》北宋末刻本。十一行，行字不定。

洪辛　南宋紹興間杭州地區刻工。刻有

《水經注》十一行，行二十至二十二字。

洪宗　金皇統間刻工。刻有

《金藏》金皇統九年至大定十三年刻，二十三行，行十四字。

洪具　南宋紹興間衢婺地區刻工。刻有

《居士集》宋紹興間衢州刻本，七行，行十四字。

洪来　南宋紹興杭州地區刻工。刻有

《禮記正義》宋紹熙三年兩浙東路茶鹽司刻本。八行，行十六字。

《春秋左傳正義》宋慶元六年紹興府刻本。八行，行十六字。

《後漢書注》宋紹興江南東路轉運司刻本。九行，行十六字。

《宋書》、《南齊書》、《魏書》均九行，行十八字。